本书研究及出版获得以下基金项目资助
国家自然科学基金项目(71703163，71622014，41771564，72173126)
北京市自然科学基金项目（9192012）
中国人民大学科学研究基金项目（17XNS001）
中国人民大学科学研究基金重大项目（21XNL020）

中国家庭能源消费研究报告
CHINESE HOUSEHOLD ENERGY CONSUMPTION REPORT

郑新业　魏　楚　主编

# 气候变化和节能环保双重约束下的家庭适应性研究

黄　滢　魏　楚　谢伦裕 等　著

科学出版社
北　京

## 内 容 简 介

本报告是中国人民大学能源经济系基于中国综合社会调查（CGSS）完成的第六次家庭能源消费调查（CRECS 2017）的研究成果，调查覆盖我国28个省（自治区、直辖市，不包含西藏、海南、宁夏、香港、澳门和台湾）共4147户城乡居民。此次调查聚焦于气候变化背景下家庭的适应性行为和相应的能源消费情况，居民对相关能源政策的了解和参与程度，以及愿意为节能减排支付的成本。本报告可以帮助公众和政策制定者了解当前居民针对气候变化的适应性行为，亦可为制定居民节能减排政策提供参考依据。

本报告可供相关政府部门决策者和相关领域研究人员参考，也可供相关企事业单位人员、高等院校师生及普通读者阅读。

**图书在版编目(CIP)数据**

气候变化和节能环保双重约束下的家庭适应性研究／黄滢等著．—北京：科学出版社，2021. 10

（中国家庭能源消费研究报告）

ISBN 978-7-03-069691-5

Ⅰ.①气… Ⅱ.①黄… Ⅲ.①气候变化-影响-家庭-能源消费-研究-中国 ②节能-影响-家庭-能源消费-研究-中国 Ⅳ.①F426. 2

中国版本图书馆CIP数据核字（2021）第178009号

责任编辑：林 剑／责任校对：樊雅琼

责任印制：吴兆东／封面设计：无极书装

科学出版社 出版

北京东黄城根北街16号

邮政编码：100717

http://www.sciencep.com

北京虎彩文化传播有限公司 印刷

科学出版社发行 各地新华书店经销

*

2021年10月第 一 版 开本：720×1000 1/16

2022年 1 月第二次印刷 印张：14

字数：300 000

**定价：148.00元**

（如有印装质量问题，我社负责调换）

# 课题组成员

魏　楚　黄　滢　谢伦裕　张晓兵　陈占明　秦　萍

宋　枫　徐海潮　张晓萌　韩　晓　陈俪雪　马心雨

孙佳雨　费吟昕　曹张艳　傅天赐　李桂兰　沙明宵

陈　悦　王　意　梁艺林　邱熠群　薛博元　易　颖

冯彦博　肖　寒

# 前　　言

为了解我国家庭能源消费的基本状况、特征与影响因素，中国人民大学经济学院能源经济系自 2013 年开始一共展开了六次中国家庭能源消费调查（Chinese Residential Energy Consumption Survey，CRECS）。

前三次中国家庭能源消费调查（CRECS 2012，2013 和 2014）聚焦于我国居民能源的消费特征，通过入户调查问卷，并对全国城乡居民能源消费情况进行了收集，包括家庭基本情况、烹饪与电器、空间供暖、空间制冷、交通出行、能源支出。基于这三次调查的微观数据，课题组分别发布了《中国家庭能源消费研究报告（2014）》《中国家庭能源消费研究报告（2015）》和《中国家庭能源消费研究报告（2016）》。

考虑到居民能源消费在短期不会出现较大变化，接下来课题组的研究重点转向与家庭能源消费相关的专题调查。中国人民大学应用经济学院能源经济系于 2017 年和 2018 年分别开展了针对北京市和河北省散煤治理措施推行情况的家庭能源调查，并以调查问卷数据为基础，发布了《中国家庭能源消费研究报告——能源消费转型背景下的家庭取暖散煤治理评估》。2018 年，在乡村振兴战略实施的时代背景下，中国人民大学应用经济学院能源经济系与国网浙江省电力有限公司经济技术研究院共同开展了浙江省家庭能源消费调查，重点关注乡村居民的能源消费情况。以调查数据为基础，部分章节结合电力系统数据，课题组发布了《中国家庭能源消费研究报告——乡村振兴背景下的家庭能源消费研究：以浙江省为例》。

"第六次中国家庭能源消费调查"（CRECS 2017）于 2018 年夏季正式实施，本次调查得到了中国人民大学中国调查与数据中心（National Survey Research Center at Renmin Liniversity of China，NSRC）的大力支持，并与中国综合社会调查（Chinese General Social Survey，CGSS）同步实施。此次调查覆盖我国 28 个省（自治区、直辖市，不包含西藏、海南、宁夏、香港、澳门和台湾）共 4147 户城乡居民。此次调查聚焦于气候变化背景下家庭的适应性行为，以及居民对相关能源政策的了解和参与程度，旨在为制定居民节能减排政策提供参考依据。

此次入户调查以及后续的科学研究是多方合作的成果，中国人民大学应用经济学院应用经济系负责问卷设计、访员培训、研究报告写作等工作；中国人民大学中国调查与数据中心负责样本抽样、问卷实施、数据校验等工作。中国人民大学国家发展与战略研究院、中国人民大学应用经济学院等机构为前期调研和后期研究协作提供了部分资助，中国特色社会主义经济建设协同创新中心为本书的出版提供了资助，在此表示衷心的感谢。

此外，在问卷设计、调研实施、数据统计、报告写作等阶段，还得到了诸多专家的热心帮助和指导；中国人民大学国家发展与战略研究院、中国人民大学应用经济学院能源经济系的同学也为此次问卷成功实施提供了大量高效的助理研究工作，在此一并表示感谢。

在本书写作过程中，不同作者对书稿写作、修改和完善做出大量贡献。郑新业、魏楚统筹了数据调查过程和报告写作，各章节安排和贡献者分别如下。

第 1 章概括地介绍本报告的研究背景和主要研究发现，由黄滢、徐海潮共同完成。

第 2 章对居民气候变化背景下的适应行为进行了综述，界定了本次研究的内容，由魏楚、张晓萌共同完成。

第 3 章介绍本次入户调研的抽样方法与具体实施情况，并针对不同的问卷模块数据进行描述性分析，由徐海潮完成。

第 4 章分析了居民对能源产品的性能评价及其对家庭能源消费的潜在影响，由韩晓、徐海潮和黄滢共同完成。

第 5 章分析了气候变化对居民家庭空调使用情况的影响，由陈俪雪、马心雨、孙佳雨、费吟昕和张晓兵共同完成。

第 6 章分析了家庭空气净化设备的拥有和使用情况，由曹张燕、傅天赐、李桂兰、沙明宵和陈占明共同完成。

第 7 章综合介绍了我国针对居民部门实施的能源政策，第 8 章分析了居民对这些政策的了解和参与情况，由谢伦裕、陈悦、王意、梁艺林、邱熠群和薛博元共同完成。

第 9 章考察我国居民的能源环保意识和发电厂认知情况，由易颖、冯彦博和秦萍共同完成。

第 10 章分析了我国居民对节能环保的支付意愿，由徐海潮和黄滢共同完成。

第 11 章回顾了我国的光伏扶贫政策，并采用案例进行了成本收益分析，由宋枫和肖寒共同完成。

全书由黄滢、徐海潮统稿，由于作者能力有限，本报告难免存在不足，恳请专家和读者批评指正。

报告编写组

2021 年 7 月

# 目　录

前言
第 1 章　绪论 …… 1
1.1　研究背景 …… 1
1.2　主要研究结论 …… 2
第 2 章　气候变化背景下的适应行为相关研究 …… 5
2.1　气候变化的影响 …… 5
2.2　适应行为的内涵 …… 6
2.3　居民气候变化的适应行为 …… 7
2.4　适应不良与有效适应 …… 9
2.5　推动适应不良向有效适应的转变 …… 11
2.6　文献评述及展望 …… 13
第 3 章　问卷数据描述性统计 …… 15
3.1　问卷设计与实施 …… 15
3.2　家庭特征 …… 18
3.3　收入与支出情况 …… 24
3.4　住房情况 …… 27
第 4 章　家庭能源产品性能评价与需求分析 …… 32
4.1　家庭能源需求理论文献回顾 …… 32
4.2　家庭能源消费描述性统计 …… 34
4.3　家庭能源需求模型 …… 39
4.4　家庭能源需求分析 …… 45
4.5　本章小结 …… 49
第 5 章　气候变化对居民家庭空调使用情况的影响 …… 51
5.1　引言 …… 51
5.2　文献综述 …… 53
5.3　空调使用情况数据描述性统计 …… 56
5.4　实证分析 …… 61
5.5　本章小结 …… 69

第 6 章　家庭空气净化设备的拥有和使用情况 …… 71
6.1　空气污染与居民行为 …… 71
6.2　数据和参数描述性分析 …… 74
6.3　模型假设和实证分析 …… 79
6.4　本章小结 …… 81
第 7 章　针对居民部门的能源政策 …… 82
7.1　强制能源替代政策 …… 82
7.2　鼓励能源替代的价格政策 …… 92
7.3　鼓励节能减排的价格政策 …… 101
7.4　提高能源可得性的价格政策 …… 108
第 8 章　居民对能源政策的了解和参与程度 …… 118
8.1　强制能源替代政策的社会了解和参与程度 …… 118
8.2　鼓励能源替代的价格政策的社会了解和参与程度 …… 126
8.3　鼓励节能减排的价格政策的社会了解和参与程度 …… 138
8.4　提高能源可得性的价格政策的社会了解和参与程度 …… 147
8.5　本章小结 …… 153
第 9 章　节能环保意识和发电厂认知 …… 155
9.1　文献综述 …… 155
9.2　节能环保意识 …… 156
9.3　对发电厂的认知 …… 167
9.4　本章小结 …… 177
第 10 章　居民节能环保的支付意愿研究 …… 179
10.1　文献综述 …… 179
10.2　分情形支付意愿研究 …… 180
10.3　本章小结 …… 189
第 11 章　中国光伏扶贫的成本收益分析 …… 191
11.1　引言 …… 191
11.2　中国光伏扶贫项目概述 …… 191
11.3　光伏扶贫的新县案例 …… 194
11.4　光伏扶贫的成本收益分析 …… 196
11.5　本章小结 …… 202
参考文献 …… 203

# 第1章　绪　　论

## 1.1　研究背景

气候变化是21世纪人类面临的重大挑战，是关系着经济发展与人类生存的重要议题。全球气候变暖带来的极端天气频发、海平面上升等问题，给世界各国人民的生存与发展带来了严重影响（IPCC，2011）。据联合国政府间气候变化专门委员会的报告，如果气温升高超过2.5℃，全球所有区域都可能遭受不利影响，发展中国家所受损失尤为严重；如果气温升温4℃，则可能对全球生态系统带来不可逆的损害，造成全球经济重大损失。气候变化还会引起海平面上升，全球沿海地区遭受洪涝、风暴等自然灾害影响更为严重；同时，气温升高还会加剧疾病传播，威胁社会经济发展和人民群众身体健康。

控制温室气体排放是缓解全球气候变化的重要措施。已有研究发现，人类活动和与之相关的温室气体排放增加是全球变暖的主要原因，而全球72%的温室气体排放都与家庭的消费相关。其中，家庭能源消费作为人类活动的主要能源消耗途径，占全球能源消费的比例达到30%。因此家庭能源消费对于缓解气候变化具有较大的潜力。

目前，中国已是全球最大的能源消费国，且居民部门的能源消费仍然快速增长。随着中国等发展中国家居民生活水平的提高，预计至2040年全球能源消费将增长三分之一，而且中国仍会是全球最大的能源消费国。作为人口大国，中国居民部门的能源消费是中国能源消费的重要组成部分，中国生活能源消费增长迅速，1990年中国生活能源消费量为15 799万吨标准煤，2016年上升到了54 209万吨标准煤，占我国当年能源消费总量的12.438%，成为仅次于工业部门的中国第二大能源消费部门。根据一些发展中国家最新的统计数据，自20世纪90年代以来，家庭能源消费已经超过工业能源消费，成为二氧化碳排放增长的主要驱动力。同时发达国家的经验表明，随着经济的发展，居民部门的能源消费将会超过工业等其他部门，成为最主要的能源消费力量，未来家庭能源消费的总量和结构，在一定程度上可能会成为中国能源消费总量和结构的决定因素。

能源消费既是中国经济增长的重要动力，同时也是环境污染的主要来源。根据《BP 世界能源统计年鉴》（2014）的统计，自 2008 年以来，中国已成为全球最大的二氧化碳排放国。随着家庭能源消费的增加，居民部门的直接碳排放显著增加。2006～2016 年中国家庭直接碳排放的年增长率为 6.3%，而同期中国总碳排放的年增长率为 3.3%。作为世界碳排放的第一大国，中国的节能减排压力之大是不言而喻的。中国作为全球气候治理的积极参与者，2016 年签订《巴黎协定》并承诺将在 2030 年左右达到碳排放峰值，在 2030 年前将非化石能源占一次能源消费的比例提高到 20%。“十一五”期间，中国通过节能降耗减少二氧化碳排放量为 14.6 亿吨，“十二五”期间中国碳强度累计下降 20% 左右，“十三五”期间提出将能源消费总量控制在 50 亿吨标准煤以内的目标任务。

在面对气候变化时，人类作为拥有主观能动性的存在，往往会采取一些适应性行为，这类行为一方面提高了家庭福利，另一方面又增加了家庭能源消费，进一步恶化了气候变化。面对气候变化与节能环保的双重约束，如何既有效满足家庭的能源需求，又缓解温室气体排放，成为亟待解决的重要问题。




## 1.2 主要研究结论

为了深入了解家庭面对气候变化的适应性行为，中国人民大学能源经济系于 2018 年开展了面向全国的第六次中国家庭能源消费调查。此次调查嵌入 CGSS 项目，覆盖我国除西藏、海南、宁夏、香港、澳门和台湾外的 28 个省（自治区、直辖市）、85 个地级市、127 个县（市、区），共计 4147 户住户。调查问卷一共包括四个模块，分别为①A 部分：核心模块，主要了解受访家庭的基本情况，包括社会人口属性、住房、健康等方面情况；②B 部分：调查受访者的一些生活习惯和对一些问题的观点；③C 部分：重点关注受访者在宗教方面的一些观点和看法；④E 部分：能源模块，调查受访者在 2017 年的家庭能源消费、应对气候变化的相关行为及对一些能源产品和能源政策的认知程度和评价。

基于此次调查得到的微观数据，本报告对国内 2017 年的家庭能源消费特征进行了总结，并围绕气候变化主题，从能源产品性能、光伏发电、能源政策等多个维度探讨了人们气候变化背景下对于能源产品和相关政策的态度，以及由此产生的影响。本报告旨在对气候变化背景下，人们在能源消费方面的适应性行为及影响因素进行一些探究，由此为相关政策的制定提供研究基础和思路，以更好地应对气候变化带来的挑战。本报告得出以下几点主要结论：

1）中国一个典型家庭 2017 年的能源消费总量为 958.81 千克标准煤，其中薪柴秸秆类能源的占比最大，其次为燃气类和电能。影响能源消费量的最主要因素是家庭收入和能源价格。此外，家庭常住人口对电能和燃气类能源的消费量会产生显著的正向影响。性能评价方面，使用方便性和对环境的污染对煤类能源的消费量有显著影响。

2）在空调的使用上，气候变量中的温度变量对空调的制冷能耗和使用时长有显著的正向影响。在家庭相关变量中，总收入越高，总人口数越多，居民在家居住时间越长，家庭使用空调的时长越长，制冷能耗越高。此外，户主的学历和工作性质也会影响空调使用情况。

3）就空气净化器而言，家庭人口更多的、有子女的家庭，购买空气净化器的概率更高。此外，随着教育水平、污染水平及收入水平的提高，家庭拥有空气净化器的概率也会随之增高。

4）在能源政策方面，本报告将能源政策分为四类，分别为强制能源替代政策（包括煤改气、煤改电和洁净煤替代等）、鼓励能源替代的价格政策（包括对家用电动汽车、农村沼气池、居民光伏电站的补贴等）、鼓励节能减排的价格政策（包括阶梯电价、峰谷电价、天然气阶梯价格和炉具补贴等）、提高能源可得性的价格政策（包括贫困家庭电费补贴和光伏扶贫等）。通过调查，发现人们对这些政策的认知程度普遍较低，其中煤改气、煤改电、阶梯电价和峰谷电价的认知程度相对较高，提高能源可得性的价格政策的认知程度最低。家庭收入和教育程度是影响政策认知程度的最主要的因素，收入越高、受教育程度越高的受访者对这些能源政策往往越了解。此外，年轻人群对政策的了解程度也更高。

5）大多数人有一定的节能环保意识，并且为了保护环境愿意接受适当的个人利益的牺牲。此外，人们对于节能环保知识的了解程度随着受教育程度的升高而上升。在对发电厂的认知上，人们对燃煤发电和核能发电的了解程度都不高。相对来说，对核能发电的了解程度更低。年龄、收入水平和受教育程度都对发电厂的认知有不同程度的影响。

6）关于人们的支付意愿，本报告从以下四个维度进行衡量。其一，将风电光电占家庭电能消费比例由7%提升至10%、15%、20%，居民每月平均愿意多承担13.30元、16.03元、19.12元；其二，平均一个冬季希望得到1009.37元补贴；其三，将每个月空气质量为优的天数增加1天、3天、5天，居民平均每月愿意支付15.94元、24.42元、32.80元；其四，若在家附近建一个燃煤电站/核电站，并享受五年的电费打折，居民平均期望减免36.77%、35.98%的电费。就影响因素而言，年龄、受教育程度、家庭总收入是人们对提高风电光电占比和改善空气质量的支付意愿的重要影响因素。但是，在煤改电取暖和家附近建设燃煤电站/核电站的最低期望补贴两个维度，未发现影响显著的因素。

7）光伏扶贫电站可以有效地瞄准最难以脱贫的家庭，实现年均 3000 元以上的收入，在扶贫工作中起到“兜底”的作用。目前，光伏电站的收益成本之比在 0.8 左右，但随着技术的成熟，太阳能发电板组件价格的下降，收益成本比有望升至 1 以上。

# 第2章　气候变化背景下的适应行为相关研究

面对日益明显的气候变化和日益频繁的极端天气，人类主动有序的适应行为对于减缓气候变化的不利影响、保障可持续发展具有重要的现实意义。由于个人和家庭在成功适应气候变化中所起的关键作用，政府的目标是找出有效的方法来激励个人和家庭适应气候变化，同时减少此类行为的不利后果。为了设计这样的方法，深入了解居民适应行为的选择、分析影响适应行为的因素是至关重要的。但很少有文献基于家庭能源消费的适应行为进行综合的研究。鉴于此本章通过文献梳理，探究在气候变化背景下，居民家庭能源消费的适应行为。



## 2.1　气候变化的影响

气候变化正日益影响人类的日常生活。人类活动造成的气候变化预计将在21世纪和21世纪以后继续下去，如果不采取行动，与气候变化有关的灾害，如洪水、热浪和干旱等自然灾害将会更频繁地发生，并变得更加严重，这将造成大量的人员伤亡和经济损失。2005年美国世界观察研究所在分析了联合国和美国国立科学院发布的信息及世界稻米市场趋势后警告说，全球大气升温将导致全球农业减产，或许在下个世纪出现食品匮乏的局面。同时发展中国家在面对气候变化的威胁时，更具有脆弱性，1970～2008年期间，95%以上的自然灾害死亡发生在发展中国家，而发展中国家适应气候变化或应对极端天气事件（如洪水、飓风或干旱）的能力往往比富裕国家差。2001～2006年期间，中等收入国家的自然灾害损失约占其GDP的1%，而低收入国家的这一比例约为0.3%，高收入国家的这一比例不到0.1%。①

具体到家庭能源消费领域，气温变化对人类造成的健康威胁主要体现在两个方面：第一，气温的变化对于人类的身体健康具有重要的影响。环境温度与人体

① http://www.cma.gov.cn/2011xzt/2012zhuant/20120423/2012042305/201204230503/201204/t20120425_170679.html。

的生理功能密切相关，为了保持恒定的体温与外界气温的平衡，人体的产热与散热必须与外界环境相协调，机体通过不断地产热提高体温和维持新陈代谢，通过持续地散热降低体温，得到体内热平衡状态。这些反应使人能够在一定的温度范围内从事体力和脑力活动。气候变化使得极端温度频发，长期暴露在极端温度下会危害人类健康并可能导致死亡。2012 年美国疾控中心发布报告指出，使用空调通常是治疗和预防与“热”有关的疾病的首要方法。众多研究表明温度和死亡率之间存在一种稳健的 U 型关系，这表明极冷或极热的温度会导致死亡（Barreca et al., 2016；Heutel et al., 2017）。有研究表明到 21 世纪末，在一般情景下估计，气候变化将导致美国年度死亡率从 0.5% 增加到 1.7%；平均气温超过 90 华氏度①，每年全球的死亡率便会增加 0.1%（Deschenes and Greenstone, 2011）。在当前的气候条件下，预计 2061 ~ 2080 年全球的年平均死亡率将会增加 14.2%（Yu et al., 2019）。第二，气温变化对于心理健康产生重要的影响（Lee et al., 2017），但气温对于心理健康的影响并不是 U 型关系，一般来看心理问题随着气温的升高而加重（Mullins and White, 2019），对情绪和认知（Baylis et al., 2017）、时间分配（Obradovich and Fowler, 2017）、睡眠（Obradovich et al., 2017）等问题都会产生影响（Kovats and Hajat, 2008）。一项美国的研究发现每月平均气温升高 1 华氏度，心理健康门诊的就诊人数增加 0.48%，自杀率增加 0.35%（Mullins and White, 2019）。

此外，气候变化进一步加剧了空气污染状况，也对人体健康产生重要影响。在一项基于中国的研究发现，空气中每增加 10 微克/米$^3$ $PM_{10}$ 将会降低预期寿命 0.64 年，而对于污染更为严重的北方地区，将会减少预期寿命 3.1 年。2012 年中国有 1.08 万人因 $PM_{2.5}$ 污染导致过早死亡。引起空气污染有 20% 是与燃料使用导致的家庭直接排放有关，24% 是与商品和服务消费导致的家庭间接排放有关（Zhao et al., 2019）。

## 2.2 适应行为的内涵

适应性研究最早起源于生物学概念，之后被应用于多个领域，具体到人类社会系统的研究，适应性主要是指社会群体在面对环境问题时所采取的行动，以更好调整自身情况适应环境变化（Denevan, 2010；O'Brien and Holland, 1992）。随着全球气候变化，基于气候变化的适应性研究逐渐增多。对于气候变化的研究，经历了从预防和阻止气候变化到缓解气候变化，到如今适应气候变化（崔胜辉

① 华氏度 = 32 + 摄氏度 × 1.8。

等，2011）。联合国政府间气候变化专门委员会（IPCC）的历次评估报告均将适应作为人类应对全球气候变化的核心概念和途径，主动有序的适应对于减缓气候变化的不利影响，保障可持续发展具有重要的现实意义。适应不仅仅是为了选择最佳缓解政策，更是为了减少群体对气候变化影响的脆弱性，从而最小化不可避免的相关成本（Kane and Shogren，2000）。IPCC 将气候适应定义为适应实际或预期气候变化的调整过程，具体到人类社会系统，气候变化的适应行为旨在缓和或避免气候变化带来的伤害，或者寻求好处。由此可见，一方面气候变化带来的洪涝等灾害严重威胁人类的生命健康，因而个人必须采取相应措施，以保护自己和家庭免受气候变化的负面影响的行为（Carman and Zint，2020）。另一方面，人们可以通过采用适应行为，利用当前气候的有利条件（Hamilton et al.，2018）。

整体来看，居民的家庭能源消费适应行为主要是为了减少气候变化带来的不利影响，同时居民的能源消费行为也会对气候变化产生影响。在节能减排背景下，我国城镇居民的用能增长有所缓解，但仍处于较快的增长水平（陈政等，2017）。例如，2000～2014 年，中国家庭能源消费量净增加 3.80 亿吨标准煤，导致二氧化碳排放量净增加 9.33 亿吨（李静和刘丽雯，2017）。在中国北方的供暖季，大气污染物中的 2/3 来自燃煤供暖（陈强等，2017）。居民实现自我保护的适应行为主要有直接保护和间接保护两类。直接保护的行为是通过购买或使用相关的设备以保障自身的健康安全；间接保护是指通过实行节能环保行为以缓解气候变化，从而实现自我保护的目的。因此，节能环保的消费行为是适应行为的重要组成部分。

从已有研究成果来看，在描述适应行为时，大部分学者只是考虑气候变化的一般性概念，当关注具体气候的影响时，主要涉及洪涝、热浪、极端天气等（Carman and Zint，2020）。在面对灾害性事件时，已有研究对适应行为进行了总结，主要包括寻求信息、准备行动、保护行动、疏散，购买保险，以及采取支持或倡导与适应相关的政策变化等（Valkengoed and Steg，2019）。但当涉及家庭能源消费领域时，并没有文献对适应行为进行系统梳理，根据前文分析可以看出，影响居民适应行为的主要气候因素是气温变化及其导致的极端天气与空气污染，鉴于此本报告将基于气温变化与空气污染两个主要因素，分析居民的气候适应行为。

## 2.3 居民气候变化的适应行为

气候变化对于家庭能源消费行为的影响主要体现在对能源消费的数量和质量两个方面。在家庭部门，使用能源的数量和质量主要通过家用设备来体现和决定，已有研究也大多将电器的拥有或使用情况作为适应行为的指标。在分析气候变化适应行为对能源消费质量的影响时，将适应行为划分为使用（或购买）传统设备和节能设备（指能效较高，或者接入新能源的设备）行为；在分析气候变化适应行为对能源消费数量的影响时，根据设备使用时间及频率，将适应行为划分为低能耗行为和高能耗行为。因此基于以上定义可将家庭能源消费的气候适应行为划分为四大类，如表 2. 1 所示。

**表 2. 1　家庭能源消费的气候适应行为**

| 适应行为 | | 消费质量 | |
|---|---|---|---|
| | | 传统设备 | 节能设备 |
| 消费数量 | 高耗能 | 传统设备+高耗能行为 | 节能设备+高耗能行为 |
| | 低耗能 | 传统设备+低耗能行为 | 节能设备+低耗能行为 |



第一，传统设备+高能耗行为，这一类行为主要是为了实现自我保护。气候变化带来的极端天气成为威胁居民健康安全的最重要因素，为了保障自身不受气候变化的威胁，居民会相应增加制冷或供暖设备的购买或使用。由于环境温度和与热相关的疾病之间的强烈联系，空调可能是用来降低热应激风险的最突出的技术（Rogot et al., 1992）。空调作为一种常用的兼顾制冷和供暖的设备，成为人们对于气候变化适应性的最常用代表。使用空调对于预防气候变化对人类造成的健康威胁具有显著作用。因此，空调的使用和普及情况经常作为测度适应行为的变量。有研究发现，气候变化与空调的购买存在 U 型关系，温度过高或者过低都会导致空调购买的增加（Yu et al., 2019）。寒冷天气的影响下会相应地增加能源消费，并会在更为极端气温条件影响下增加空调的购买量。然而这并不是一个对称的 U 型，许多研究发现，居民对于气温较高的反应要大于气温较低的反应，这可能是因为在冬季即使气温较低，除了增加空调的使用外，人们还有更多的行为可以保暖以减少气候变化对自身的影响，然而在温度较高时除了空调的使用，人们能选择的适应行为相对较少（Li et al., 2019）。在不同季节，气候变化对居民能源消费行为的影响存在显著差异，空调等制冷设备的使用是夏季家庭能源消费的主要来源，而冬季取暖设备使用数量和使用时间对于居民生活能源消费具有显著影响（Ren et al., 2011; Wang et al., 2010）。

此外，气候变化带来的另一个重要挑战是空气污染的加剧。空气污染对于人体健康的威胁不容小觑。Ebenstein 等（2017）研究发现空气中的 $PM_{10}$ 每增加 10 微克/米$^3$，会导致中国居民平均预期寿命减少 0. 64 年。为了避免空气污染对于身体健康的影响，近年来空气净化器、新风系统等设备的需求不断增加。2018 年中国新风系统市场规模达 126 亿元，同比增长 27. 3%，其中家庭新风系统需求规模为40.32亿元，同比增长19.8%。此外，2020年暴发的新冠肺炎疫情，也使得居民对于空气净化设备有了新的认知与需求，2020年2月份，在所有家电的销售量都持续走低的情况下，空气净化器的销售额同比增长0.4%。由此可见新风系统在我国具有较大的发展潜力，而这也可能成为未来居民气候适应行为的重要选择，然而目前基于中国空气污染的相关适应行为分析较少。

第二，传统设备+低耗能行为。面对同样的气候变化威胁，居民仍旧会购买或者使用传统设备来实现自我保护，但在日常生活中通过改变生活方式实行低耗能的行为。与其他行为相比，这种行为通过改变生活中的小细节便可以在一定程度上减少能源消耗，因而被称为低成本环保习惯（Boto and Bucciol，2020），例如，关掉不用的设备或调节室内温度等习惯（Dubois et al.，2019；Niamir et al.，2020）。为了有效解决气候和环境问题，人们必须改变自身的行为，使其更具有可持续性（IPCC，2018）。

第三，节能设备+高能耗行为。与第一种行为相比，居民在面对气候变化时仍会选择高耗能的行为以满足自身的需求，如在炎热的天气将空调温度调低并长时间使用，但部分居民会选择使用更加节能的设备，以一定程度上减少能源消耗。节能设备主要分为两类，一是通过技术的提高改善了传统设备的能耗标准，居民通过选择节能设备提高能源利用效率，使取暖制冷设施等能够有效减少温室气体排放，也可以减少居民的能源使用成本。Lu（2006）对中国电冰箱的能耗标准进行了分析，研究发现提高电冰箱的能耗标准对于节能减排具有显著的效果。二是通过接入使用新能源以减少能源消耗带来的温室气体排放。与煤、液化气等传统能源相比，电力、天然气、太阳能等清洁能源具有较大的温室气体减排优势。目前随着各地城市基础设施的完善，城市居民使用天然气的比例不断增加，农村地区也在逐步推进煤改电、煤改气，以推进清洁能源的发展。Fang和Wei（2013）通过对青藏高原的研究发现，在农村地区增加太阳能服务是最有效的适应方法，太阳能开发的适应措施可以显著降低青藏高原地区气候变化风险。

第四，节能设备+低耗能行为。在第三种行为的基础上，居民不仅使用了节能设备，而且改变了生活习惯已采取低能耗的行为。这种行为在实现自我保护的同时，最大限度地减少了能源消耗和温室气体排放。

## 2.4 适应不良与有效适应

适应被认为是有效缓解气候变化的措施之一。然而从前文总结的适应行为来看，并不是所有的适应行为都能有效缓解气候变化。IPCC（2014）的报告中特别强调了适应不良的问题，所谓适应不良是指现在或将来可能导致不良气候后果风险增加、气候变化脆弱性增加或福利减少的行动或不作为。Barnett 和 O'Neill (2010) 从五个维度对适应不良进行了定义：增加温室气体的排放、不成比例地增加了最脆弱人群的负担、有很高的机会成本、减小化适应行为的动机及路径依赖。图 2.1 描述了气候变化与适应行为的关系，一方面气候变化导致了居民采取各类适应行为以实现自我保护；另一方面不同的适应行为产生的后果对于气候变化会产生反馈效应，适应不良虽然短期内减少了气候变化对于人类的威胁，但长期看会进一步加剧气候变化，增大了气候变化对于居民健康的不利影响。因此，要最终实现气候变化背景下的自我保护目标，需要正确认识适应不良和有效适应行为，推动适应不良向有效适应转变。

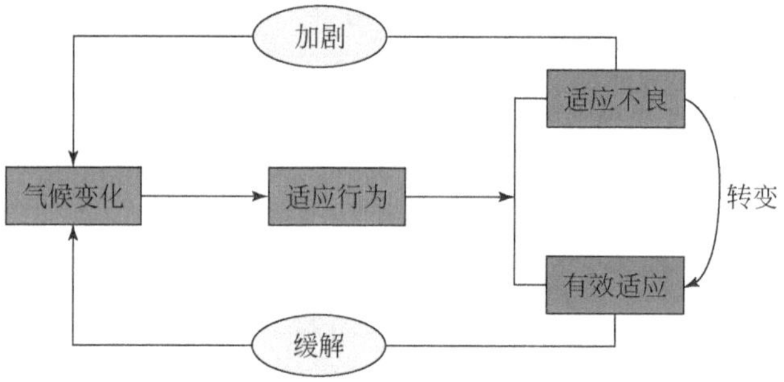

图 2.1　适应行为与气候变化的关系





根据 Barnett 和 O'Neill（2010）的定义，增加温室气体排放的适应行为属于适应不良。适应不良是一种表面上的适应，从其长期影响来看，可能会加剧气候变化的负面影响。从以上四种适应行为来看，第一种行为一定会造成的污染物排放增加。例如从短期来看，通过购买供暖制冷或空气净化设备对于保障居民的身体健康具有重要的作用，然而已有研究发现，在气候变化的影响下，2030 年前全球对于空调和供暖设备的能源需求会持续增加，之后趋于稳定；而对于空调的能源需求在 2000 ~ 2100 年会呈现快速增长的趋势，特别是对于中国等国家来说，气候变化导致的居民对空调使用的能源需求会增长约 50%（Davis and Gertler, 2015）。预计到 21 世纪末，中国住宅制冷和供暖的二氧化碳排放量将分别增加 218% 和减少 30%。因此从短期来看，自我保护对于居民来说是一种适应行为，但从长期来看可能会造成气候变化的进一步加剧，从而威胁到未来的生活。在不更换设备的情况下，第二类行为通过改善生活习惯执行低耗能的消费行为，被证实是一个有效缓解气候变化的行为。Saidur 等（2007）对家庭常用的家用电器能耗进行了分析，研究发现提高家用电器的能效标准，并且适当提高空调和冰箱的温度设定，能够减少家庭能源消费和二氧化碳的排放。

随着全球气候变化，家用电器设备拥有率的提升是一个必然趋势，因此如果居民在实现自我保护的同时，通过使用节能设备或者采取低耗能行为，在一定程度上可以缓解气候变化。然而研究发现，部分居民虽然使用了节能设备，但一段时间后其能源消耗并没有减少反而增加，如第三类行为。因此只有充分引导居民的能源消费意识和消费行为，在使用节能设备的同时，也改善日常的能耗行为，才能实现自我保护与节能环保的兼顾。

## 2.5 推动适应不良向有效适应的转变

从长期来看，适应不良会加剧气候变化的风险，因此推动适应不良向有效适应转变，才能最大限度地保证适应行为目标的实现。那么，在面对同样的气候变化情况下，造成居民选择不同的适应行为的原因是什么？根据前文分析，第四种行为才是家庭能源消费中最有效的适应行为，因此通过将其他行为与其进行对比，以分析如何推动适应不良行为向有效行为的转变。

1）通过第一种行为与第四种行为的对比发现，首先居民在选择家用设备时，选择了传统设备而不是节能设备，这可能是因为一方面相对于传统设备，节能设备的购买成本较高，居民为了节省成本而不选择更换新设备。节能设备虽然购买成本较高，但是从长期来看其使用成本更低，因而总成本更低的，但并不是所有的消费者都能在购买或使用设备时考虑到长期的好处，大部分居民在做出选择时都是有限理性的（Gail et al.，2009；Myerse and Souza，2020），因此特别是对于家庭收入不高的居民来说，传统设备仍是他们在适应气候变化时会做出的选择。越来越多研究证实，技术和价格可能并不是提高能源效率的唯一因素，而对于行为的直接干预可能发挥更加有效的作用。

其次，第一类行为的居民也没有实行低耗能的行为，产生这一行为的原因可能是居民缺乏节能环保的意识，在使用家用电器时仅以实现自我保护和提高舒适度作为目标，因而造成了高能耗的能源消耗行为。居民对于生活舒适度的追求，会对家庭能源消费产生影响（Anker-Nilssen，2003；Huebner et al.，2013）。芈凌云（2011）研究发现对生活的舒适度的追求是阻碍家庭能源消费减少的一个重要因素，当节能环保的要求与生活舒适度产生冲突时，居民的低碳消费行为可能会受到阻碍。面对气候变化与节能环保双重作用下，居民在追求生活质量的过程中，可能会增加家庭能源的消费。当居民能够有足够的收入应付其他支出，同时舒适生活得到满足时，便会逐渐向节能行为转变（Niamir et al.，2020）。因而通过对居民适应性行为的研究可以考察家庭部门的能源消费习惯，从而为合理制定政策建议提供依据。

2）通过第二种行为与第四种行为对比发现，虽然居民并没有选择节能设备，但却通过改善日常的生活习惯减少了能源的消耗。不少学者注意到，生活方式的变化正成为能源需求变化的主要来源，对于影响家庭能源消耗和温室气体排放的问题近年来得到了关注（Chitnis et al.，2012），各个国家不同的生活方式对于能源消耗和温室气体排放具有不同的影响，在美国生活方式的跨期变化对污染物变化贡献率为39%～76%（Levinson and O'Brien，2019）；在中国每年约有26%的能源消耗和30%的二氧化碳排放是居民生活方式和相关的经济活动导致的结果（Wei et al.，2007），跨期生活方式的变化对中国温室气体排放的贡献高达74.9%（Zhang et al.，2020）。

推动生活方式改善的重要动力来源于居民自身的环保意识，因此提高居民的节能环保意识对于推动适应不良行为的转变具有显著影响。这可能是因为意识和知识在触发个人行为改变方面发挥重要作用。Hori等（2013）对荷兰家庭的家庭能源消费进行了分析，研究发现拥有环保意识的家庭更易采用节能环保的行为。如果个人对气候、环境和能源问题有足够的知识和认识，一种内疚感可能会发展和激活动机因素，这可能导致与能源有关的行为改变。居民节约能源的动机主要来源于两种自我认同：一种是环境的自我认同，另一种是节约的自我认同。这两种认同与个人对待环保的态度有关，但并不会直接影响居民的行为（Deschenes，2014）。然而，只有意识而没有行动是不足以缓解气候变化。环保宣传教育能够提高居民的环保意识，Ouyang and Hokao（2009）对杭州居民的家庭能源消费进行了研究，发现节能环保类的宣传教育能够改进居民家庭生活的用能方式。Abrahamse等（2007）研究发现政府对于节能环保的宣传教育所导致的能源消费的减少，甚至大于经济政策的效果。但也有学者提出，环保宣传教育对于节能减排的效果并不显著，带有奖励性质的相关措施对于优化家庭能源消费结构更加有效。虽然已有大量文献证实，居民的认知对于实行有效的适应行为具有重要的影响，但是并不是所有居民的认知都是正确的和完善的。例如现实中，大部分居民对于节能行为的认知大多停留在节约的方式上，而对于提高效率的方式认知不足（Attari et al.，2010）。Price（2014）通过对澳大利亚居民的调查研究发现，具有环保意识的居民在面对节能环保要求时，更易执行相关政策要求，居民对于家庭生活品质追求的差异，无形中产生生活方式的差异。

3）通过第三种行为与第四种行为对比发现，虽然居民选择了节能的设备，但是其日常的能源消费习惯并没有变化，能源消费量的增加可能会抵消节能设备带来的积极作用。具体来看，一方面居民可能出于对能源消耗造成的环境污染的愧疚而选择节能设备，通过购买或使用节能设备，能够减轻居民心中内疚的负面情绪（Sachdeva et al.，2009），在道德许可效应的影响下（Tiefenbeck et al.，

2013），居民会认为自己已经为节能环保做出了一定的贡献，因而会降低环保意识增加能源的使用；另一方面，居民可能通过选择清洁能源减少了家庭部分能源消费，例如使用天然气炉灶做饭，减少了温室气体排放，这会使得部分居民将烹饪节省下来的能源消耗成本，增加到其他部分，例如更长时间使用空调等。这是一种非常典型的回弹效应，即随着能源使用效率的提高，能源使用量也随着增加（Gillingham et al.，2013；Herring，2006）。部分研究将回弹效应作为反对能源效率提升的证据（Klockner et al.，2013），但是也有研究表明，回弹效应导致的能源消耗增加仅抵消了一小部分能源效率提升带来的好处（Gillingham et al.，2013），长期来看第三类行为究竟能否实现有效适应还需要进一步研究。

适应本身被称为社会学习过程。适应需要有足够多的信息指导，在制定适应方法时，重要的是让具有不同知识、经验和背景的人参与应对和达成应对挑战的共同方法。大多的政策是建立在对影响因素的过分简化和错误假设的基础上的，例如，假设把气候变化科学告知个人就足以影响决策和行为。有学者提出，公众对这环境问题的认识并不纯粹是教育或知识的作用，也没有随着科学共识而发展，节能行为在本身就具有环保意识的家庭中作用并不显著，但在没有环保意识的家庭中，推行节能环保的行为效果较好。因此，为了实行有效的适应行为，需要保持居民的节能环保意识。政策是国家引导居民用能行为的较为常见的工具之一，各级政府在推进适应、提高各类利益相关者的适应能力方面发挥重要作用（IPCC，2018）。然而，提供信息并不意味着用户将能够有效地使用信息，而且这些信息常常需要根据具体情况进行调整或翻译。此外还可以通过目标设定、信息反馈、社会规范、个人承诺等方法对居民的行为进行干预。规范和承诺的方法可以进一步激发居民的节能环保意识，提升居民的适应能力。较高水平的个人规范对促进节能行为具有重要的作用，个人和社会规范可以增强动机（Allcott，2011；Gadenne et al.，2011；Lede et al.，2019），激发个人改变行为的责任感；私人承诺是一个有效的政策工具，特别是对于那些较少人涉足的领域（Van der Werff et al.，2019）。

## 2.6 文献评述及展望

已有关于家庭能源消费适应行为的研究为了解和认识居民行为选择机制提供了理论基础，但现有文献存在以下扩展空间：

第一，虽然当前的文献对于气候适应行为进行了大量研究，对于家庭能源消费行为也有较充分的分析，但较少考察气候变化背景下消费行为的界定与分析。通过以上文献梳理可以看出，在面对气候变化时不同的居民可能会选择不同的适应行为，且其中部分适应行为可能是适应不良，但已有研究大多侧重于考察适应行为的短期影响，较少从适应不良方面进行考察，这可能是因为从长期来看，人们对于气候适应的结果存在不确定性。因此，需要在构建家庭能源消费适应行为概念框架的基础上，对各类适应行为进行梳理并对其长期影响展开分析。

第二，在研究内容方面，基于空调使用情况分析适应行为的研究是最为常见的，然而面对气候变化，新风系统、太阳能光伏等新兴设备具有较大的发展潜力。新风系统在欧美国家的普及率高达 96.56%，而中国一线城市家庭新风系统的普及率还不到 15%，与此同时，中国新风系统的发展也迎来了政策支持，《室内空气质量标准》《通风系统用空气净化装置》《住宅新风系统技术标准》等法规的相继颁布，将进一步推动新风系统行业的发展和普及率的提升。近年来国家积极发展分布式光伏发电，2019 年户用光伏发电被单独管理，并提供定额补偿，户用光伏发电步入正轨。据国家能源局数据显示，2019 年新增并网光伏发电规模为 30.22GW，其中户用光伏就有 5.3GW，2019 年第三季度光伏装机量中，户用光伏占比高达 45%。由此可见，未来光伏行业具有较大的市场发展潜力，然而目前基于新兴设备的研究较少，因此需要充分了解家庭能源消费领域的新动态，以把握适应行为的发展方向，从而对适应行为进行较为全面的研究。

第三，从研究视角来看，已有研究大多基于发达国家展开分析，而基于发展中国家的研究较少。中国作为全球最大的能源消费国与人口大国，积极实行有效的适应行为对有效应对气候变化有着重大的意义。然而受限于数据可获得性，基于全面的中国家庭能源消费适应行为研究较少，这对于制定有效的政策措施造成了一定限制。因此需要有更多公开的微观数据支持，以揭示中国居民适应行为的现状，并基于不同的适应行为展开详细的实证分析，在保障中国居民自身健康安全的同时，探究更加节能环保的适应行为，从而为有效推动适应行为由适应不良向有效适应转变。

第四，气候适应行为经常存在适应不良的情况，要推进适应不良行为的转变需要充分认识适应不良行为产生的原因及各类干预措施。从文献梳理可以看出，导致适应不良的原因主要是两点：一是缺乏节能环保意识，二是缺乏适应行为信息，无法充分考虑适应行为的长期影响。鉴于此，之后的研究中在分析居民适应行为差异原因的基础上，通过考察各类干预措施在提高居民环保意识等方面的实际作用，从而为提高居民环保意识、提供更加丰富的适应行为信息的方法寻找突破口。

# 第3章　问卷数据描述性统计

## 3.1　问卷设计与实施

第六次家庭能源消费调查（CRECS 2017）由中国人民大学多家机构协助完成，此次问卷是嵌入CGSS中完成实施。

CGSS项目是中国历史最悠久、影响力最大、持续时间最长、成果最多的重要社会调查项目，由中国人民大学中国调查与数据中心及香港科技大学调查研究中心共同开展，并由中国人民大学中国调查与数据中心负责执行。遵照国际标准，自2003年起，每年一次，对中国各省（自治区、直辖市）10 000多户家庭进行连续性横截面调查。CRECS 2017作为CGSS的子模块，其问卷设计、调查员培训、数据统计校验、研究报告写作等工作由中国人民大学能源经济系承担，中国人民大学中国调查与数据中心负责整个CGSS的样本抽样、其他模块的访员培训、调查实施、数据回收等工作。

### 3.1.1　抽样

此次问卷开展时间是2018年7～10月，围绕中国家庭在2017年度的家庭基本情况和能源消费状况展开调查。本次抽样分为两个阶段。

#### 3.1.1.1　第一阶段：中国综合社会调查抽样

CGSS迄今使用了三套不同的抽样方案，本次CGSS是基于2010年抽样方案设计的。抽样的总体目标是我国31个省（自治区、直辖市，不含港澳台地区）的所有城镇、农村家庭住户，以求最有效地代表中国社会的各方面情况。

2018年的CGSS实地调查采用了中国人民大学中国调查与数据中心自主研发的Ominisurvey问卷调查系统，相对于纸质问卷，大大提高了数据采集的时效性和数据质量。2018年的CGSS抽样方法同以往调查一样，在村委会和居委会层面采用目前国内大型社会、经济调查所普遍公认的基于地图地址的抽样方法，对全国478个社区进行了绘图和核图抽样工作。调查总体分为两大类：一是必选层，该层为入选的五个大城市（北京、上海、广州、深圳、天津）的市辖区家庭户；二是抽选层，该层为除去必选层市辖区以外全国所有家庭户。就必选层的选择，本次调查于 36 座直辖市、省会城市和副省级城市，从经济水平、教育水平及城市开放性程度等角度出发，选取 GDP、拥有教师总数、外国直接投资（FDI）实际使用外资金额这三个总量指标进行考察，采用因子分析方法确定排名前五的城市进入必选层。总体样本选取结合分层采取三阶段概率抽样，根据所在层的情况，各阶段抽样单元略有不同。在抽样的第一阶段，街道及区、县作为一级抽样单元；在第二阶段，居委会及村委会作为二级抽样单元；在第三阶段，家庭户为三级抽样单元。

抽样方案全国设计的目标样本量为 12 000 户，其中必选层 2000 户，抽选层 10 000 户。对于必选层，该层总样本量为 2000 户，计划抽取 40 个初级抽样单元（街道），每个初级抽样单元抽取 2 个二级抽样单元（居委会），每个二级抽样单元抽取 25 个家庭户。对于抽选层，该层总样本量为 10 000 户，计划抽取 100 个初级抽样单元（区、县级市、县），每个初级抽样单元中抽取 4 个二级抽样单元（居委会、村委会），每个二级抽样单元中抽取 25 个家庭户。最终共抽取 100 个县级单位加 5 大都市，480 个居委会（村委会），12 000 家庭户。

初级抽样单元分布如图 3.1 所示。

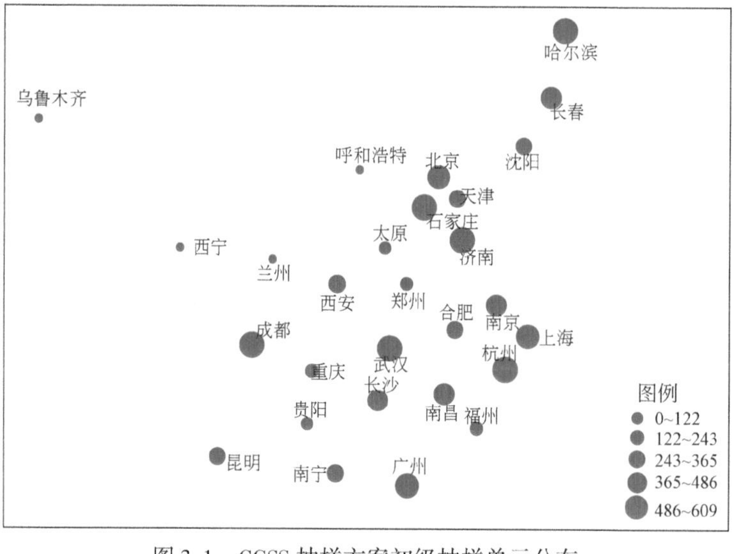


图 3.1　CGSS 抽样方案初级抽样单元分布

此外，为了保证样本在城乡分配上同实际情况一致，假设居委会的家庭户为城市居民，村委会的家庭户为农村居民，并将样本量的城乡分配比例确定为 6∶4。根据第一阶段样本量的分配结果，必选层中共抽取 80 个居委会，共计 2000 户，为保持城乡样本比例，抽选层中的居委会与村委会样本个数比约为 13∶12。为了实现二级抽样单元 13∶12 的目标，需要根据初级抽样单元的城市化水平

（非农业人口比重）分配样本居委会和村委会的数量。这里采用分别在区层和县层样本初级抽样单元内，根据各个区县的城市化水平（用非农人口比重表示）进行分段，形成若干个区间，然后根据不同的区间对样本区县中的居委会、村委会个数进行分配的方法来实现样本居委会和村委会的比例要求。

2018 年 CGSS 项目调查覆盖我国 28 个省份①（自治区、直辖市，不包括西藏、海南、新疆、香港、澳门、台湾）的 478 个居委会（村委会），共完成有效个人问卷 11 559 份。

#### 3. 1. 1. 2 第二阶段：中国家庭能源消费调查样本抽样

2018 年 CGSS 项目包括了关于社会人口属性、住房问题、健康等内容的核心模块，关于生活习惯的 B 部分，关于宗教问题的 C 部分及关于能源问题的 E 部分（CRECS）。由于 CGSS 常规模块的调查问卷需要耗费较长时间，因此对 CRECS 模块的问题进行了大量优化，最终 CRECS 2017 问卷包括 77 个与能源消费相关的核心问题，其他的家庭经济社会变量则与 CGSS 中的常规问题进行了整合。

考虑到完成 CGSS 问卷的时间和 CRECS 模块的时间，CRECS 问卷没有覆盖 CGSS 的全部抽样样本，而是在 CGSS 抽样的基础上随机抽取三分之一样本，即 4147 户居民样本进行调查。由于本轮 CGSS 问卷全部采用计算机辅助问卷系统，访员手持平板对住户进行调查，因此我们对系统后台进行了设置，即某一访员在完成 CGSS 基本模块调查后，随后出现的 CRECS 模块的概率为三分之一。换而言之，本轮 CRECS 抽样是在 CGSS 总体抽样的基础上再次进行随机抽样。所有的入户抽样页、入户情况登记表都进行了问卷电子化，使整个入户抽样过程自动化，同时能够详细地记录入户抽样的过程。

本轮 CRECS 2017 抽样包括我国 28 个省份、85 个地级市、127 个县（区），共计 4147 户住户，其中农村居民占 54. 96%，抽样住户的地理分布如图 3. 2 所示。

### 3. 1. 2 问卷实施与质量控制

CRECS 2017 问卷随同 CGSS 问卷一并由中国调查与数据中心完成具体的问卷实施。中国调查与数据中心联合全国 53 所高校组成了“中国社会调查网络”（Chinese social survey net，CSSN），组织实施 CGSS 等大型长期追踪调查项目，参与 2018 年实地调查的合作单位有全国各地共 25 家高校和科研院所。

除了设计入户调查问卷以外，2018 年 2 ~ 6 月，CGSS 项目组还完成了《2018

① 2018 年 CGSS 和 CRECS 2017 调查覆盖范围为我国 28 个省份（自治区、直辖市），不包含西藏、海南、新疆、香港、澳门和台湾，以下以 28 个省份统称调查覆盖范围。

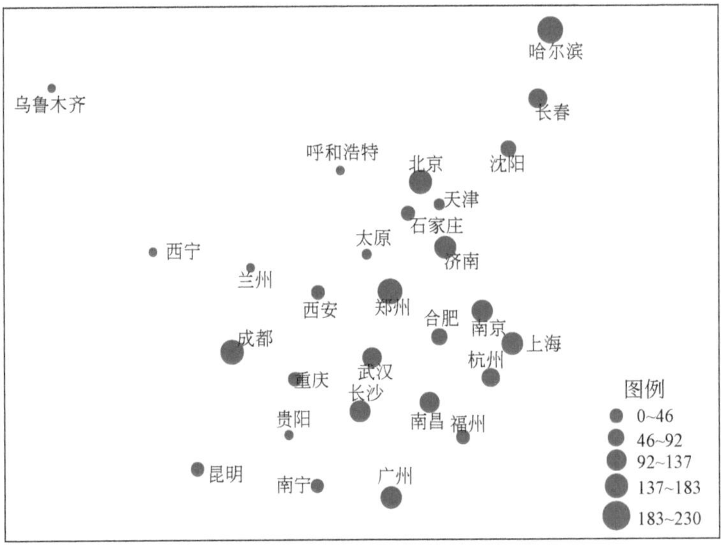


图 3.2　CRECS 2017 抽样住户地理分布





年绘图抽样手册》《2018 年调查手册》的修订和撰写。为了更好地进行质量控制，项目组设计了《现场入户复核问卷》和《追加样本申请表》等供现场调查时督导使用，以保证项目顺利开展。各地实地工作开展前，项目组根据各合作单位负责的调查区域样本量和参与调查人员数量进行了所有纸质资料的统计、印刷和邮寄。

为了保证现场工作质量，2018 年 CGSS 调查共招聘和培训了 3 期现场出差督导，一共 27 人，每期督导都通过严格的筛选和面试，并在中国调查与数据中心进行为期 8 天的全面的绘图、访问培训和实地演练，培训后考核合格者由项目组统一安排赴全国各地与当地调查员一起负责现场调查技术指导和质量控制工作，每名督导平均在实地工作 1 个月时间。除了现场督导，2018 年 CGSS 的远程问卷质量控制主要基于实时的服务器上传数据，通过实时的数据统计分析和电话回访，第一时间发现现场问题，并给予及时的反馈和补充培训，同时加强现场督导和远程质量控制的互动，在访问系统的支持下对实时的质量控制发挥着重要作用。

## 3.2　家庭特征

### 3.2.1　家庭人口信息

#### (1) 家庭常住人口数以 2~3 人为主

本次调查中关于家庭常住人口的有效受访住户样本（剔除了缺失值之后的有效

住户样本，简称有效样本）共计4141户。如图3.3所示，在接受调查的家庭之中，以2人或3人常住的家庭最为常见，常住人口为2人的家庭有1488户，占有效样本的比例为35.93%；常住人口为3人的家庭有956户，占有效样本的比例为23.09%。其次为1口人和4口人常住的家庭，分别有610户和607户，分别占有效样本的比例为14.73%和14.66%。5口人和6口人常住家庭较少，占有效样本的比例分别为6.40%和3.53%。7口人及以上常住的家庭不到有效样本的2%。

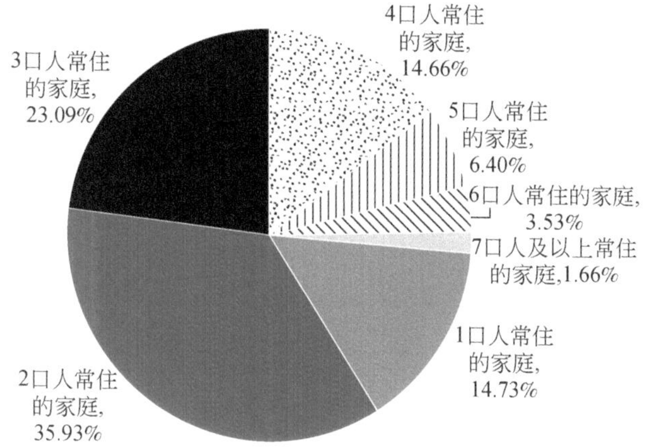


图3.3　家庭常住人口情况

### （2）调查性别比例女性略高于男性

本次问卷中关于性别调查主要集中在A部分的社会人口属性，调查受访者的性别。调查中受访者的总人数为4147人，其中男性有1909人，占总人数的46.03%，女性为2238人，占总人数的53.97%。根据我国国家统计局公布的数据，从性别结构看，2017年末我国男性人口71 137万人，占比51.17%，女性人口67 871万人，占比48.83%。本次调查的人口比例与全国人口比例略有出入，主要原因是女性居家的可能性更大。

### （3）年龄段分布情况

本次主要调查了受访者出生年份及其配偶或同居伴侣的出生年份，受访者及其伴侣出生年份以20世纪60年代最多。图3.4显示了本次调查中被调查者出生年份的分布。本次调查中关于家庭成员出生年份的有效样本共计7299例，其中以20世纪60年代出生的人口居多，呈现出多峰分布。1950年之前，出生人口随时间推移递增，在50年代中期出现峰值；50年代末的出生人数有所下降，随后继续增加；60年代中前期出生人数再次达到峰值，之后略有下降，在60年代后期人数再次上升，重新到达高峰，之后呈下降趋势；80 年代初开始增加，至 80 年代末期又一次达到峰值；随后每年出生人口逐步下降。由于受访者相对年纪较长，因此，出生年份靠后的人数相对较少。

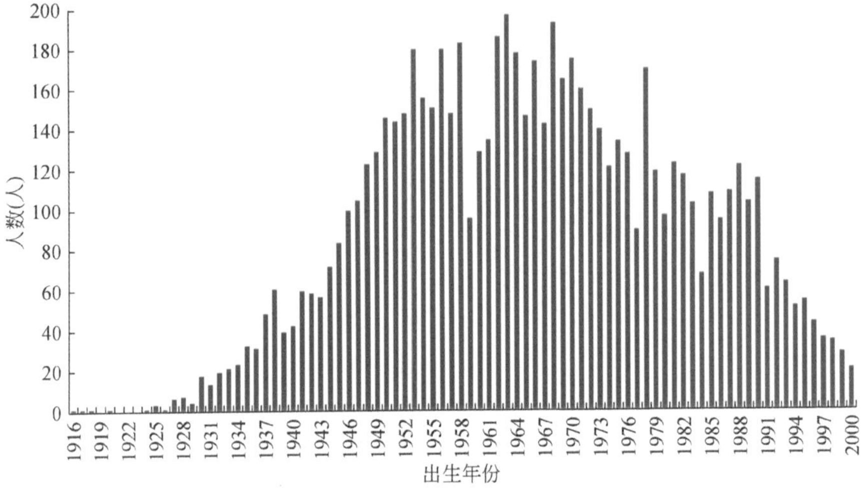


图 3.4　受访者及其伴侣出生年份分布情况

### 3.2.2　家庭被访问者概况

(1) 受教育情况

接受本次调查的 4147 户家庭中，被访问者教育水平普遍较低，绝大多数人员教育水平为初中及以下，并且存在大量的未接受正式教育人员。如图 3.5 所

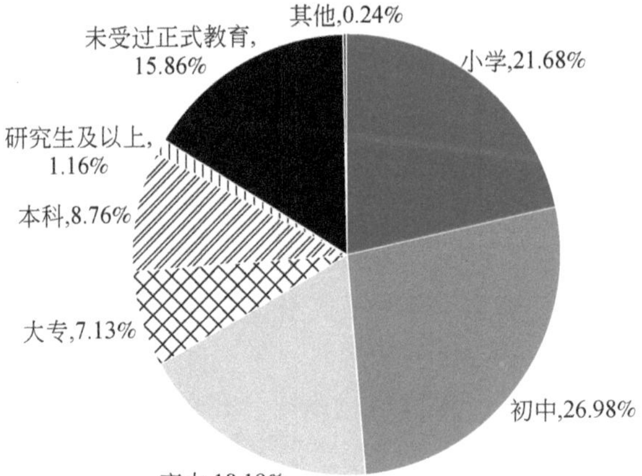


图 3.5　人员教育水平情况

示，其中初中和小学文化水平人员最多，分别占26.98%和21.68%。高中（包括普通高中、职业高中、中专、技校）学历占比为18.19%。其次为没有受过正式教育的人员，占有效样本数量的15.86%。接受过本科或者大专教育的人数很少，分别占有效样本的8.76%和7.13%。另外有极少数人接受过研究生及以上教育，仅占1.16%。由此看出，接受调查者的教育程度普遍偏低。

（2）民族情况

民族情况调查的有效样本数量与教育水平相同，有4147户家庭的户主接受调查，其中受调查者主要为汉族，占调查总数的92.65%。此外，在少数民族中，回族和壮族人数较多，为76人和46人，占受调查总数的1.83%和1.11%，其他各个少数民族的人数均不足有效样本的1%。作为参照，此处引入第六次全国人口普查的数据作为对比。相比全国各民族人口占比，在受访家庭中汉族、回族、白族、侗族、瑶族比例高于全国平均水平，其余民族所占比例较全国水平更低。此外，穿青人（属于尚未识别的民族）及台湾人①也并未纳入第六次全国人口普查的范围内（表3.1）。

**表3.1 受访者民族情况对比** （单位：%）

| 民族 | 本次调查占比 | 第六次全国人口普查占比 |
|---|---|---|
| 汉族 | 92.65 | 91.60 |
| 回族 | 1.83 | 0.79 |
| 壮族 | 1.11 | 1.27 |
| 白族 | 0.92 | 0.15 |
| 满族 | 0.70 | 0.78 |
| 侗族 | 0.63 | 0.22 |
| 彝族 | 0.60 | 0.65 |
| 瑶族 | 0.41 | 0.21 |
| 蒙古族 | 0.31 | 0.45 |
| 土家族 | 0.29 | 0.63 |
| 苗族 | 0.29 | 0.71 |
| 布依族 | 0.07 | 0.22 |

① 穿青人为未经识别的民族；台湾人指具有台湾户籍的人口，不属于民族成分。因调查涉及，单独列出以做区别。

续表

| 民族 | 本次调查占比 | 第六次全国人口普查占比 |
|---|---|---|
| 藏族 | 0.05 | 0.47 |
| 维吾尔族 | 0.05 | 0.76 |
| 朝鲜族 | 0.02 | 0.14 |
| 黎族 | 0.02 | 0.11 |
| 穿青人 | 0.02 | — |
| 台湾人 | 0.02 | — |

### 3.2.3 家庭成员工作信息

(1) 工作性质

本次问卷对于家庭成员工作信息的调查针对被访问者及其配偶展开，没有对其他家庭成员的工作信息进行询问，因而有效样本数量较少。调查结果显示，2017 年关于工作性质的有效样本为 2869 人，其中被访问者（户主）1485 人，配偶 1384 人。由于配偶的工作性质由被访问者代为回答，加之存在独居情况，在样本数量上会因漏答等原因小于户主。如图 3.6 所示，2017 年户主及其配偶以全职工作为主，约占有效样本的 89.13%。其余工作性质中，非全职工作的有 276 人，占有效样本的 9.62%。有极少部分无法回答，所占比重为 1.25%。

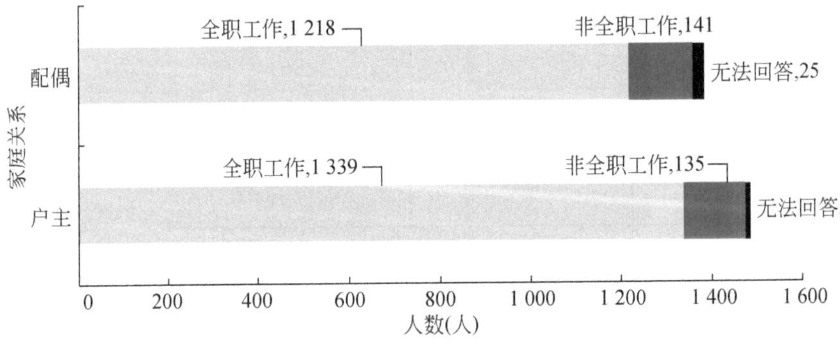


图 3.6 家庭成员工作性质

(2) 工作状况

工作状况调查对家庭户主及其配偶的雇主情况进行了区分。数据显示，有超过半数的家庭户主及其配偶的工作状况为受雇于他人。如图 3.7 所示，在 2865

个有效样本中，受雇于他人（有固定雇主）的有 1695 人，占有效样本的比例为 59.16%。其次为个体工商户和零工、散工（无固定雇主的受雇者），占比分别为 13.12%和 12.74%。其余各工作状况人数较少，其中自己是老板（或者是合伙人）的占比为 4.64%，自由职业者占比为 3.28%，而劳务工/劳务派遣人员、在自己家的生意/企业中工作/帮忙的占比分别为 2.13%、1.33%。

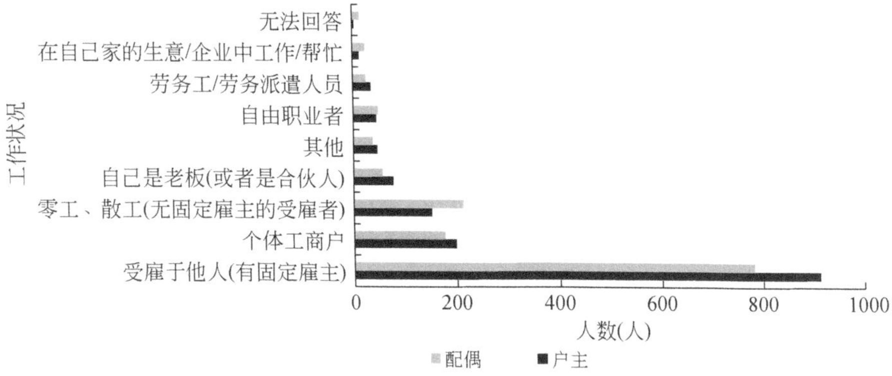


图 3.7　家庭工作状况

### (3) 工作单位所有制情况

所有制性质指经济活动中生产资料的归属，由此可以明确企业的资产增值及收益归属。该项问题隐含了受访住户必须已有工作的单位或公司，因而有效样本数量仅为 1747 人。如图 3.8 所示，除去占比近一半的私有/民营或私有/民营控股选项后，占比最多的是国有或国有控股，有 494 人，占比 28.28%。集体所有或集体控股位列第三且差距较大，仅 131 人，占比为 7.50%。其余各种单位所有

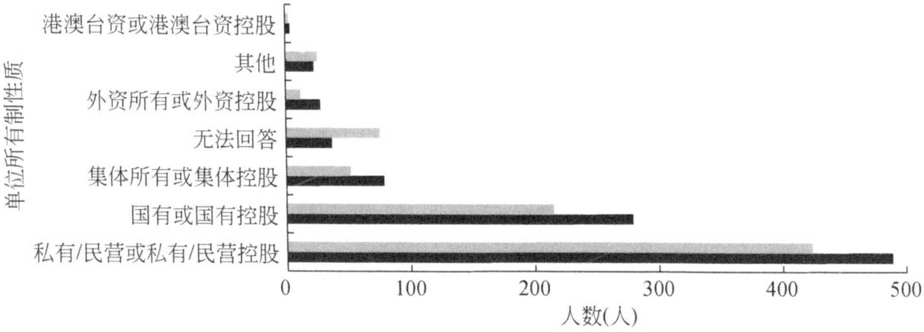


图 3.8　单位所有制性质情况

制性质，如外资所有或外资控股、港澳台资或港澳台资控股占比较少，占比均未超过3%，另外有无法回答或其他选项。因此，受调查的人员工作单位所有制性质以私有/民营或私有/民营控股为主。

(4) 工作单位类型

在针对户主及其配偶单位或公司类型的调查中，无单位/自雇（包括个体户）也被纳入选项中，因而工作单位类型有效样本数较工作单位所有制性质样本更多，达到2854人。如图3.9所示，占比最多的选项为企业，占有效样本的四成左右。接下来是无单位/自雇（包括个体户），有1035人，占有效样本的36.26%。其余各种工作单位类型，如事业单位，党政机关，社会团体、居/村委会，军队的占比较少，占比依次为12.47%、2.38%、2.38%、0.11%。另外有无法回答及其他选项。整体来看，家庭户主及其配偶工作单位类型以企业为主。





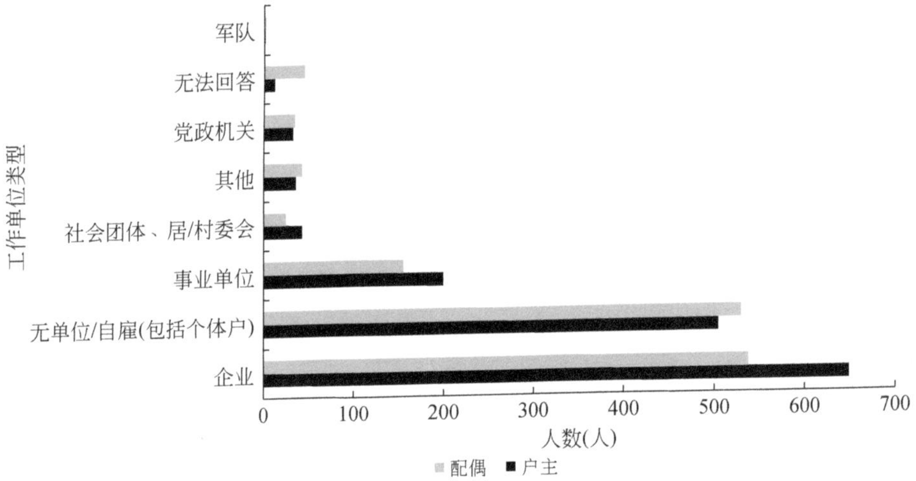


图3.9 工作单位类型情况

## 3.3 收入与支出情况

家庭总收入情况共收集有效样本数为3707个，样本均值为80 263元，其中农村家庭有效样本2048个，样本均值为52 215元，城市家庭有效样本1659个，样本均值为114 888元；家庭总支出情况共收集有效样本3764个，样本均值为48 836元，其中农村家庭有效样本2105个，样本均值为35 114元，城市家庭有效样本1659个，样本均值为66 247元（图3.10）。

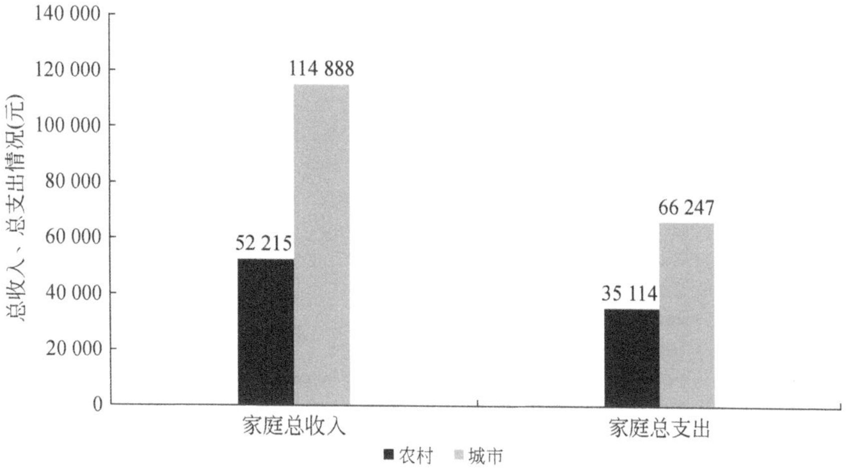

图 3.10　2017 年家庭总收入与总支出情况



统计结果显示，在受访的农村居民中，2017 年家庭总收入不超过 1 万元的家庭有 600 户，占农村家庭总体的 29.3%；超过半数家庭的年收入在 1 万～7 万元；仅有 8% 的家庭年收入超过 11 万元，其中超过 19 万元的家庭占 4.25%，超过 25 万元的家庭占 2.44%（图 3.11）。总支出方面，在 2105 户农村家庭中，2017 年家庭总支出不超过 1 万元的家庭占总体的 30.9%；36.7% 和 16.6% 的受访家庭年支出在 1 万～3 万元和 3 万～5 万元；仅 4% 的家庭年总支出超过 11 万元，其中 1.05% 的家庭年总支出超过 25 万元（图 3.12）。

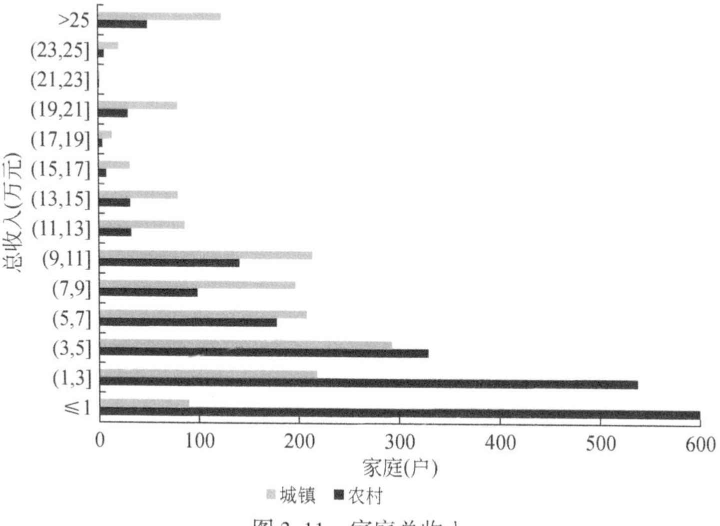

图 3.11　家庭总收入

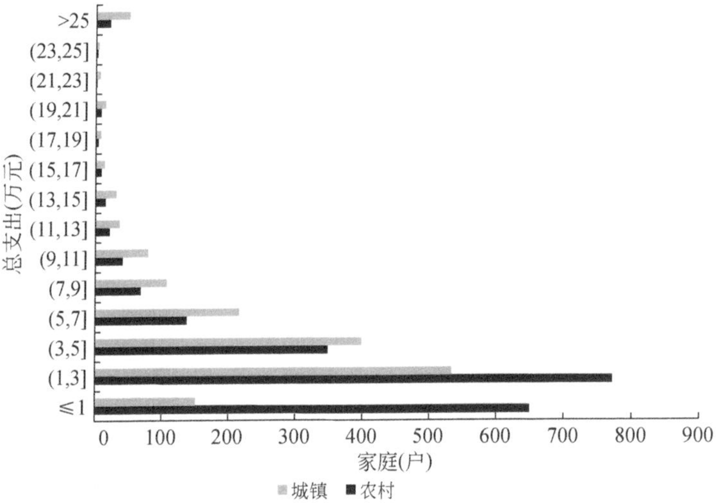


图 3.12　家庭总支出





在 1660 户城市居民中，家庭年总收入不超过 1 万元的家庭有 90 户，占总体的 5.4%；有 30.8% 的家庭年总收入在 1 万 ~5 万元；有 26.5% 的家庭年总收入超过 11 万元，其中超过 25 万元的家庭占 7.5%。总支出方面，在 1659 户城市家庭中，2017 年家庭总支出不超过 1 万元的家庭占总体的 9.1%；32.2% 和 24% 的受访家庭年总支出在 1 万 ~3 万元和 3 万 ~5 万元；10.3% 的家庭年总支出超过 11 万元，其中 3.1% 的家庭年总支出超过 25 万元。

从支出结构上看（图 3.13，图 3.14），食品和居住的支出所占比例较大，分

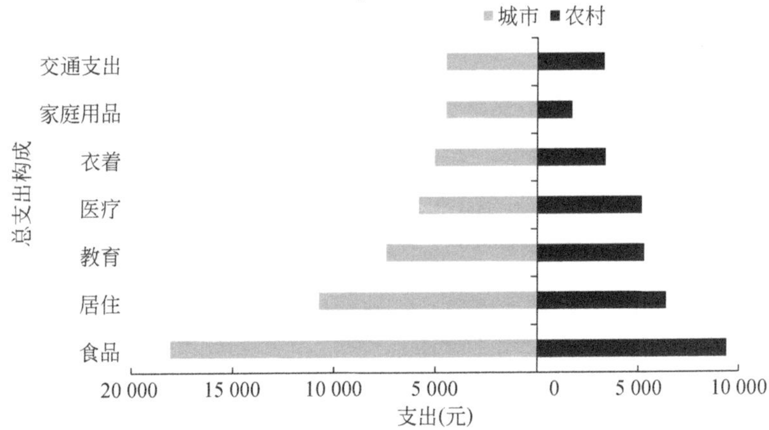


图 3.13　家庭总支出构成（分城市、农村）

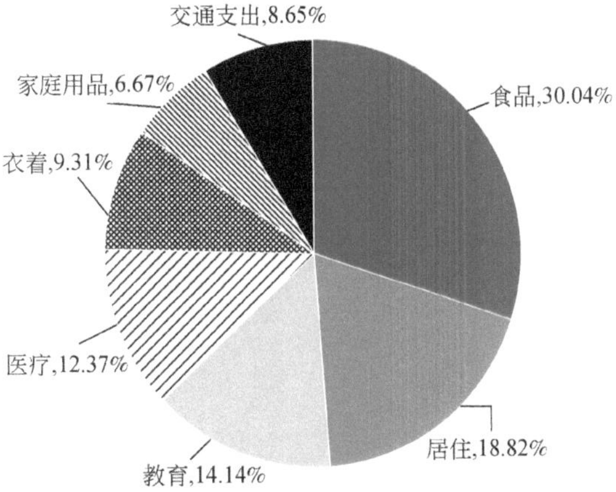


图 3.14　家庭总支出构成

别为 30.04% 和 18.82%；用于教育和医疗的费用分别占总支出的 14.14% 和 12.37%，衣着、家庭用品和交通支出占比比较均匀，在 6% ~10%。





## 3.4　住房情况

### 3.4.1　基本情况

在调查统计的 4147 个家庭中，当前住房的套内建筑面积平均值为 112.54 平方米，2017 年平均每周在住房居住时长为每周 7 天的达到 88.33%，即房屋的主要用途是住宅家居。

从所调查的住宅建筑年代来看（图 3.15），20 世纪 80 年代至 2010 年为住宅建筑的主要时间段，这点很好理解，这 40 年是中国发展的关键时间段。

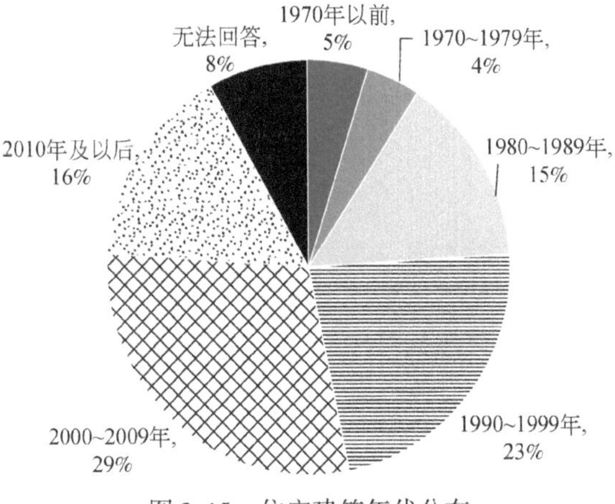


图 3.15　住宅建筑年代分布

从窗户玻璃类型来看（图3.16），使用量最大的为单层玻璃，占样本总数的70.34%；其次是双层玻璃，占样本总数的25.15%。

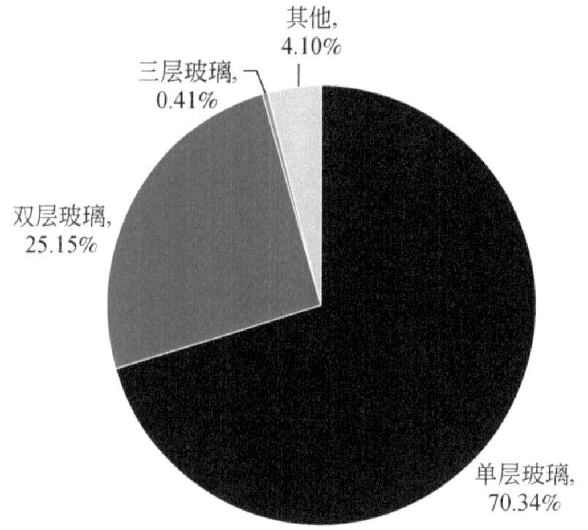


图3.16　窗户玻璃使用类型

通过调查用户住宅夏季及冬季平均日照采光（图3.17，图3.18），我们发现冬季平均日照差异较大，并没有集中于某个时间段；夏季日照多集中于8小时以上，占据总样本数的33.52%。

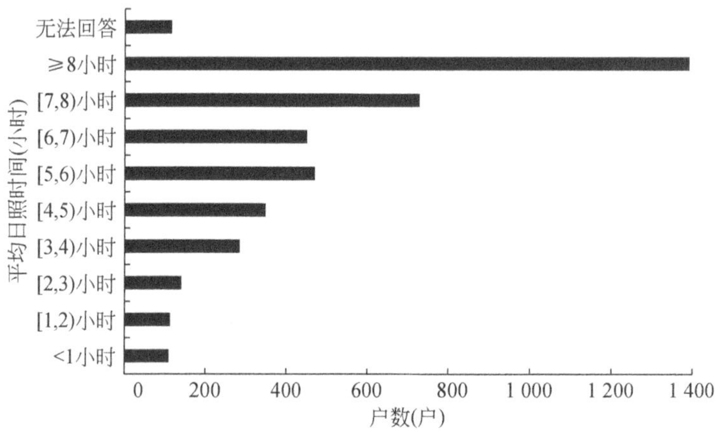


图3.17　夏季平均日照

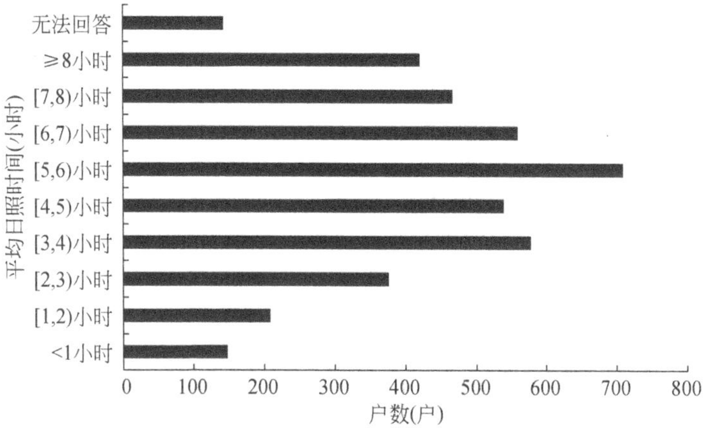


图 3. 18 冬季平均日照



### 3. 4. 2 节能改造情况

通过最近一次对门窗缝隙进行封边处理用户调查（图 3. 19），我们可以发现没有进行门窗缝隙封边处理的住宅用户占据样本的绝大多数，达到 68. 24%；2010～2017 年对门窗缝隙进行过封边处理的住宅用户占总样本的比例为 18. 52%。

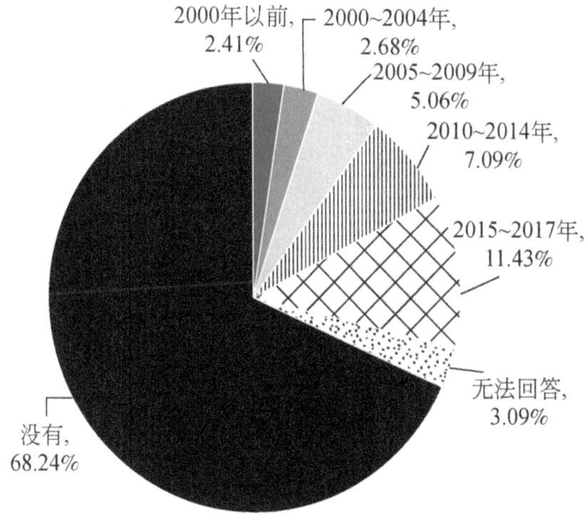


图 3. 19 最近一次对门窗缝隙进行封边处理用户情况

图 3. 20 表明了住宅外墙保暖情况，占总样本 83. 48% 的家庭并没有进行外墙保暖改造；在进行过外墙保暖改造的住宅中，占总样本 10. 37% 的住宅外墙保暖改造发生在 2010 ~ 2017 年。

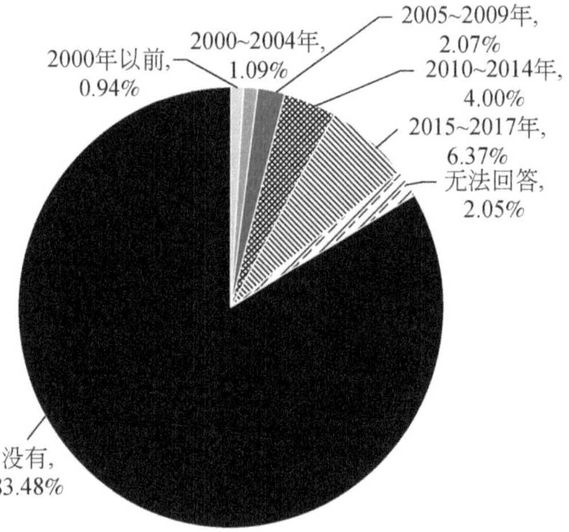


图 3. 20　最近进行住宅外墙保暖改造情况

通过最近一次对阁楼、天花板、管道等添加隔热绝缘材料的住宅调查（图 3. 21），可以发现从未对阁楼、天花板、管道等添加隔热绝缘材料的住宅用户占绝大多数，占到总样本数的 84. 37%，2010 ~ 2017 年添加隔热绝缘材料的住宅用户仅占总样本数的 8. 56%。

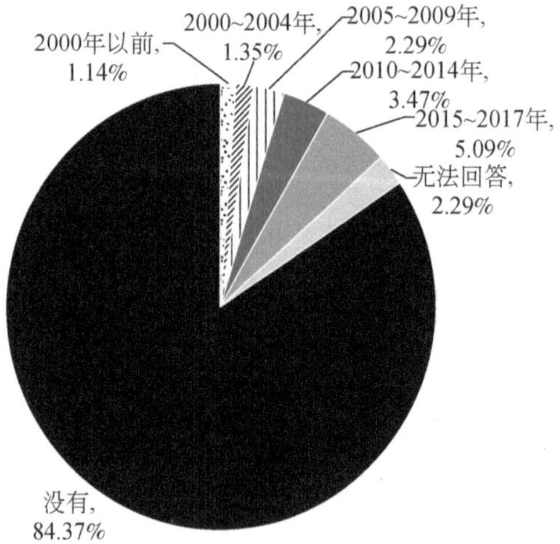


图 3. 21　最近一次对阁楼、天花板、管道等添加隔热绝缘材料情况

通过对住宅节能改造的统计分析，我们可以发现绝大多数家庭并没有做任何节能改造，其次便是2010年以后进行更新改造的，这也从侧面反映了节能改造需求的增长潜力，可以预期，进行住宅节能改造的用户在未来会有所上升。

# 第4章　家庭能源产品性能评价与需求分析

## 4.1　家庭能源需求理论文献回顾





能源，就像食物和水一样，是人类生存的必需品。能源的消费状况反映了人民的生存状态和生活质量（Joyeux and Ripple，2007）。已有研究表明，使用传统的低效率的生物质燃料不仅会造成环境污染，而且会损害人体健康（Sharpe，2004；Smith，2013）。为了克服这些不利影响并改善人民生活状况，需要向更清洁和更有效的燃料形式过渡，了解家庭燃料选择和燃料转换对于寻找支持这一过渡过程的政策至关重要。

回顾已有文献，学者们经常用“能源阶梯”来解释家庭在可用燃料之间如何进行动态选择（Smith et al.，1994；Farsi et al.，2007；Akpalu et al.，2011；Bisu et al.，2016；Israel-Akinbo and Fraser，2018）。“能源阶梯”假说最早由Hosier和Dowd在1987年提出，他们认为家庭能源使用有类似阶梯的特征，即家庭随着经济地位的提高，将使用技术工艺更为复杂的燃料（Hosier and Dowd，1987）。经后继者不断总结完善，发展出“能源阶梯”模型，用以解释家庭如何由传统燃料向现代燃料转变。“能源阶梯”模型认为，随着可支配收入增加，消费者为了提高社会经济地位，会逐渐放弃传统的低效高污染的燃料转而选择更高效清洁的能源，其动态演进过程如图4.1（a）所示。按照能源阶梯模型，如果家庭经济地位改善，家庭会向“能源阶梯”上层移动；如果经济地位下降，预期家庭将沿着能源阶梯向下移动，即燃料的转换随收入线性发生，收入是推动能源转型的关键因素。这一模型隐含的含义是，家庭了解并认同沿能源阶梯燃料会越来越好，不选择这些燃料的原因只是由于收入或基础设施的限制。

尽管众多的实证研究验证并支持“能源阶梯”理论（Reddy，1995；Cai and Jiang，2008；Rehman et al.，2010；Zhao et al.，2017；Bisaga and Parikh，2018；Israel-Akinbo and Fraser，2018），然而，Masera等（2000）指出，“能源阶梯”理论是有缺陷的，因为该理论将能源结构的迁移看作是一个线性的过程，而事实上，每个家庭的能源结构是多燃料混合的，做出能源选择决策在考虑可支配收入的同时也会考虑文化传统、风俗习惯等多个方面因素。Masera 等（2000）认为，随收入的增加，家庭能源消费会出现多次不完全替代，在同一时期，可能会有多种能源并存，能源结构迁移是多种能源重叠上移的过程，如图 4.1（b）所示。此后，许多经验研究也表明，家庭能源消费结构的转变并不是一个简单的、离散的过程，而更常见的是多燃料并存且逐步替代的过程（Campbell et al.，2003；Brouwer and Falcão，2004；Heltberg，2004；Martins，2005；Arnold et al.，2006）。

Masera 等（2000）提出的“多燃料模型”强调家庭是沿着“能源阶梯”，选择燃料组合的不同配比，而不是更换燃料，从而否定了“能源阶梯”理论所隐含的燃料线性转换。然而，不论是“能源阶梯”还是“多燃料模型”，收入都是推动家庭能源清洁化的关键因素。

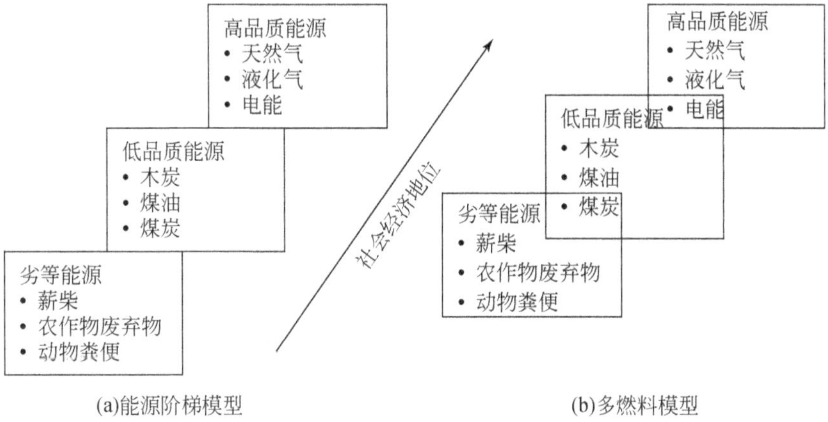


图 4.1　能源利用模型

除“能源阶梯”和“多燃料模型”外，学者们还从燃料特性、能源服务角度对决定燃料选择的因素进行了分析。在现实中，家庭选择不同的能源，不仅会考虑经济性，还会考虑其他不同的特性，包括获取便利性、使用方便性、清洁性、舒适性、使用安全性等多个方面（Niu et al.，2012）。Niu 等（2012）根据调查问卷发现，在能源选择上，使用者将 40% ~60% 归于成本，10% ~20% 归于可获取性和清洁性，5% ~15% 归于能源的可替代性和便捷性。陆慧和卢黎（2006）对中国农村家庭用能结构的研究表明，收入水平越高的农户，对能源的舒适性、清洁性要求越高，而对能源的经济性要求越低，收入水平越低的农户，要求则相反。上述研究表明，尽管对燃料某种特性的偏好会影响居民的能源决策，然而决定这种偏好的仍然是居民的收入水平。此外，Foley（1995）认为，燃料是能源服务的引致需求，即决定燃料选择的是能源服务需求而不是燃料偏好。在维持生计的水平上，家庭依靠生物质燃料来烹饪和取暖，这构成了该生存阶段的主要能源需求。随着收入的增加，家庭有能力购买各种电器，每种电器都需要特定的能源，这导致包括现代能源在内的能源需求更加多样化。为了满足基本能源需求，家庭将继续使用生物质燃料，并增加其他燃料以满足他们不断变化的生活方式的需求（Foley，1995；Hiemstra-van der Horst and Hovorka，2008）。尽管从能源服务的角度，燃料由对潜在能源服务的需求决定，然而对能源服务的需求却主要由收入水平决定（Sovacool，2011）。

综上所述，不论是从燃料偏好、燃料特性偏好还是能源服务需求任一角度对燃料选择问题进行分析，其最终决定因素都将取决于收入水平。

## 4.2 家庭能源消费描述性统计

### 4.2.1 各类型能源家庭消费情况





关于家庭能源消费情况，CRECS 2017 调查主要询问了关于蜂窝煤（煤球）、煤块、汽油、柴油及电能等 11 种最为常用的能源的消费情况。各能源的具体使用情况如表 4.1 所示。

**表 4.1 各能源家庭消费情况**

| 能源种类 | 使用家庭比例（%） | 平均使用量 | 平均支出（元） |
|---|---|---|---|
| 管道天然气 | 32.84 | 317.56 立方米 | 820.92 |
| 罐装液化气 | 30.60 | 291.65 千克 | 769.88 |
| 薪柴 | 19.22 | 2 298.68 千克 | 28.23 |
| 煤块 | 7.43 | 1 666.91 千克 | 1 429.03 |
| 汽油 | 5.81 | 890.30 升 | 6 234.39 |
| 秸秆 | 5.31 | 2 338.26 千克 | 46.98 |
| 管道煤气 | 4.92 | 292.46 立方米 | 806.04 |
| 蜂窝煤（煤球） | 3.16 | 1 182.38 千克 | 937.92 |
| 柴油 | 1.21 | 510.36 升 | 2 471.32 |
| 动物粪便 | 0.19 | 430.00 千克 | 37.50 |
| 电能 | 99.71 | 1 843.80 千瓦时 | 1 653.00 |
| 其他 | 0.68 | — | — |

第一，几乎所有家庭都使用电能。第二，使用为管道天然气的家庭占总样本数比例也较高，为32.84%。第三，使用罐装液化气的家庭占总样本数的比例为30.60%。第四，19.22%的家庭表示薪柴是家里会使用的能源之一。第五，以煤块、汽油和秸秆为能源的家庭占总样本数的比例分别为7.43%、5.81%和5.31%。第六，管道煤气、蜂窝煤（煤球）、柴油和动物粪便的使用家庭比例均不足5%，分别为4.92%、3.16%、1.21%和0.19%。

就平均使用量而言，管道天然气与管道煤气的使用量皆在300立方米左右，管道天然气略高，为317.56立方米。以质量为计量单位的能源中，薪柴、秸秆和煤块的使用量最高，这可能与其能耗转化较低，且价格较低有关。相比于柴油，汽油的使用量明显较高。汽油的平均使用量为890.30升，而柴油的平均使用量为510.36升。电能的平均使用量为1843.80千瓦时。

在平均支出方面，汽油的平均支出最高，达到6234.39元。其次为柴油，使用柴油的家庭的柴油消费平均支出为2471.32元。家庭的用电支出也较高，平均支出达1653.00元。煤块与蜂窝煤（煤球）的平均消费支出分别为1429.03元和937.92元。此外，管道天然气、管道煤气、罐装液化气的平均消费支出也较高，分别达到820.92元、806.04元、769.88元。薪柴、秸秆和动物粪便由于主要来源不是市场，因此对他们平均消费支出都较低，都未超过50元。

各类能源使用的家庭城乡分布比例如图4.2所示。由于使用动物粪便作为能源的家庭样本量过小，因此不做城乡分布分析。除电能和动物粪便外，在剩下的9种能源中，管道天然气和管道煤气的城镇居民用户明显多于农村居民。汽油的农村居民用户占比略高于城镇居民。罐装液化气、蜂窝煤（煤球）、煤块、柴油、薪柴和秸秆的家庭用户中，农村居民的占比逐渐增大，且皆明显高于城镇居民。

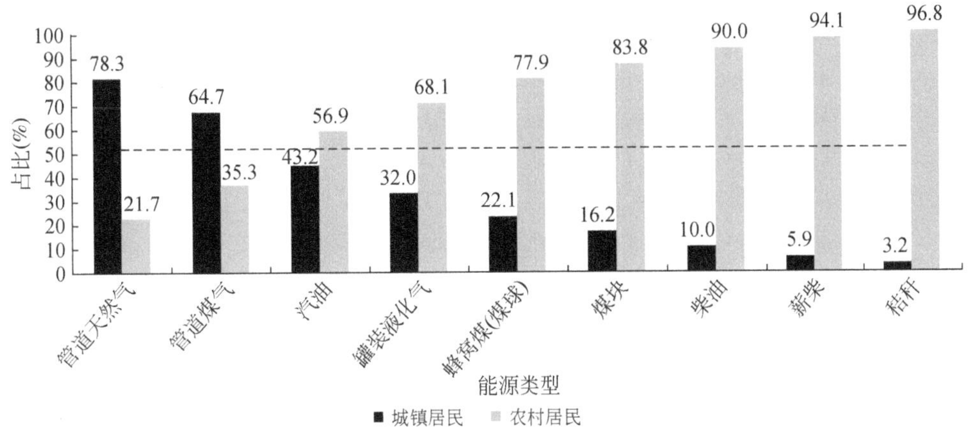


图4.2　各种能源（除电能、动物粪便）的家庭城乡分布比例

## 4.2.2 家庭能源消费结构

### 4.2.2.1 总体分析

根据受访者对蜂窝煤（煤球）、煤块、汽油、柴油等10种常用能源及电能的消费情况的描述，此次调查估算了国内一个典型家庭在2017年的能源消费量及消费结构[①]。根据调查及估算结果，2017年，国内一个典型家庭的能源消费总量为958.81千克标准煤。

估计过程中，需要将各能源转换为标准煤，表4.2显示了此次研究所用的各能源折标准煤系数，其中，电能采用了电热当量法进行折算。

表4.2 各种能源折标准煤系数

| 能源种类 | 折标系数 | 单位 |
|---|---|---|
| 蜂窝煤（煤球） | 0.357 15 | 千克标准煤/千克 |
| 煤块 | 0.357 15 | 千克标准煤/千克 |
| 汽油 | 1.471 4 | 千克标准煤/千克 |
| 柴油 | 1.457 1 | 千克标准煤/千克 |
| 罐装液化气 | 1.714 3 | 千克标准煤/千克 |
| 管道天然气 | 1.33 | 千克标准煤/米$^3$ |
| 管道煤气 | 0.357 | 千克标准煤/米$^3$ |
| 薪柴 | 0.571 | 千克标准煤/千克 |
| 秸秆 | 0.5 | 千克标准煤/千克 |
| 动物粪便 | 0.471 | 千克标准煤/千克 |
| 电能 | 0.122 9 | 千克标准煤/千瓦时 |

注：①居民使用的蜂窝煤（煤球）和煤块的热值较工业用煤一般较低，因此皆采用原煤折算系数的一半：0.7143/2=0.35715；②汽油和柴油在问卷中获得的单位皆为体积，因此需乘以密度，采用的密度分别为一升0.728千克和0.86千克；③秸秆和动物粪便的折标系数也皆根据《中国能源统计年鉴》选取了一个折中值。

数据来源：《中国能源统计年鉴》（2018）

根据表4.2的能源折标系数和家庭各能源的平均使用量，本研究测度了一个典型家庭在2017年的能源消费结构，如图4.3所示。从分布上来看，家庭消费的主要能源为薪柴、秸秆、燃气和电能。薪柴、秸秆等直接利用的生物质能占家

① 典型家庭也被称作代表性家庭，各项特征都取样本平均值的家庭即为典型家庭。

庭能源总消费的32.82%，其中，薪柴在家庭能源消费中以252.25千克标准煤占比最多，达到26.31%。燃气（包括罐装液化气、管道天然气和管道煤气）在家庭能源消费量中位列第二，占比达30.97%。其中，罐装液化气、管道天然气和管道煤气的消费量分别为152.99千克标准煤、138.71千克标准煤和5.14千克标准煤。电能在家庭能源的消费中占比也较大，2017年一个典型家庭的电能消费达到226.60千克标准煤，占比达到23.63%。此外，油类（主要是汽油和柴油）的消费在家庭能源总消费中占6.58%，其中，汽油占比为5.78%，明显大于柴油的消费量。

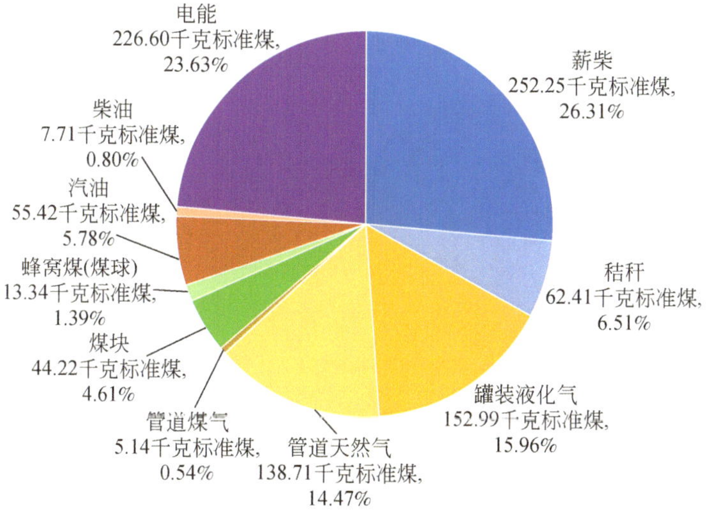


图4.3　2017年一个典型家庭的能源消费结构

从以上的能源消费情况中，可以看出薪柴秸秆类能源产品的占比较大，一方面可能是因为这类产品在家庭消费中大多被直接使用，能源转换效率较低，另一方面也可能体现了目前我国的能源结构仍然相对比较落后。结合前一部分的各能源使用家庭的城乡分布比，尤其可以看出农村居民的能源消费结构仍处于一个较为落后的状态。

#### 4.2.2.2　分人均收入水平分析

本次研究根据家庭的人均收入，将家庭分为四组，分别为人均收入小于等于10 000元的家庭、人均收入大于10 000元小于等于30 000元的家庭，人均收入大于30 000元小于等于50 000元的家庭和人均收入大于50 000元的家庭，进而观察四组家庭的能源消费结构的不同（图4.4）。

图4.4反映了四组人均收入不同的一个典型家庭的能源消费结构，同时饼状

图的大小反映了各组典型家庭的能源消费量。

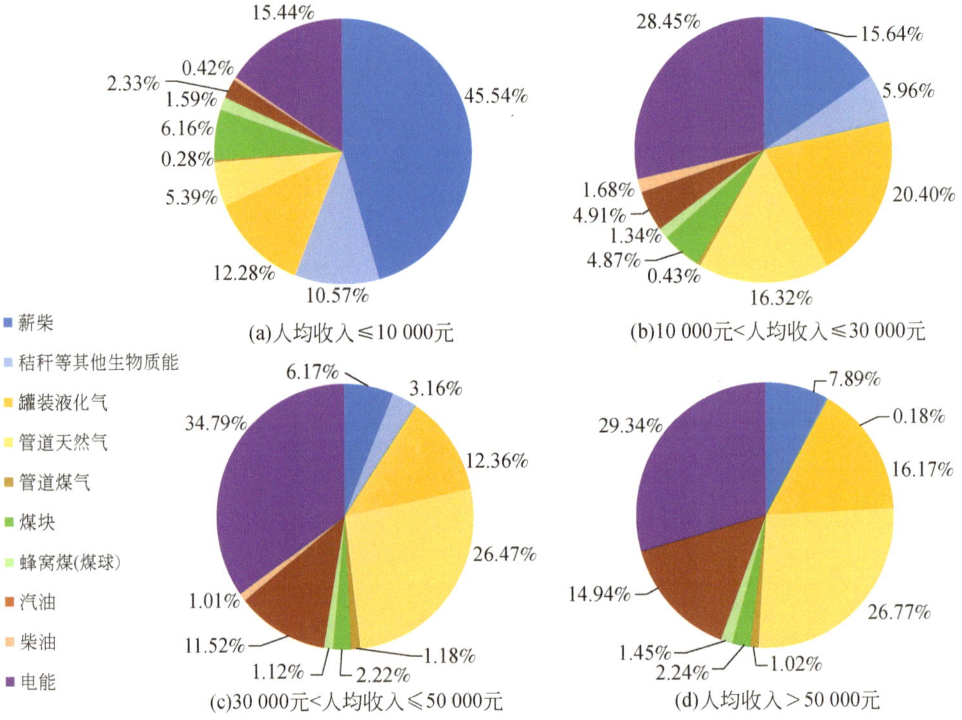


图 4.4　2017 年分人均收入家庭能源消费结构

从总量上来看，人均收入小于等于 10 000 元的低收入家庭的能源消费量最大，达 1224.45 千克标准煤，明显高于总体而言国内典型家庭的能源消费量（958.81 千克标准煤）。人均收入大于 30 000 元小于等于 50 000 元的家庭在 2017 年的能源消费量为 753.36 千克标准煤，能源消费量为四组家庭中最小。而人均收入大于 10 000 元小于等于 30 000 元的家庭与人均收入大于 50 000 元的家庭的能源消费量相近，分别为 831.5 千克标准煤和 872.21 千克标准煤。考虑收入影响家庭能源消费量的途径主要有两个方面：一方面是能源需求，收入越高的家庭存在的能源需求往往也会越高，由此会提高能源消费量；另一方面是能源转换率，收入越高的家庭往往会采用更加节能的能源消费工具，因此转换率也会越高，由此降低能源消费量。在收入低的家庭中，可能低能源转换率的影响大于对能源需求的影响，因此，能源消费量最大。当人均收入低于 5000 元时，能源转换率的提升的影响大于能源需求增大带来的影响，因此，能源消费量逐渐下降。而收入高的家庭，能源需求较大，超过了能源转换提升带来的影响造就了能源消费量的上升。

从消费结构上来看，薪柴、秸秆等直接利用的生物质能随着收入的增加在家庭能源消费中占比明显下降。在人均收入小于等于10 000元的家庭中，薪柴、秸秆的能源消费占比超过了50%，人均收入处于10 000元与30 000元之间的家庭薪柴、秸秆的能源消费比例在20%左右，人均收入大于30 000元的两组家庭的薪柴、秸秆能源消费比例则不到10%。燃气（罐装液化气、管道天然气、管道煤气）的消费占比，尤其是管道天然气消费占比，在人均收入大于30 000元的两组家庭中明显提高，占比都达到了26.47%，明显高于人均收入不高于30 000元的两组家庭的占比（5.39%和16.32%）。随着收入的上升，蜂窝煤（煤球）和煤块的消费量占比也有较明显的下降，汽油的消费量占比则有明显的上升。值得注意的是，汽油消费量占比的明显上升同时伴随着柴油消费量占比的下降，在人均收入大于50 000元的家庭中，几乎不存在柴油消费。就电力的消费，人均收入大于10 000元的三组家庭的消费量占比相比于人均收入不高于10 000元的家庭而言，有比较明显的增大。其中，人均收入处于30 000元至50 000元之间的家庭的电力消费占比最大。





## 4.3 家庭能源需求模型

### 4.3.1 性能评价计量模型

根据问卷的设计，此次研究选取了蜂窝煤（煤球）、煤块、电能、罐装液化气、管道天然气和管道煤气6种能源，探究居民对这几种能源的性能评价（包括使用安全性、供应稳定性、获取便利性、价格合理性等方面）对家庭能源消费量的影响。此外，选取的控制变量有家庭人均收入、能源价格、与能源供应点距离、家庭常住人口、教育水平、性别、每周居住时间、住房建造年代。正如前文分析，家庭人均收入不仅会对能源消费总量产生影响，也会在能源种类的选择上带来差异。能源价格、家庭常住人口、每周居住时间则是影响需求的重要因素。与能源供应点的距离可能会在获取能源的便利程度上对能源需求带来影响。教育水平、性别和住房建造年代也可能会在能源选择和能源使用量上带来差异。

由此，计量回归模型的被解释变量是各能源的家庭消费量。重点关注的解释变量是家庭对各能源的性能评价。对蜂窝煤（煤球）、煤块、罐装液化气、管道天然气和管道煤气，性能评价包括使用安全性、供应稳定性、获取便利性、使用方便性、价格合理性、对室内环境的污染性和对室外环境的污染性7个方面。考虑到电能的特殊性，对电能的性能评价仅包括使用安全性、供应稳定性和价格合理性三个方面。控制变量中与供应点距离、教育水平、性别和住房建造年代几个变量由于变量本身或者问卷数据的问题，需要对其进行赋值。

表4.3为针对6种能源的使用家庭的能源消费量、能源性能评价、家庭人均收入、能源价格、家庭常住人口、每周居住时间的统计性描述。

**表4.3 模型一变量的统计性描述**

| 能源 | 变量 | 观测值 | 均值 | 标准差 | 最小值 | 最大值 |
|---|---|---|---|---|---|---|
| 蜂窝煤（煤球） | 消费量 | 114 | 1 182.38 | 1 263.70 | 42 | 6 000 |
| | 使用安全性 | 127 | 7.31 | 2.09 | 1 | 10 |
| | 供应稳定性 | 128 | 7.49 | 1.71 | 3 | 10 |
| | 获取便利性 | 128 | 7.61 | 2.07 | 1 | 10 |
| | 使用方便性 | 129 | 7.35 | 2.19 | 1 | 10 |
| | 价格合理性 | 129 | 6.63 | 2.10 | 1 | 10 |
| | 对室内环境的污染性 | 125 | 6.26 | 2.28 | 1 | 10 |
| | 对室外环境的污染性 | 125 | 5.84 | 2.32 | 1 | 10 |
| | 家庭人均收入 | 122 | 17 542.81 | 24 699.99 | 0 | 140 000 |
| | 价格 | 122 | 1.08 | 0.92 | 0 | 6 |
| | 家庭常住人口 | 131 | 3.05 | 1.67 | 1 | 8 |
| | 每周居住时间 | 130 | 6.68 | 1.30 | 0 | 7 |
| 煤块 | 消费量 | 287 | 1 666.91 | 1 431.43 | 20 | 10 000 |
| | 使用安全性 | 306 | 7.06 | 2.13 | 1 | 10 |
| | 供应稳定性 | 303 | 7.49 | 1.90 | 2 | 10 |
| | 获取便利性 | 305 | 7.49 | 2.06 | 1 | 10 |
| | 使用方便性 | 304 | 7.46 | 1.97 | 1 | 10 |
| | 价格合理性 | 296 | 6.23 | 2.10 | 1 | 10 |
| | 对室内环境的污染性 | 301 | 6.30 | 2.27 | 1 | 10 |
| | 对室外环境的污染性 | 296 | 6.23 | 2.32 | 1 | 10 |
| | 家庭人均收入 | 288 | 15 035.95 | 26 195.62 | 0 | 266 667 |
| | 价格 | 290 | 2.54 | 9.68 | 0.01 | 65 |
| | 家庭常住人口 | 308 | 2.92 | 1.42 | 1 | 9 |
| | 每周居住时间 | 308 | 6.71 | 1.13 | 0 | 7 |
| 家用电 | 消费量 | 3 512 | 154.31 | 121.29 | 1 | 998 |
| | 使用安全性 | 4 098 | 8.26 | 1.49 | 1 | 10 |
| | 供应稳定性 | 4 102 | 8.20 | 1.51 | 1 | 10 |
| | 价格合理性 | 4 023 | 7.52 | 1.86 | 1 | 10 |
| | 家庭人均收入 | 3 717 | 33 383.41 | 76 706.67 | 0 | 2 800 000 |

续表

| 能源 | 变量 | 观测值 | 均值 | 标准差 | 最小值 | 最大值 |
|---|---|---|---|---|---|---|
| 家用电 | 价格 | 3 272 | 1.30 | 2.32 | 0.04 | 40 |
| | 家庭常住人口 | 4 141 | 2.81 | 1.43 | 1 | 14 |
| | 每周居住时间 | 4 139 | 6.64 | 1.23 | 0 | 7 |
| 罐装液化气 | 消费量 | 1 180 | 291.86 | 952.41 | 10 | 12 000 |
| | 使用安全性 | 1 241 | 7.56 | 1.84 | 1 | 10 |
| | 供应稳定性 | 1 240 | 8.02 | 1.62 | 1 | 10 |
| | 获取便利性 | 1 245 | 8.02 | 1.73 | 1 | 10 |
| | 使用方便性 | 1 244 | 8.08 | 1.63 | 1 | 10 |
| | 价格合理性 | 1 234 | 6.84 | 1.91 | 1 | 10 |
| | 对室内环境的污染性 | 1 193 | 5.83 | 2.63 | 1 | 10 |
| | 对室外环境的污染性 | 1 184 | 5.80 | 2.69 | 1 | 10 |
| | 家庭人均收入 | 1 139 | 24 393.11 | 41 892.69 | 0 | 1 000 000 |
| | 价格 | 1 217 | 7.92 | 17.67 | 0.01 | 240 |
| | 家庭常住人口 | 1 249 | 3.03 | 1.52 | 1 | 11 |
| | 每周居住时间 | 1 252 | 6.70 | 1.10 | 0 | 7 |
| 管道天然气 | 消费量 | 899 | 317.56 | 475.41 | 1 | 5 000 |
| | 使用安全性 | 1 354 | 8.51 | 1.37 | 1 | 10 |
| | 供应稳定性 | 1 355 | 8.62 | 1.29 | 1 | 10 |
| | 获取便利性 | 1 357 | 8.78 | 1.20 | 4 | 10 |
| | 使用方便性 | 1 357 | 8.78 | 1.23 | 3 | 10 |
| | 价格合理性 | 1 325 | 7.74 | 1.84 | 1 | 10 |
| | 对室内环境的污染性 | 1 311 | 5.66 | 3.12 | 1 | 10 |
| | 对室外环境的污染性 | 1 279 | 5.64 | 3.05 | 1 | 10 |
| | 家庭人均收入 | 1 203 | 51 256.45 | 83 867.21 | 0 | 2 000 000 |
| | 价格 | 1 031 | 4.55 | 14.89 | 0 | 280 |
| | 家庭常住人口 | 1 361 | 2.68 | 1.24 | 1 | 10 |
| | 每周居住时间 | 1 359 | 6.58 | 1.29 | 0 | 7 |
| 管道煤气 | 消费量 | 113 | 292.46 | 538.16 | 1 | 3 600 |
| | 使用安全性 | 198 | 8.15 | 1.76 | 1 | 10 |
| | 供应稳定性 | 199 | 8.44 | 1.52 | 3 | 10 |
| | 获取便利性 | 198 | 8.53 | 1.51 | 4 | 10 |
| | 使用方便性 | 200 | 8.64 | 1.45 | 5 | 10 |

续表

| 能源 | 变量 | 观测值 | 均值 | 标准差 | 最小值 | 最大值 |
|---|---|---|---|---|---|---|
| 管道煤气 | 价格合理性 | 196 | 7.47 | 1.94 | 1 | 10 |
| | 对室内环境的污染性 | 191 | 6.26 | 2.72 | 1 | 10 |
| | 对室外环境的污染性 | 190 | 6.37 | 2.66 | 1 | 10 |
| | 家庭人均收入 | 174 | 50 374.47 | 97 048.37 | 0 | 1 000 000 |
| | 价格 | 126 | 12.90 | 30.52 | 0 | 150 |
| | 家庭常住人口 | 202 | 2.75 | 1.63 | 1 | 11 |
| | 每周居住时间 | 203 | 6.47 | 1.45 | 0 | 7 |

针对与供应点距离、教育水平、性别和住房建造年代这几个需要赋值的变量，表4.4是对他们的赋值情况的具体说明以及分布情况的介绍。

**表4.4 模型一变量赋值说明及分布**

| 变量 | 选项 | 赋值 | 各能源使用家庭选项占比（%） | | | | | |
|---|---|---|---|---|---|---|---|---|
| | | | 蜂窝煤 | 煤块 | 家用电 | 罐装液化气 | 管道天然气 | 管道煤气 |
| 与供应点距离 | 零距离，供应入户 | 1 | 54.69 | 43.75 | — | 48.72 | 81.99 | 64.71 |
| | 比较近，1~3千米 | 2 | 29.69 | 23.36 | — | 29.16 | 10.22 | 23.53 |
| | 有点远，3~5千米 | 3 | 7.81 | 10.53 | — | 10.36 | 3.10 | 5.88 |
| | 比较远，5~10千米 | 4 | 3.91 | 8.22 | — | 7.04 | 2.76 | 1.76 |
| | 很远，超过10千米 | 5 | 3.91 | 14.14 | — | 4.72 | 1.93 | 4.12 |
| 教育水平 | 未受过教育 | 1 | 22.31 | 19.81 | 15.91 | 15.60 | 7.60 | 8.82 |
| | 小学 | 2 | 28.46 | 31.82 | 21.73 | 25.92 | 10.55 | 16.18 |
| | 初中 | 3 | 30.77 | 35.06 | 27.05 | 32.40 | 25.88 | 23.53 |
| | 高中 | 4 | 12.31 | 8.77 | 18.23 | 16.80 | 24.41 | 30.39 |
| | 大学 | 5 | 6.15 | 4.55 | 15.93 | 9.12 | 28.69 | 20.10 |
| | 研究生及以上 | 6 | 0 | 0 | 1.16 | 0.16 | 2.88 | 0.98 |
| 性别 | 男性 | 1 | 42.75 | 46.43 | 46.03 | 43.45 | 47.43 | 43.63 |
| | 女性 | 0 | 57.25 | 53.57 | 53.97 | 56.55 | 52.57 | 56.37 |
| 住宅建筑年代 | <1950年 | 1 | 2.48 | 1.70 | 1.78 | 1.21 | 1.90 | 3.70 |
| | 1950~1959年 | 2 | 1.65 | 2.38 | 1.31 | 1.30 | 0.95 | 0.53 |
| | 1960~1969年 | 3 | 1.65 | 2.72 | 2.15 | 2.51 | 1.43 | 2.12 |
| | 1970~1979年 | 4 | 8.26 | 5.78 | 4.74 | 5.37 | 3.33 | 4.76 |

续表

| 变量 | 选项 | 赋值 | 各能源使用家庭选项占比（%） | | | | | |
|---|---|---|---|---|---|---|---|---|
| | | | 蜂窝煤 | 煤块 | 家用电 | 罐装液化气 | 管道天然气 | 管道煤气 |
| 住宅建筑年代 | 1980～1989年 | 5 | 19.01 | 15.99 | 16.15 | 14.73 | 17.99 | 15.87 |
| | 1990～1999年 | 6 | 18.18 | 21.43 | 24.82 | 24.18 | 29.00 | 28.04 |
| | 2000～2009年 | 7 | 26.45 | 31.29 | 31.77 | 31.72 | 34.39 | 34.39 |
| | 2010年及以后 | 8 | 22.31 | 18.71 | 17.27 | 18.98 | 11.01 | 10.58 |

根据以上说明，建立以下OLS计量回归模型：

$$Y = \alpha + X'\beta + Z'\gamma + \varepsilon$$

式中，$Y$代表能源消费量，$X'$代表重点关注的能源性能评价指标，$Z'$代表其他控制变量，$\varepsilon$代表误差项。

### 4.3.2 非性能评价计量模型

除了以上提到的6种能源之外，本次研究还调研了油类能源（包括汽油和柴油）和生物质能源（包括薪柴、秸秆和动物粪便）的能源消费量及相关的一些影响因素。但针对这两大类能源，并没有调查能源的性能评价，因此，在进行能源消费量的影响因素分析的时候，被解释变量仍是能源消费量，解释变量则是家庭人均收入、能源价格、与能源供应点距离、家庭常住人口、教育水平、性别、每周居住时间、住房建造年代。由于动物粪便的使用家庭数量过少，因此不对其进行单独的回归分析。变量的统计性描述如表4.5所示。

**表4.5 模型二变量描述性统计**

| 能源 | 变量 | 观测值 | 均值 | 标准差 | 最小值 | 最大值 |
|---|---|---|---|---|---|---|
| 汽油 | 消费量 | 175 | 890.30 | 1 163.49 | 14 | 8 200 |
| | 家庭人均收入 | 219 | 36 663.79 | 43 229.62 | 0 | 275 000 |
| | 价格 | 201 | 7.21 | 1.04 | 3 | 15 |
| | 家庭常住人口 | 241 | 3.44 | 1.46 | 1 | 8 |
| | 每周居住时间 | 241 | 6.62 | 1.30 | 0 | 7 |
| 柴油 | 消费量 | 35 | 510.36 | 912.44 | 1 | 3 650 |
| | 家庭人均收入 | 45 | 11 126.61 | 10 441.55 | 1 250 | 50 000 |
| | 价格 | 42 | 7.36 | 4.52 | 1 | 30 |

续表

| 能源 | 变量 | 观测值 | 均值 | 标准差 | 最小值 | 最大值 |
|---|---|---|---|---|---|---|
| 柴油 | 家庭常住人口 | 50 | 3.88 | 1.69 | 1 | 8 |
| | 每周居住时间 | 49 | 6.80 | 1.00 | 2 | 7 |
| 薪柴 | 消费量 | 597 | 2 298.68 | 2 617.08 | 1.2 | 15 000 |
| | 家庭人均收入 | 729 | 10 690.20 | 18 987.38 | 0 | 266 666.7 |
| | 价格 | 427 | 1.79 | 11.06 | 0 | 160 |
| | 家庭常住人口 | 796 | 2.84 | 1.52 | 1 | 9 |
| | 每周居住时间 | 794 | 6.78 | 0.97 | 0 | 7 |
| 秸秆 | 消费量 | 168 | 2 324.41 | 2 139.76 | 12 | 9 750 |
| | 家庭人均收入 | 212 | 9 735.81 | 12 096.56 | 0 | 100 000 |
| | 价格 | 116 | 0.42 | 1.02 | 0 | 6 |
| | 家庭常住人口 | 219 | 2.75 | 1.46 | 1 | 9 |
| | 每周居住时间 | 218 | 6.82 | 0.89 | 1 | 7 |

与前文一致，与供应点距离、教育水平、性别和住宅建筑年代这几个变量需要赋值，赋值与前文一致。表4.6展现了这些变量在汽油、柴油、薪柴和秸秆使用家庭的分布情况。

**表4.6 模型二变量赋值说明及分布**

| 变量 | 选项 | 赋值 | 各能源使用家庭选项占比（%） | | | |
|---|---|---|---|---|---|---|
| | | | 汽油 | 柴油 | 薪柴 | 秸秆 |
| 与供应点距离 | 零距离，供应入户 | 1 | 2.15 | 4.17 | 25.10 | 50 |
| | 供应入户比较近，1～3千米 | 2 | 56.22 | 31.25 | 59.55 | 42.31 |
| | 有点远，3～5千米 | 3 | 22.32 | 25 | 10.95 | 4.33 |
| | 比较远，5～10千米 | 4 | 9.44 | 10.42 | 2.67 | 1.92 |
| | 很远，超过10千米 | 5 | 9.87 | 29.17 | 1.74 | 1.44 |
| 教育水平 | 未受过教育 | 1 | 6.64 | 12 | 30.69 | 25.57 |
| | 小学 | 2 | 21.58 | 42 | 35.47 | 45.21 |
| | 初中 | 3 | 27.80 | 38 | 26.04 | 22.37 |
| | 高中 | 4 | 17.84 | 6 | 6.16 | 6.39 |
| | 大学 | 5 | 23.65 | 2 | 1.64 | 0.46 |
| | 研究生及以上 | 6 | 2.49 | 0 | 0 | 0 |

续表

| 变量 | 选项 | 赋值 | 各能源使用家庭选项占比（%） | | | |
|---|---|---|---|---|---|---|
| | | | 汽油 | 柴油 | 薪柴 | 秸秆 |
| 性别 | 男性 | 1 | 50.21 | 46 | 46.23 | 48.40 |
| | 女性 | 0 | 49.79 | 54 | 53.77 | 51.60 |
| 住宅建筑年代 | <1950 年 | 1 | 0.43 | 0 | 2.20 | 1.86 |
| | 1950～1959 年 | 2 | 0.43 | 0 | 1.29 | 0.93 |
| | 1960～1969 年 | 3 | 0.43 | 2 | 3.10 | 1.40 |
| | 1970～1979 年 | 4 | 2.16 | 4 | 5.30 | 5.12 |
| | 1980～1989 年 | 5 | 14.72 | 16 | 18.63 | 18.14 |
| | 1990～1999 年 | 6 | 20.78 | 22 | 18.24 | 20.47 |
| | 2000～2009 年 | 7 | 43.72 | 26 | 27.30 | 27.91 |
| | 2010 年及以后 | 8 | 17.32 | 30 | 23.93 | 24.19 |





基于以上变量，建立 OLS 回归模型：

$$Y = \alpha + X'\beta + \varepsilon$$

式中，$Y$ 代表能源消费量，$X'$ 代表影响消费量的因素，$\varepsilon$ 代表误差项。

## 4.4　家庭能源需求分析

### 4.4.1　回归结果分析

针对蜂窝煤（煤球）、煤块、家用电、罐装液化气、管道天然气和管道煤气的包含性能评价变量的模型一的回归结果如表 4.7 所示。

在对蜂窝煤（煤球）需求的回归中，在众多因素中，回归系数显著的因素仅为家庭人均收入、价格和家庭常住人口数。家庭人均收入和家庭常住人口对用煤家庭的煤消费量有显著的正向影响，价格则有显著的负向影响。

在对煤块需求的回归中，性能评价指标中，使用方便性对煤块消费量具有正向的影响，对室内环境的污染性则有负向影响。令人意外的是对室外环境的污染性的回归系数为正，或许体现了煤块使用家庭对其造成的室外环境污染知道但不在意。此外，家庭人均收入和家庭常住人口都对消费量有显著的正向影响。住宅建筑年代的回归系数也显著为正。

**表 4.7　模型一回归结果**

| 变量＼能源类型 | 蜂窝煤（煤球） | 煤块 | 电能 | 罐装液化气 | 管道天然气 | 管道煤气 |
|---|---|---|---|---|---|---|
| 使用安全性 | -24.64 | 0.38 | 1.50 | -38.05 | 17.85 | 52.22 |
| | (86.34) | (63.11) | (2.00) | (26.91) | (23.92) | (49.93) |
| 供应稳定性 | 106.44 | 9.33 | 3.53* | -1.69 | -24.37 | -147.35 |
| | (113.14) | (68.51) | (1.94) | (35.36) | (30.51) | (106.00) |
| 获取便利性 | -96.99 | -72.49 | — | 5.93 | 17.42 | -27.44 |
| | (100.37) | (64.35) | — | (33.29) | (38.19) | (112.77) |
| 使用方便性 | 5.36 | 159.15** | — | 14.91 | 4.50 | 151.61 |
| | (96.64) | (70.46) | — | (35.85) | (37.09) | (142.35) |
| 价格合理性 | -125.26 | -79.30 | -5.20*** | -2.79 | -27.12** | -17.42 |
| | (77.38) | (51.11) | (1.32) | (20.99) | (12.61) | (41.35) |
| 对室内环境的污染性 | 68.94 | -145.63*** | — | -13.69 | -14.01 | 29.50 |
| | (76.71) | (50.91) | — | (28.62) | (17.10) | (47.00) |
| 对室外环境的污染性 | 29.04 | 144.40*** | — | 3.85 | 17.72 | -12.23 |
| | (73.00) | (50.54) | — | (28.08) | (17.34) | (47.66) |
| 家庭人均收入 | 0.01* | 0.01* | 0.00*** | 0.00 | -0.00 | 0.00 |
| | (0.01) | (0.00) | (0.00) | (0.00) | (0.00) | (0.00) |
| 价格 | -464.56*** | -16.19 | -11.21*** | -3.36 | -2.23* | -3.23* |
| | (152.01) | (11.04) | (0.89) | (2.05) | (1.35) | (1.82) |
| 与供应点距离 | 147.98 | -40.45 | — | 12.67 | -6.24 | 143.73* |
| | (123.95) | (63.08) | — | (30.62) | (22.62) | (78.24) |
| 家庭常住人口 | 133.86* | 144.19** | 18.21*** | 39.31* | 66.19*** | 164.86*** |
| | (79.96) | (62.24) | (1.47) | (22.41) | (16.47) | (38.43) |
| 受教育程度 | 162.73 | 95.42 | 12.38*** | -15.58 | 2.69 | 18.93 |
| | (119.65) | (95.98) | (1.67) | (28.80) | (16.43) | (53.06) |
| 性别 | -17.77 | 219.96 | -4.57 | -10.00 | -44.84 | -205.68* |
| | (270.61) | (176.38) | (4.08) | (66.49) | (39.27) | (114.54) |
| 每周居家时间 | -81.68 | 92.25 | 5.78*** | 12.79 | -26.20 | 17.87 |
| | (119.94) | (82.11) | (1.97) | (33.12) | (19.09) | (44.54) |
| 住宅建筑年代 | -36.19 | 144.15** | 2.41* | 12.38 | 25.95* | -3.81 |
| | (88.34) | (58.72) | (1.42) | (23.04) | (15.10) | (38.43) |

续表

| 变量 \ 能源类型 | 蜂窝煤（煤球） | 煤块 | 电能 | 罐装液化气 | 管道天然气 | 管道煤气 |
| --- | --- | --- | --- | --- | --- | --- |
| 常数项 | 1562.65 | -722.08 | 15.82 | 250.13 | 253.49 | -614.75 |
| | (1388.87) | (849.75) | (20.69) | (349.45) | (227.83) | (475.44) |
| 观测值 | 92 | 240 | 2800 | 928 | 673 | 81 |

***、**、*分别表示通过1%、5%、10%置信水平下的显著性检验；括号内表示标准误。下同

在对家庭用电的回归结果中，供应稳定性和价格合理性点消费量都可以产生显著的影响，供应稳定性的影响为正，价格合理性的影响为负，可能是由于阶梯电价的存在，用电量越大的家庭更容易认为电价不合理。家庭人均收入、家庭常住人口和每周居家时间对用电量产生显著的正向影响，价格则对用电量有显著的负向影响。此外，受教育程度越高的家庭越倾向于多用电。

在对罐装液化气的回归结果中，仅有家庭常住人口对其消费量产生显著的正向影响。

在对管道天然气的回归结果中，与家庭用电相似，价格合理性的回归结果显著为负。价格对家庭管道天然气的消费量有显著的负向影响，家庭常住人口和住宅建筑年代的回归结果则显著为正。家庭人口越多，住宅越新的家庭，往往消费管道天然气越多。

在对管道煤气的回归结果中，价格、家庭常住人口和性别的回归系数显著。价格的回归系数显著为负，家庭常住人口的回归系数显著为正。性别的回归系数也显著为负，表明女性受访者更倾向于使用管道煤气。

针对汽油、柴油、薪柴和秸秆的不包括性能评价变量的回归结果如表4.8所示。家庭人均收入对4种能源的消费量都有显著的正向影响。此外，受教育程度对汽油的消费量有显著的正向影响。家庭常住人口和每周居家时间在对柴油消费量的回归中分别表现为显著为正和显著为负。在对秸秆消费量的回归中，价格表现为显著为负，每周居家时间则表现为显著为正。

**表4.8　模型二回归结果**

| 变量 \ 能源类型 | 汽油 | 柴油 | 薪柴 | 秸秆 |
| --- | --- | --- | --- | --- |
| 家庭人均收入 | 0.0066** | 0.0393*** | 0.0135* | 0.0339* |
| | (0.0032) | (0.0139) | (0.0079) | (0.0202) |

续表

| 变量 \ 能源类型 | 汽油 | 柴油 | 薪柴 | 秸秆 |
|---|---|---|---|---|
| 价格 | 203.2206 | 14.078 | -10.8866 | -605.1395** |
| | (136.3749) | (54.1166) | (11.8713) | (231.1043) |
| 与供应点距离 | 141.0149 | -122.3817 | 180.0358 | -238.2077 |
| | (106.7365) | (109.8724) | (172.3733) | (281.3154) |
| 家庭常住人口 | -37.2539 | 172.0838** | 64.0501 | 175.3502 |
| | (73.6454) | (82.9736) | (95.0643) | (166.7891) |
| 受教育程度 | 161.4946* | -6.7476 | -183.3415 | 32.8033 |
| | (93.2152) | (189.4792) | (150.8289) | (259.7803) |
| 性别 | 165.6726 | -384.0929 | 48.9196 | -15.8008 |
| | (200.6912) | (302.8331) | (288.9559) | (448.5848) |
| 每周居家时间 | 60.8508 | -556.1968*** | 157.8572 | 438.4034** |
| | (84.8256) | (195.4459) | (167.9271) | (216.6680) |
| 住宅建筑年代 | -39.3564 | 141.0303 | -33.9483 | -92.445 |
| | (95.3155) | (119.1042) | (90.4798) | (155.2134) |
| 常数项 | -1820 | 2801.6508* | 1098.4705 | -324.7086 |
| | (1183.8615) | (1480.7866) | (1349.8890) | (2149.6509) |
| 观测值 | 150 | 32 | 319 | 91 |

### 4.4.2 各能源需求分析结论

对于煤类能源产品（包括蜂窝煤和煤块），2017年，使用家庭占总样本数的比例均不足10%，平均消费支出均不足1500元，使用家庭以农村居民为多。煤类能源产品的能源消费总量约90千克标准煤，占总能源消费量的比例约为6%，其中以煤块消费为多。随着收入的上升，煤类能源产品在总能源消费中占比逐渐下降。价格、家庭人均收入和家庭常住人口及使用方便性和对环境的污染对煤类能源产品的消费量会产生显著影响。

对于电能的需求，2017年，几乎所有的家庭都使用电能，平均使用量为1843.8千瓦时，平均消费支出为1653元。电能的能源消费量平均为226.6千克标准煤，占总能源消费量的比例为23.63%，随着收入的上升，电能消费占比先上升后下降。价格、家庭人均收入、教育程度、家庭常住人口和每周居家时间都对电能消费量产生显著性影响。

对于燃气类能源（包括罐装液化气、管道天然气和管道煤气），2017 年，除电能以外，罐装液化气和管道天然气为使用家庭比例最大的两种能源，皆高于 30%，管道煤气的使用家庭占比较小，仅为 4.92%。这三种燃气能源的平均支出都大致处于 760～820 元，管道天然气和管道煤气的用户以城镇居民占比较多，而罐装液化气则以农村居民居多。燃气类能源消费总量占总能源消费量的比例约为 30%，其中罐装液化气和管道天然气的能源消费量分别为 152.99 千克标准煤和 138.71 千克标准煤，而管道煤气由于使用家庭较少，仅为 5.14 千克标准煤。燃气类能源的消费量占比随着收入的上升而上升。家庭常住人口会对其产生显著的正向影响。

对于油类能源产品（包括汽油和柴油），两种能源的使用家庭比例都不高，分别为 5.81% 和 1.21%，但是平均消费支出较高，分别达到 6234.39 元和 2471.31 元。在消费者群体方面，汽油的使用家庭在城镇和农村的分布占比上差距不大，柴油更多的使用者为农村居民。转化为千克标准煤，汽油和柴油的能源消费量占比都不大，分别为 5.78% 和 0.8%。汽油的能源消费比例随着收入的上升不断增大，而柴油的消费比例随着收入的上升先增大后减小。家庭人均收入是影响油类能源产品消费量的主要因素。

对于生物质能（包括薪柴、秸秆和动物粪便），因动物粪便使用量极少，主要能源类型为薪柴和秸秆。薪柴和秸秆的使用家庭占比分别为 19.22% 和 5.31%，平均消费支出则都不足 50 元；使用家庭中，农村居民占绝大部分，占比均超过了 90%。生物质能的能源消费量占比较高，薪柴占比达 26.31%，是能源消费量最大的一种能源，秸秆所占比例则为 6.51%。生物质能的消费量占比随着收入的上升明显下降。尽管这两种能源的消费支出不大，但家庭人均收入仍是影响其消费量的主要因素。

## 4.5 本章小结

本章首先通过调查数据，分析得出中国一个典型家庭在 2017 年的能源消费总量为 958.81 千克标准煤。其中，薪柴和秸秆在家庭能源消费量中占比最大，达 32.82%，其次为燃气类能源（主要是罐装液化气和管道天然气）及电能。其次，本章根据人均收入将全部家庭划分为四组，分别分析了各组家庭的能源消费结构，可以看出收入对家庭能源的消费结构有较大的影响。再次，本章利用计量模型对影响家庭各类能源消费量的因素进行了分析，发现对大多数能源而言，家庭人均收入和能源价格都是影响消费量的重要因素，家庭常住人口对电能和燃气类能源的消费量会产生显著影响。性能评价方面，使用方便性和对环境的污染对煤类能源的消费量有显著影响。

此外，本次研究仍有以下不足：①有一些能源的使用家庭数量较小，因此在进行计量的回归分析的时候，很容易受到极端值的影响，对回归结果的可靠性造成影响，对于前期的平均量的定量估计也可能会造成影响。②计量模型采用的皆为一次线性回归模型，未采用高次项进行回归，可能会对一些影响因素的分析结果造成影响。例如，若收入对某些能源消费量真的有先正后负的影响吗？本次研究无法体现。

# 第5章 气候变化对居民家庭空调使用情况的影响





由于全球变暖及其带来的极端天气频发，使用空调作为人们适应极端天气的一种适应性措施得到越来越多的重视与研究。然而，关于气候变化对能源消费和使用模式的影响，缺乏家庭一级的研究。因此本章基于第六次中国居民能源消费调查和中国气象中心的数据，运用简单线性回归模型和 Ordered-probit 模型，在个体层面，就气候变化对居民空调使用情况的影响进行研究。本章研究内容具体分为气候变量对空调制冷能耗的影响、对居民家庭第一台空调日均使用时长和年均使用时长的影响。研究结果显示气温变量（CDD）对这三者的影响都是显著的。此外，本次研究还发现家庭总收入、家庭总人口、每周在家居住时间、户主的工作性质和教育水平也会对居民家庭的空调使用情况有较为显著的影响。

## 5.1 引 言

随着温室气体在大气中的聚集，全球正经历以气候变暖为主要趋势的变化，预计到2050年，世界平均制冷度日数（Cooling Degree Days，CDD）将比2016年提高25.4%。其中，墨西哥、美国和巴西的制冷度日数提高尤为显著，将分别提高36.8%、27.4%和25.4%，而中国预计也将提高11.3%[①]。而除了气温上升以外，全球变暖还伴随着其他气候变化，包括局部降水变化、部分地区极端天气气候事件出现的频率与强度不断增加。据研究显示，气候变暖将对人体的生理和心理健康产生较大的负面影响，Ostro 等（2010）指出高温是包括心血管疾病和呼吸系统疾病在内的多种疾病的诱因，而 Vasmatzidis 等（2002）发现高温对注意力、记忆和信息分析能力也存有负面影响。因此，为应对气候变暖这一气候变化对人体健康带来的负面影响，人们采取了各类适应性措施，使用空调就是其中之一（Kahn，2015）。

然而，对于气候变化与空调使用和拥有情况的相关性在统计信息上并不是非

① 数据来自 IEA 的报告：*The Future of Cooling: Opportunities for Energy-efficient Air Conditioning*（2018）。

常直观。如图 5.1 所示，在国家层面，空调使用情况和平均温度之间的相关性并不明显，对于人均国民总收入（GNI）相近且水平较低的几个国家，如中国、南非、巴西、印度和印度尼西亚，虽然这些国家年平均气温相差较大，但是人均制冷能耗却相差不大且处于较低水平。而对于美国、日本、韩国，虽然其年平均气温远低于南非、印度、巴西和印度尼西亚，但是人均制冷能耗却远高于这些国家，原因就可能在于这三个国家人均 GNI 高、经济发达。由此可见，在国家层面，空调使用情况与气温情况并没有体现出较为直观的相关性，而是与一个国家的经济发展水平的衡量指标之一——人均 GNI 有较强的关联。

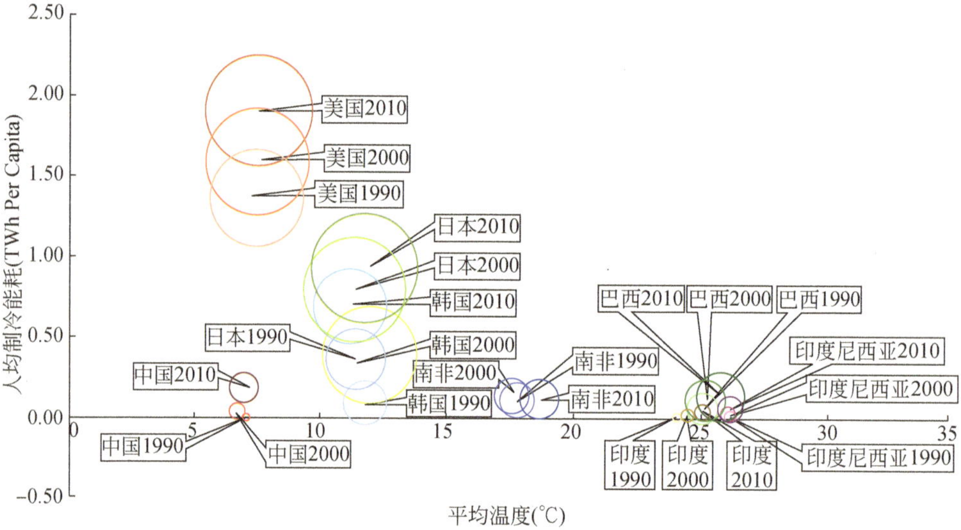


图 5.1　各国人均制冷能耗[①]

但是，当关注中国分省份人均空调拥有量时，可以发现人均空调拥有量既与经济水平变量相关又与温度变量有较为明显的相关性。如图 5.2 所示，对于人均可支配收入相近的省份，可以明显看出随着年平均气温的上升，人均空调拥有量呈现递增的趋势。而对于北京、天津、上海、江苏和浙江这几个省（直辖市），由于人均可支配收入明显高于其他省（自治区、直辖市），其人均空调拥有量也明显高于其他省（自治区、直辖市）。

① 图中以横坐标为各国年平均温度，纵坐标为各国某年人均制冷能耗，气泡直径代表各国该年人均 GNI 的相对大小。各国制冷能耗数据来自 *The Future of Cooling: Opportunities for Energy-efficient Air Conditioning*；各国人口数据来自世界银行数据库，https://data.worldbank.org.cn/indicator/SP.POP.TOTL；平均气温数据来自世界银行数据库，http://sdwebx.worldbank.org/climateportal/index.cfm?page=country_historical_climate&ThisCCode=CHN。

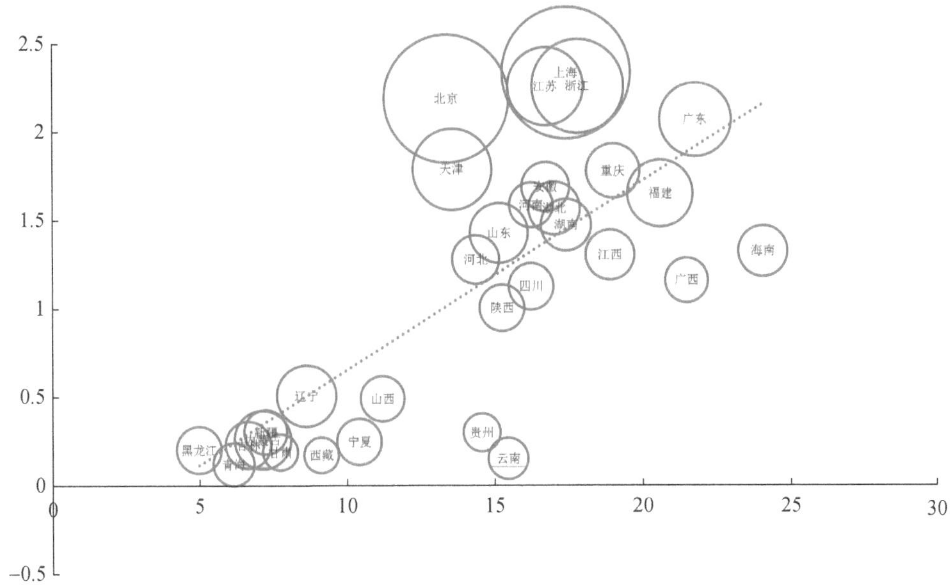


图 5.2　2018 年分省人均空调拥有量①

综上所述，气候变暖问题日趋严峻，空调市场需求不断扩大，而空调使用情况与气候变化或气温变量的相关性还不够明朗，因此需要更多关于气候变化对空调使用情况影响的研究。本章正是利用第六次中国居民能源消费调查和中国国家气象信息中心的数据，利用经济学方法，探究气候变化对空调使用情况的影响。在接下来的部分中，首先，将对目前已有的关于气候变化、空调使用情况及两者相关关系的文献进行梳理；然后，对本章研究所使用数据的来源、处理方法和统计特征进行描述；接着是本章的核心所在，即对气候变量与居民家庭空调使用情况的回归分析；最后，将对本章的全部内容进行总结。

## 5.2 文献综述

### 5.2.1 关于气候变化问题的研究

近年来，气候变化及其带来的影响一直是各界学者研究的热点，大量研究

---

① 图中横坐标代表该省份（自治区、直辖市）的年平均气温，纵坐标代表该省份（自治区、直辖市）户均空调拥有量，气泡直径代表该省（自治区、直辖市）的人均可支配收入。数据来源于 2019 年《中国统计年鉴》。

表明气候变化对人体健康有负面作用。Frumkin 等（2008）认为气候变化对人体健康的负面影响既有直接的也有间接的，直接负面影响体现在极端气候将引发如热痉挛、热晕厥、热衰竭等疾病，而间接负面影响体现在由极端气候导致的焦虑、抑郁及大规模移民和地区冲突等。对此，Ostro 等（2010）同样指出气温增加与就医率的高度相关性，但也同时指出使用中央空调能显著降低就医率，即使用空调可以作为人类对于气候变化和高温天气的一种适应性措施。因此，我们可以较为合理地预期随着气候变化、气温上升，人们将更多地使用空调。现有文献可以间接印证这一点。Mideksa 和 Kallbekken（2010）认为气候变化和高温天气的出现增加了人们对空调的使用，同时也提高了电力消费，因此进一步增加了能源消耗。而 O'Connor 等（1998）认为目前研究提出气候变化对能源消费的增长被高估了。同样，Amato 等（2005）及 Isaac 和 Vuuren（2009）提出全球变暖虽然增加了夏季制冷能耗，但是减少了冬季供暖能耗，这同时也表明气候变化确实改变了居民对制冷设备（如空调）与采暖设备的使用行为。





### 5.2.2 关于气候变化对居民空调使用和拥有情况的研究

目前，对于气候变化对居民家庭空调使用和拥有情况影响的研究主要可分为气温变化的集约边际效应和扩展边际效应。对此，Auffhammer 和 Mansur（2014）及 Davis 和 Gertler（2015）指出气温对电力消费的影响集约边际效应和扩展边际效应：集约边际效应是指在短期内，人们会通过增加对现有制冷设备的使用应对高温天气，从而增加电力消费；而扩展边际效应是指在长期内，人们将通过增加对空调的购买来适应高温天气，同样也会增加电力消费。

对于气温变化对居民在短期内对空调使用情况的研究中，大多数研究是针对气温变化对用电量的影响进行的，然后进一步说明用电量的增加来自居民对空调使用的增加。Davis 和 Gertler（2015）指出高温天气出现时用电量会大幅增加，但是在低温天气时并没有出现较为显著下降的用电量来抵消这一增加。同时，Deschênes 和 Greenstone（2011）也指出在极端高温天气出现的年份，居民能源使用量会大幅增加。Miller 等（2008）针对美国加利福尼亚州进行了气候变化和夏季用电需求关系的研究，结果显示在去除人口增长、空调市场饱和等因素的影响后，高温天气将增加夏季用电量。Eshita Gupta（2016）针对印度进行了气候变化与电力需求相关性的研究，研究发现以印度为代表的发展中国家，电力需求对气候变化的敏感性很大程度上与收入水平有关，收入水平越高，当高温天气出现时对电力的需求就越大。

对于气温变化对居民在长期内对空调拥有情况的研究中，主要从空调购买量及空调购买增速的角度出发，研究两者的相关性。Sailor 和 Pavlova（2003）研究了空调市场饱和度与气候变化的关系，结果显示在美国的 39 个城市内，空调市场饱和度与制冷度日数（CDD）具有很强的相关关系，但是在 CDD 达到 500℃时，空调市场饱和度达到峰值。Auffhammer（2014）对全球空调市场进行了研究，发现空调的拥有量对天气和收入都是敏感的，全球变暖不仅增加了空调拥有量，还提高了空调拥有量增速。

此外，还有少量研究是直接针对气候变化对空调能耗影响的。万蓉等（2017）就气候变化对我国典型城市空调能耗的影响进行了研究，研究以制冷度日数（CDD）来代表空调能耗，发现制冷度日数与温度具有良好的相关性，并且，夏季平均温度较低的地区比平均温度较高的地区在温度变化对空调能耗的影响方面更为敏感。孙雅琼和季亮（2017）建立了空调系统能耗预测模型，并在此基础之上研究气候变化对上海市办公建筑暖通空调能耗影响，结果显示室外温度对空调能耗及其峰值具有显著影响。

### 5.2.3 创新之处

通过梳理目前已有的与气候变化对空调使用情况相关的研究，可以发现，该领域的研究还存在缺陷和不足，具体体现在以下两个方面。其一，在个体层面，目前国内对气候变化与空调使用状况的相关性研究较少，对于精确到个体的空调使用情况的调研仅停留事实现象描述上，还没有与气候变化建立起因果关系。其二，在国内外已有的对气候变化对空调使用情况影响的研究中，主要来自拥有量即市场方面，或者以气候变化对电力消费影响的研究来代替，因此缺乏气候变化对空调使用情况的直接研究。为弥补目前在气候变化对空调使用情况的研究空白与不足，本报告有以下创新之处：首先，本报告采用了第五次中国居民能源消费调查数据，该数据样本量大，且包含空调能耗、使用时长等空调使用数据，以及大量家庭特征、户主特征等变量。其次，在数据支持的基础上，本报告选取了空调制冷能耗、居民家庭第一台空调平均每天使用时长和空调年度使用时长，分别进行回归分析，可以直接反映气候变化对于空调使用情况的影响。最后，由于本报告的研究对象为第五次中国居民能源消费调查中的居民家庭，因此可以将气候变化对空调使用情况的研究深入到个体层面。

## 5.3 空调使用情况数据描述性统计

### 5.3.1 数据来源与处理

为研究气候变化对居民空调使用情况的影响，本报告所使用的数据主要包含两个方面：一是居民空调使用的相关数据；二是气候数据。对于空调使用数据，本报告采用了第六次中国居民能源消费调查中2017年1月1日~2017年12月31日的数据，该数据不仅包括居民的空调使用情况数据及由此计算出的相关电器能耗，还包括了居民的家庭特征等变量。对于气候数据，本报告所使用的数据来源于中国国家气象信息中心（National Meteorological Information Center of China），原数据包括800多个气象站的经纬度数据和包括温度、湿度、气压、降水、风力、风向等在内的气象数据。





为将气象信息与居民家庭匹配起来，本报告根据第六次中国居民能源消费调查提供的每户家庭的经纬度数据和气象站的经纬度数据进行比对，对家庭周围200千米内的气象站数据进行加权加总，以此作为该家庭的气象数据。具体方法如下：

$$t_h = \sum_{i=1}^{N_h} w_i\, t_i \quad i = 1,2,3,\cdots,N_h \tag{5.1}$$

$$w_i = \frac{\left(\frac{1}{d_i}\right)^p}{\sum_{j=1}^{N_h}\left(\frac{1}{d_j}\right)} \quad i,j = 1,2,3,\cdots,N_h \tag{5.2}$$

式中，$t_h$ 表示家庭 $h$ 的某气象数据，$N_h$ 表示家庭 $h$ 周围200千米内的气象站个数，$t_i$ 表示气象站 $i$ 的某气象数据，$w_i$ 为气象站 $i$ 的权重。在计算 $w_i$ 时，本报告采用了逆距离法（Inverse Distance Method）；$d_i$ 为气象站 $i$ 与家庭 $h$ 的距离；$p$ 为指数，$p$ 的取值会影响权重的设定，本报告设 $p$ 为1。

在气象信息与家庭匹配的过程中还存在日度变量与年度变量之间的转换问题，针对各气象变量的不同特征，本报告分别进行了如下处理：

1）对于温度变量，本报告采用 Mideksa 和 Kallbekken（2010）提出的制冷度日数（CDD）将日平均气温 $T$ 转换为年度数据 CDD，其计算方法如下：

$$\text{CDD} = \sum_{T \geqslant T_0} (T - T_0) \tag{5.3}$$

即表示2017年中日平均气温高于 $T_0$ 的部分加总。关于参考温度 $T_0$ 的设置，本报告设为18.3℃。Sailor 和 Pavlova（2003）在研究气候变化与空调市场饱和度的问题时指出，18.3℃为经过验证的最优参考温度，本报告采纳了这一数值。

2）对于湿度变量，本报告采用年平均值将日度数据转化为年度数据，转化后的数据为年平均日均相对湿度。回归中选用夏季平均日均相对湿度。

对于制冷能耗，使用空调制冷能耗 $= \frac{\text{额定空调制冷功率} \times \text{年度制冷时间}}{\text{能源效率指数}}$ 进行计算。

样本数据在经过处理后，可以使得样本中的每一个家庭所携带的数据包括：该家庭所对应的气象数据（2017 年 CDD 和 2017 年夏季平均日均相对湿度）、该家庭 2017 年空调制冷能耗、2017 年空调日均使用时长、2017 年空调年度使用时长、该家庭的家庭特征变量、户主特征变量和房屋特征变量。基于此横截面数据，本报告可以进一步探究气候变化对于居民家庭空调使用情况的影响。

### 5.3.2 描述性统计分析

#### 5.3.2.1 关于气象数据的描述性统计分析

气象数据是本报告在研究气候变化对居民家庭空调使用情况影响的最为关键的解释变量，本报告在研究气候变量对居民空调使用情况的影响时，所采用的气象数据只包括温度变量和湿度变量。

根据 2018 年中国居民能源消费调查提供的每户家庭的经纬度数据和气象站的经纬度数据，对家庭周围 200km 之内的气象站数据进行加权加总，以此作为该家庭的气象数据。当气象站范围界定在家庭周围 200km 时，如表 5.1 所示，在 4147 个样本中，2017 年居民家庭所处地理位置的 CDD 最小值是 115.51℃，最大值是 955.02℃，标准差为 194.78。

较大的极差和标准差说明本报告研究的样本家庭所处的地理位置具有较大的温度差异，气象数据在不同家庭具有较大的差异性，反映出该样本在气象数据层面具有一定的代表性，能够更加真实充分地反映出气象变量对空调使用情况的影响。

**表 5.1 气象数据的描述性统计**

| 变量 | 含义 | 样本量 | 均值 | 标准差 | 最小值 | 最大值 |
| --- | --- | --- | --- | --- | --- | --- |
| CDD_2017 | CDD（℃） | 4 147 | 660.22 | 194.78 | 115.51 | 955.02 |
| savg RHU | 夏季平均日均相对湿度（%） | 4 147 | 74.39 | 6.26 | 51.78 | 85.11 |

### 5.3.2.2 关于居民及住房特征的描述性统计分析

除气候变量以外，本报告还加入了家庭特征变量、户主特征变量和住房特征变量作为控制变量。如表 5.2 所示，家庭特征变量包括家庭总收入和家庭总人口，其中家庭总收入的标准差和极差较大，反映了样本中居民家庭收入情况差异较大；而对于家庭总人口来说，平均居民家庭人口数在 2 ~ 3 人。户主特征变量主要包括性别、年龄、工作单位性质、民族、受教育程度、在家居住时间变量，其中性别、工作单位性质、民族和受教育程度为二值变量，均值可看作有这种特征的户主的比重。从表 5.2 中可以看出，40% 的户主既不在国有企业、集体企业、国家机关或事业单位工作也不在私营企业、外资企业、内资股份制企业、个体经营部门工作，58% 的户主在私营企业、外资企业、内资股份制企业、个体经营部门工作，极少数户主在国有企业、集体企业、国家机关或事业单位工作。就户主受教育程度来看，65% 的户主学历为高中以下，18% 的户主接受过高中同等水平的教育，仅有 17% 的户主拥有高中以上的学历。




**表 5.2 居民家庭特征的描述性统计**

| 变量 | | 含义 | 样本量 | 均值 | 标准差 | 最小值 | 最大值 |
|---|---|---|---|---|---|---|---|
| 家庭特征变量 | income | 家庭总收入（元） | 3 720 | 80 410.36 | 182 802.20 | 0 | 8 400 000 |
| | pop | 家庭总人口（人） | 4 141 | 2.81 | 1.43 | 1 | 14 |
| 户主特征变量 | gender | 性别<br>男 1<br>女 0 | 4 147 | 0.46 | 0.50 | 0 | 1 |
| | age | 年龄（岁） | 4 147 | 51.93 | 16.81 | 18 | 118 |
| | work_state | 工作单位性质为国有企业、集体企业、国家机关或事业单位<br>是，work state = 1<br>否，work state = 0 | 902 | 0.03 | 0.49 | 0 | 1 |
| | work_private | 工作单位性质为私营企业、外资企业、内资股份制企业、个体经营<br>是，work private = 1<br>否，work private = 0 | 902 | 0.58 | 0.49 | 0 | 1 |
| | work_other | 在其他类型的工作单位工作、年幼或上学、在军队中服役、在家做家务<br>是，work other = 1<br>否，work other = 0 | 902 | 0.40 | 0.16 | 0 | 1 |

续表

| 变量 | | 含义 | 样本量 | 均值 | 标准差 | 最小值 | 最大值 |
|---|---|---|---|---|---|---|---|
| 户主特征变量 | ethnic_han | 是否汉族<br>是，hanzu=1<br>否，hanzu=0 | 4 147 | 0.93 | 0.26 | 0 | 1 |
| | edu_c | 拥有高中以上（包括大专、本科、硕士、博士）受教育水平<br>是，edu_c=1<br>否，edu_c=0 | 4 147 | 0.17 | 0.38 | 0 | 1 |
| | edu_h | 拥有高中（包括中专、职高）受教育水平<br>是，edu_h =1<br>否，edu_h =0 | 4 147 | 0.18 | 0.39 | 0 | 1 |
| | edu_l | 拥有高中以下（包括没有接受过正规教育、小学、初中）受教育水平<br>是，edu_l =1<br>否，edu_l =0 | 4 147 | 0.65 | 0.48 | 0 | 1 |
| | living_month | 在家居住时间（月） | 4 139 | 11.38 | 2.10 | 0 | 12 |

对于居民住房特征变量，本报告采纳了住房建筑面积和住房建筑年代这两个变量。从表5.3和表5.4中可以看出，居民住房建筑面积均值为107.62平方米，居民住房建筑年代主要在1980年以后，其中建于2000～2009年的房屋比重最高，约占32%。

**表5.3 居民住房建筑面积**

| 变量 | 样本量 | 均值 | 标准差 | 最小值 | 最大值 |
|---|---|---|---|---|---|
| 住房建筑面积（平方米） | 3 990 | 107.62 | 76.79 | 5 | 667 |

**表5.4 居民住房建筑年代**

| building year（住房建筑年代） | 样本量 | 占比（%） |
|---|---|---|
| <1950 年 | 68 | 1.78 |
| 1950～1959 年 | 50 | 1.31 |

续表

| building year（住房建筑年代） | 样本量 | 占比（%） |
|---|---|---|
| 1960～1969 年 | 82 | 2.15 |
| 1970～1979 年 | 181 | 4.75 |
| 1980～1989 年 | 616 | 16.15 |
| 1990～1999 年 | 947 | 24.82 |
| 2000～2009 年 | 1 212 | 31.77 |
| 2010 年及以后 | 659 | 17.27 |
| 合计 | 3 815 | 100 |

#### 5.3.2.3 关于空调使用情况的描述性统计分析



本报告采用空调制冷能耗、居民家庭第一台空调平均每天使用时长和居民家庭空调年度使用时长作为被解释变量，其中空调制冷能耗和居民家庭空调年度使用时长是连续性变量，而居民家庭第一台空调平均每天使用时长是离散型变量。如表 5.5 所示，该样本中居民平均空调制冷能耗为 88.39 千克标准煤，而空调制冷耗电最高的家庭为 850.38 千克标准煤，约为平均水平的十倍，说明样本中的居民家庭在空调制冷能耗上存在较大差异。

**表 5.5 空调制冷能耗的统计性描述**

| 变量 | 含义 | 样本量 | 均值 | 标准差 | 最小值 | 最大值 |
|---|---|---|---|---|---|---|
| Cool_ac_kgce | 空调制冷能耗（千克标准煤） | 1898 | 88.39 | 125.16 | 0 | 850.38 |

对于居民家庭空调平均每天使用时长，本报告均只衡量了第一台空调，原因在于：一方面，在样本家庭中，拥有第一台空调的家庭为 1248 户，拥有多于一台空调家庭仅占样本家庭总量的 20% 左右，样本量较小；另一方面，由于居民家庭空调的日均使用时长是离散型变量，因此不能将两台空调的平均使用时长加总，所以衡量居民家庭第一台空调的日均使用时长更具有代表性、科学性。从表 5.6 和表 5.7 中可以看到，86.04% 的空调制冷时长不超过 4 个月，且以使用 2～3 个月最常见；59.54% 的居民家庭第一台空调平均每天制冷时长在 6 个小时以内，因为大多数空调是在卧室使用，因此空调每天的制冷时长很少超过 8 小时。

**表 5.6　居民家庭空调年均使用时长的统计性描述**

| 居民家庭空调年均使用时长 | 样本量 | 占比（%） |
|---|---|---|
| <1 个月 | 346 | 9.57 |
| [1，2）月 | 852 | 23.56 |
| [2，3）月 | 1 234 | 34.12 |
| [3，4）月 | 743 | 20.55 |
| [4，5）月 | 206 | 5.70 |
| [5，6）月 | 86 | 2.38 |
| ≥6 个月 | 46 | 1.27 |
| 从未使用 | 103 | 2.85 |
| 合计 | 3 616 | 100 |

**表 5.7　居民家庭第一台空调日均使用时长的统计性描述**

| 居民家庭第一台空调日均使用时长 | 样本量 | 占比（%） |
|---|---|---|
| <1 小时 | 161 | 7.35 |
| [1，2）小时 | 198 | 9.05 |
| [2，3）小时 | 266 | 12.15 |
| [3，4）小时 | 258 | 11.79 |
| [4，5）小时 | 246 | 11.24 |
| [5，6）小时 | 223 | 10.19 |
| [6，7）小时 | 148 | 6.76 |
| [7，8）小时 | 206 | 9.41 |
| ≥8 小时 | 436 | 19.91 |
| 从未使用 | 47 | 2.15 |
| 合计 | 2 189 | 100 |



# 5.4　实证分析

## 5.4.1　回归方法

如上所述，本报告以居民家庭空调制冷能耗和空调使用时间作为居民家庭空调使用的指标。因为空调制冷能耗和年度空调使用时间是连续型变量，所以使用简单线性回归模型研究气候变化对空调能耗和年度空调使用时间的影响（表5.8 模型1.1~模型1.3和模型3.1~模型3.3）。而空调日均使用时间是离散型变量，所以使用Ordered-probit模型来研究气候变化对空调日均使用时间的影响（表5.8 模型2.1~模型2.3）。在回归模型的设置中，以模型1.1、模型2.1和模型3.1为基础，不断添加更多的居民家庭变量来完善模型。

**表5.8 空调制冷能耗回归模型设计**

| 模型 | 空调制冷能耗（OLS） | | | 第一台空调日均使用时长（Ordered-probit） | | | 空调年度使用时长（OLS） | | |
|---|---|---|---|---|---|---|---|---|---|
| | 1.1 | 1.2 | 1.3 | 2.1 | 2.2 | 2.3 | 3.1 | 3.2 | 3.3 |
| 气候变量（CDD_2017，savg RHU） | √ | √ | √ | √ | √ | √ | √ | √ | √ |
| 家庭总收入（income） | √ | √ | √ | √ | √ | √ | √ | √ | √ |
| 家庭特征变量 | | √ | √ | | √ | √ | | √ | √ |
| 户主特征变量 | | | √ | | | √ | | | √ |

## 5.4.2 空调制冷能耗回归分析

虽然电价可以作为解释空调制冷消耗的一个重要变量，但是我们缺少相关的电价数据。然而，在回归模型中加入省份虚拟变量来控制省份固定效应也会捕捉到价格效应，因为中国各省的电价几乎是同质的。

回归结果如表5.9所示，在模型1.1中，只考虑家庭总收入和气候变量对空调制冷能耗的影响时，家庭总收入对空调制冷能耗的影响是显著的，说明家庭总收入越高，则该家庭的空调的制冷能耗会提高。此外温度变量CDD对空调制能耗的影响是正向的，尽管回归结果在统计上不显著。模型1.2在模型1.1的基础上中加入了居民家庭的特征变量，家庭总收入对空调制冷能耗的影响仍旧显著，此外温度变量CDD和家庭总人口对于空调制冷能耗的影响也十分显著，说明居民家庭所处的地理位置气温高或高温天气持续时间长、家庭人口数多空调制冷能耗越高。家庭人口数对空调制冷能耗的正向影响的原因可能在于家庭人口数越多，家庭人口组成就越复杂，不同代人共同居住，因此使用空调越多，空调制冷能耗越高。模型1.3在模型1.2的基础上加入了户主的特征变量，此模型中家庭总收入、在家居住时间对空调制冷能耗均有显著影响。其中，在家居住时间更长时，空调制冷能耗更高。

**表 5.9 空调制冷能耗回归结果（简单线性回归模型）**

| 变量 | 模型 1. 1 | 模型 1. 2 | 模型 1. 3 |
|---|---|---|---|
| income | 0. 00014*** | 0. 0001169*** | 0. 0001031** |
| | (0. 0000289) | (0. 0000307) | (0. 0000525) |
| CDD_2017 | 0. 0660342 | 0. 0921199* | 0. 1095385 |
| | (0. 0523105) | (0. 0544453) | (0. 100123) |
| savg RHU | -1. 609328 | -1. 371912 | -2. 106889 |
| | (1. 9512) | (2. 028886) | (3. 524594) |
| household size | — | 6. 253831*** | 4. 670735 |
| | — | (2. 304159) | (4. 487133) |
| dwelling size | — | -0. 0026174 | 0. 0518671 |
| | — | (0. 0404122) | (0. 0966957) |
| building year | — | 1. 797671 | -2. 017353 |
| | — | (2. 374386) | (5. 590517) |
| gender | — | — | -1. 239802 |
| | — | — | (13. 13292) |
| age | — | — | 2. 943618 |
| | — | — | (4. 094718) |
| age squared | — | — | -0. 0396758 |
| | — | — | (0. 0471621) |
| o. work_state | — | — | — |
| | — | — | — |
| work_private | — | — | 13. 10327 |
| | — | — | (12. 97399) |
| work_other | — | — | 18. 30034 |
| | — | — | (37. 35842) |
| ethnic_han | — | — | 14. 05219 |
| | — | — | (30. 12968) |
| edu_c | — | — | 15. 31074 |
| | — | — | (17. 58274) |

续表

| 变量 | 模型 1.1 | 模型 1.2 | 模型 1.3 |
|---|---|---|---|
| o. edu_h | — | — | — |
| | — | — | — |
| edu_l | — | — | -22.44908 |
| | — | — | (16.63754) |
| living_month | — | — | 6.233204 ** |
| | — | — | (3.027036) |
| 省份固定效用 | √ | √ | √ |
| 常数项 | 232.6724 | 172.9563 | 101.7147 |
| | (167.0446) | (175.5398) | (320.1394) |
| 观测值 | 1770 | 1650 | 476 |
| $R^2$ | 0.1340 | 0.1445 | 0.2178 |

***、** 和 * 分别表示参数的估计值在 1%、5% 和 10% 的统计水平上显著；括号内为 $t$ 值





### 5.4.3 居民家庭第一台空调日均使用时长回归分析

在研究气候变化对居民家庭第一台空调日均使用时长的影响时，采用了 Ordered-probit 模型，回归结果如表 5.10 所示。此外，还根据模型 2.3 计算了变量的边际效应，结果如表 5.11 所示。

从表 5.10、表 5.11 可以看出，家庭总收入和温度变量 CDD 对每天空调使用时间都有显著的统计影响。这表明，如果一个家庭有更高的收入，或高温天气持续的时间更长，居民家庭第一台空调的使用时长就会增加。同时，在模型 2.2 和模型 2.3 中，家庭总人口对空调日均使用时长也有十分显著的正向影响，即家庭总人口越多，家庭的结构就越复杂，老年人青年人儿童共同居住，为满足不同年龄层家庭成员的需求，空调的使用时间往往越长。

**表 5.10 居民家庭第一台空调日均使用时长回归结果（Ordered-probit）**

| 变量 | 模型 2.1 | 模型 2.2 | 模型 2.3 |
|---|---|---|---|
| income | $6.44\times10^{-7}$ *** | $4.80\times10^{-7}$ *** | $5.76\times10^{-7}$ * |
| | $(1.69\times10^{-7})$ | $(1.75\times10^{-7})$ | $(3.05\times10^{-7})$ |
| CDD_2017 | 0.0009146 ** | 0.0008881 * | 0.000646 |
| | (0.0004043) | (0.0004173) | (0.0007902) |
| savg RHU | -0.0043337 | -0.0081434 | -0.0336145 |
| | (0.0136724) | (0.0142868) | (0.0299827) |

续表

| 变量 | 模型 2.1 | 模型 2.2 | 模型 2.3 |
|---|---|---|---|
| household size | — | 0.0929452*** | 0.081824** |
| | — | (0.0199391) | (0.0382931) |
| dwelling size | — | -0.0001643 | 0.0001995 |
| | — | (0.0003138) | (0.0009014) |
| building year | — | -0.00120469 | -0.0084918 |
| | — | (0.0195302) | (0.0406694) |
| gender | — | — | -0.1378743 |
| | — | — | (0.1007264) |
| age | — | — | 0.0255778 |
| | — | — | (0.0310807) |
| age squeard | — | — | -0.000271 |
| | — | — | (0.0003671) |
| work_state | — | — | -0.0168807 |
| | — | — | (0.3540238) |
| work_private | — | — | 0.0644438 |
| | — | — | (0.3597409) |
| o. work_other | — | — | |
| | — | — | — |
| ethnic_han | — | — | 0.0840614 |
| | — | — | (0.2843975) |
| edu_c | — | — | 0.1005909 |
| | — | — | (0.1384811) |
| edu_h | — | — | -0.0088318 |
| | — | — | (0.1393101) |
| o. edu_l | — | — | — |
| | — | — | — |
| living_month | — | — | 0.0391702 |
| | — | — | (0.0257657) |
| 省份固定效应 | √ | √ | √ |
| /cut1 | -1.747527*** | -1.970461*** | -3.262334*** |
| | (1.180647) | (1.233095) | (2.674545) |

续表

| 变量 | 模型 2.1 | 模型 2.2 | 模型 2.3 |
|---|---|---|---|
| /cut2 | −1.005322*** | −1.235604*** | −2.365307*** |
| | (1.172899) | (1.22517) | (2.648472) |
| 观测值 | 1951 | 1798 | 507 |

***、**和*分别表示参数的估计值在1%、5%和10%的统计水平上显著

**表 5.11 模型 2.3 的边际效应**

| 变量 | 边际效应 | | | |
|---|---|---|---|---|
| | <2 小时 | 2 ~ 4 小时 | 4 ~ 6 小时 | >6 小时 |
| income | $-9.70\times10^{-8}$ | $-7.93\times10^{-8}$ | $7.05\times10^{-9}$ | $1.69\times10^{-7}$ |
| | $(6.69\times10^{-8})$ | $(5.53\times10^{-8})$ | $(8.04\times10^{-9})$ | $(1.17\times10^{-7})$ |
| CDD_2017 | −0.000166 | −0.0001357 | 0.0000121 | 0.0002896 |
| | (0.0001918) | (0.0001589) | (0.0000175) | (0.0003363) |
| savg RHU | 0.0100183 | 0.0081877 | −0.0007283 | −0.0174777 |
| | (0.006511) | (0.0054977) | (0.0008267) | (0.0114328) |
| household size | −0.0199159** | −0.0162769** | 0.0014479 | 0.0347449** |
| | (0.0089419) | (0.0074683) | (0.0014902) | 0.0154717 |
| dwelling size | −0.0000118 | $-9.66\times10^{-6}$ | $8.59\times10^{-7}$ | 0.0000206 |
| | (0.0001918) | (0.0001567) | (0.000014) | (0.0003346) |
| building year | −0.0013882 | −0.0011345 | 0.0001009 | 0.0024218 |
| | (0.009426) | (0.0076924) | (0.0006945) | (0.0164288) |
| gender | 0.0173236 | 0.0141583 | −0.0012594 | −0.0302225 |
| | (0.0217161) | (0.0180117) | (0.0019969) | (0.0380178) |
| age | −0.0075602 | −0.0061788 | 0.0005496 | 0.0131894 |
| | (0.0069962) | (0.005701) | (0.0007309) | (0.0121189) |
| age squared | 0.0000872 | 0.0000713 | $-6.34\times10^{-6}$ | −0.0001521 |
| | (0.0000828) | (0.0000676) | $(8.51\times10^{-6})$ | (0.0001436) |
| work_state | 0.0219264 | 0.01792 | −0.001594 | −0.0382523 |
| | (0.073427) | (0.0601367) | (0.0055821) | (0.1281376) |
| work_private | −0.0032493 | −0.0026556 | 0.0002362 | 0.0056686 |
| | (0.0743657) | (0.0607639) | (0.0054074) | (0.1297257) |
| work_other | 0 | 0 | 0 | 0 |
| | (0) | (0) | (0) | (0) |

续表

| 变量 | 边际效应 | | | |
|---|---|---|---|---|
| | <2 小时 | 2 ~4 小时 | 4 ~6 小时 | >6 小时 |
| ethnic_han | -0. 034085 | -0. 027857 | 0. 002478 | 0. 0594641 |
| | (0. 0678962) | (0. 0555751) | (0. 0053995) | (0. 118472) |
| edu_c | -0. 0137289 | -0. 0112204 | 0. 0009981 | 0. 0239512 |
| | (0. 0317406) | (0. 0256826) | (0. 0025334) | (0. 0550254) |
| edu_h | 0. 0073606 | 0. 0060157 | -0. 0005351 | -0. 0128412 |
| | (0. 0316699) | (0. 0258897) | (0. 002328) | (0. 0552736) |
| edu_l | 0 | 0 | 0 | 0 |
| | (0) | (0) | (0) | (0) |
| living_month | -0. 0030102 | -0. 0024601 | 0. 0002188 | 0. 0052514 |
| | (0. 0056542) | (0. 0045949) | (0. 0004674) | 0. 0098172 |
| 省份固定效用 | √ | √ | √ | √ |
| 观测值 | 507 | 507 | 507 | 507 |

***、**和*分别表示参数的估计值在1%、5%和10%的统计水平上显著

### 5.4.4 居民家庭空调年度使用时长

气候变化对空调年度使用时间的影响如表5.12所示，家庭总收入和温度变量CDD对空调年度使用时间都有正影响，其中家庭总收入的影响在统计上更为显著。加入家庭特征变量和户主特征变量后，平均日均相对湿度也对年度空调使用时间有正向的影响。

在模型3.2和模型3.3中，家庭总人口对年度空调使用时间的影响也显著为正，这意味着家庭总人口越多的家庭倾向于在较长的时间内使用空调。其原因与上述日使用时间的计算结果相似，即家庭总人口越多，家庭的结构就越复杂，为满足不同年龄层家庭成员的需求，空调的使用时间往往越长。此外，从模型3.3可以看出，户主在其他类型的工作单位工作、年幼或上学、在军队中服役、在家做家务对每年空调使用时间有积极的影响，原因可能在于此类家庭中存在自由职业者、学生和在家做家务的人，他们不用通勤或在家中的时间往往更长，因此空调的使用时间就更长。此外，拥有高中以上学历的户主对空调年度使用时长也有显著影响，原因可能在于高学历者往往拥有更高的收入，倾向于更长时间地使用空调。

**表 5.12　年度空调使用时间回归结果（简单线性回归模型）**

| 变量 | 模型 3.1 | 模型 3.2 | 模型 3.3 |
| --- | --- | --- | --- |
| income | 0.0000306*** | 0.0000255*** | 0.0000176** |
| | ($5.78\times10^{-6}$) | ($5.47\times10^{-6}$) | ($8.17\times10^{-6}$) |
| CDD_2017 | 0.0083934 | 0.0112483 | 0.0003453 |
| | (0.0134125) | (0.0137355) | (0.022816) |
| savg RHU | −0.073338 | 0.064019 | 1.156497 |
| | (0.4800364) | (0.4973147) | (0.9554557) |
| household size | — | 1.623876*** | 1.705322* |
| | — | (0.5709263) | (1.003173) |
| dwelling size | — | −0.0003334 | 0.0153654 |
| | — | (0.0118296) | (0.0259126) |
| building year | — | −0.0576496 | −1.168244 |
| | — | (0.6369618) | (1.48112) |
| gender | — | — | 1.864305 |
| | — | — | (3.108316) |
| age | — | — | 0.4723446 |
| | — | — | (0.9357367) |
| age squared | — | — | −0.0053562 |
| | — | — | (0.0107976) |
| work_state | — | — | — |
| | — | — | — |
| work_private | — | — | 3.006205 |
| | — | — | (3.049544) |
| work_other | — | — | 12.16989* |
| | — | — | (7.225758) |
| ethnic_han | — | — | 2.155818 |
| | — | — | (7.177155) |
| edu_c | — | — | 12.24629*** |
| | — | — | (3.93379) |
| edu_h | — | — | 5.107393 |
| | — | — | (3.948801) |

续表

| 变量 | 模型 3.1 | 模型 3.2 | 模型 3.3 |
|---|---|---|---|
| o. edu_l | — | — | — |
| | — | — | — |
| living_month | — | — | 0.6994405 |
| | — | — | (0.949865) |
| 省份固定效用 | √ | √ | √ |
| 常数项 | 72.4558 * | 57.63495 | -35.65749 |
| | (40.55712) | (42.16062) | (81.26298) |
| 观测值 | 1952 | 1800 | 507 |
| $R^2$ | 0.1376 | 0.1443 | 0.2273 |

***、**和*分别表示参数的估计值在1%、5%和10%的统计水平上显著



## 5.5 本章小结

气候变暖及其带来的其他极端气候的出现对人类健康的危害日益严重，使用空调作为人们对于气候变化的一种适应性措施开始得到各界学者的广泛研究，但是，基于个体层面的气候变化对空调使用情况的直接研究还不成熟。为实现对该领域实证研究的贡献，本报告基于第五次中国居民能源消费调查和中国国家气象信息中心的数据，使用简单线性回归模型和 Ordered-probit 模型，对气候变化对空调使用情况的影响进行了研究分析，分析结果如下：

1）气候变量中的温度变量 CDD 对居民家庭空调制冷能耗有显著影响。当 CDD 增加时，居民家庭空调制冷能耗显著增加。

2）气候变量中的温度变量 CDD 对居民家庭第一台空调平均每天使用时长具有显著影响。当 CDD 增加时，居民家庭第一台空调平均每天使用时间显著增加。

3）温度变量 CDD 对居民家庭空调年度使用时长具有显著正影响。当 CDD 增加时，居民家庭空调年度使用时间显著增加。

4）对于居民家庭而言，家庭总收入、家庭总人口和在家居住时间也会影响空调使用情况。家庭总收入越高，家庭总人口数越多，居民在家居住时间越长，居民家庭第一台空调使用时间越长、居民家庭空调年度使用时间越长、空调制冷能耗越高。同时，户主的学历和工作性质也会影响空调使用情况，户主的学历越高，户主的工作形式所决定的在家中的时间越长，居民家庭空调使用时长越长。

本报告研究结论政策含义在于应该鼓励使用高能效的空调。诸多研究结果表

明，气候变暖将导致空调制冷能耗的升高。因此我们应该提高空调效率，减少制冷能耗的增加。“节能产品惠民”项目通过补贴鼓励居民购买更高效的空调，以积极应对气候变化。然而，在已有的数据样本中，超过93%的家庭的空调能耗低于能耗标准。尽管该项目鼓励人们购买高能效空调，但许多家庭已经安装低能效空调，且作为耐用品的低能效空调将被继续使用。因此，应该需要一个政策来鼓励人们购买高能效空调来取代现有的低能效空调。

同时，本报告也存在不足之处，关于气候变量的选取仅包含了CDD和夏季平均日均相对湿度，没有考虑风力、风向、降水量等气候因素也可能对空调的使用情况产生影响，为更加全面地了解气候变化对居民家庭空调使用情况的影响，在未来的研究中应包含更多的气候变量。此外，本报告对于控制变量（家庭特征变量、户主特征变量和房屋特征变量）的解释也有不足，本报告的研究发现住房建筑年代以及户主的工作单位性质均会对居民家庭空调使用情况造成影响，对此的解释是这个变量可能间接反映了居民家庭的经济水平和对生活质量的要求。

# 第6章　家庭空气净化设备的拥有和使用情况

## 6.1　空气污染与居民行为

近年来，空气污染已经成为威胁人类健康的重要源头。根据世界卫生组织的报告，在2016年，空气污染导致约700万人过早死亡。空气污染与心血管疾病及癌症之间有着强的联系，长期暴露于污染空气会导致人们患上中风、缺血性心脏病、慢性阻塞性肺病和肺癌等疾病（WHO，2017）。

而在发展中国家，空气污染所带来的危害尤为显著。在印度，约有1500万人患上慢性阻塞性肺病，每年造成约50万人死亡，而在医院对18岁以下儿童进行的30年（1979~2009年）流行病学调查显示，哮喘患病率从9%持续上升至25.5%（Vijayan et al.，2015）。同时，越来越多的研究表明，空气污染与婴儿死亡率之间存在着正相关关系，受污染地区的人类预期寿命也会受到一定影响（Arceo et al.，2016；Knitted et al.，2016）。可见伴随着经济快速发展和城市化的，是日益严重的空气污染和对人类健康的重大危害。

中国在30多年来的高速发展历程中，也遭到工业化所带来的空气污染问题，同样威胁着中国人民的健康。Yin等（2017）针对中国27个省（自治区、直辖市）的38个大城市的研究认为，大气中颗粒物浓度上升对居民死亡率具有负面影响。也有研究者对我国一些政策导致北方地区空气污染引起死亡率的上升进行了研究（Chen et al.，2013；Ebenstein et al.，2017）。

在家庭无法对所居住城市的大气质量产生直接影响的情况下，改善家居空气质量成为受污染地区最为迫切的需求，而使用空气净化器和新风系统等家居小型装置则成为改善室内空气质量较为有效且直接的方法。不少证据显示空气污染的程度和家用空气净化器的销量是息息相关的。例如，印度在2018~2019年遭受了严重的空气污染，该国的空气净化器生产商的销售额均有20%~60%不等的提升（The Economic Times，2019）。

在中国，空气净化器销量和空气污染情况也紧密相关。如表6.1所示，2011~2017年，空气净化器的产销量连年上升，其中2013年空气净化器的销量上升速度最快，达到了 90.2%（孙世峰，2018）。

**表 6.1　2011～2017 年中国空气净化器市场销售和生产情况**

| 年份 | 销量（万台） | 年增长率（%） | 产量（万台） | 年增长率（%） |
|---|---|---|---|---|
| 2011 | 112 | — | 1 000 | — |
| 2012 | 123 | 9.8 | 1 129 | 12.9 |
| 2013 | 234 | 90.2 | 1 298 | 15.0 |
| 2014 | 316 | 35.0 | 1 480 | 14.0 |
| 2015 | 335 | 6.0 | 1 685 | 13.9 |
| 2016 | 520 | 55.2 | 1 980 | 17.5 |
| 2017 | 720 | 38.51 | 2 279 | 15.1 |





与之相对应的是，中国几个主要城市（除广州）的 $PM_{2.5}$浓度均在 2013 年达到高峰（表 6.2），随后开始下降，与空气净化器的销售额在 2012～2013 年的上升基本一致（Lowsen and Conway，2016）。2015 年后，空气净化器的销量和产量都有所放缓，年增长率分别为6%和13.9%，但又在2016 年和2017 年大幅回升，这是因为各大城市的空气质量较为不稳定。以 2017 年为例，京津冀地区 13 个城市优良天数比例范围为 38.9%～79.7%，平均值为 56.0%，比 2016 年下降 0.8 个百分点；长三角地区 25 个城市优良天数比例范围为 48.2%～94.2%，平均值为 74.8%，比 2016 年下降 1.3 个百分点；珠三角地区 9 个城市优良天数比例范围为 77.3%～94.8%，平均值为 84.5%，比 2016 年下降 5.0 个百分点（孙世峰，2018）。人们对空气质量不稳定的担忧也导致空气净化器的产量和销量都继续稳步上升。

**表 6.2　2011～2017 年中国主要城市的 $PM_{2.5}$年平均浓度（微克/立方米）**

| 年份 | 北京 | 上海 | 成都 | 广州 |
|---|---|---|---|---|
| 2012 | 91 | 51 | 85 | 58 |
| 2013 | 102 | 60 | 97 | 55 |
| 2014 | 98 | 50 | 82 | 50 |
| 2015 | 83 | 54 | 77 | 39 |
| 2016 | 72 | 46 | 61 | 35 |
| 2017 | 57 | 39 | 54 | 35 |

由此可见，空气污染的程度和空气净化装置的销售存在一定的关联。而家用空气净化器作为减少室内空气污染的主要防御性投资，可以作为衡量个人愿意为

清洁空气的支付意愿的重要参考。支付意愿可以衡量个人对空气质量改善的重视程度，也可以衡量个人对环境健康和金钱之间取舍的平衡点（Greenstone and Jack，2013）。可是，衡量个人支付意愿存在一定的难度，尤其是在发展中国家，由于数据的可获得性有限，而且缺乏可供实证分析的空气质量的外生变量，因此很难对个人对清洁空气的支付意愿进行显示性的偏好估计。

有不少研究者对空气污染与民众对治疗或预防空气污染所造成的损害所使用或愿意使用的支出进行了联系。例如，从家庭住址的抉择上，Chay 和 Greenstone（2005）将总悬浮粒子资本化到房屋价值中，估算了对清洁空气的平均边际支付意愿。而透过研究中国十一个城市的家庭迁移数据，研究者得出中国的中产家庭愿意为 $PM_{2.5}$ 年浓度下降一个单位支付 21.70 美元，并且在收入增加的同时，人们会更加愿意为改善空气质量而付出一定代价（Freeman et al.，2019）。

在医疗支出方面，Deschenes 等人（2017）以购买保险、相关药物和住院记录为指标，估算了人们为改善空气质量做出的投资数额。Barwick 等（2017）基于中国医院、药房和其他医疗机构的信用卡/借记卡交易记录，建立了因空气污染而产生的医疗支出数据集。此外，有学者在微观层面透过研究中国家庭的人口、家庭结构、家庭收入及其医疗支出等因素，并将其与 $PM_{2.5}$ 排放量做比较，得出了 $PM_{2.5}$ 年暴露量每增加 1%，对应家庭医疗支出就会增加 2.942% 的结果（Jing and Zhang，2018）。

此外，Zhang 和 Mu（2017）利用口罩的销售记录，衡量了人们对应对室外空气污染的支付意愿，他们估计空气质量指数（AQI）每增加 10%，口罩的销售额就会增加大约 5.45%。室内方面，Ito 和 Zhang（2020）提出了一个框架来估计为清洁空气的支付意愿，将此框架应用于中国，他们发现家庭每年愿意支付 1.34 美元来去除 1 微克/米$^3$ 的 $PM_{10}$ 和 32.7 美元用于消除政策性空气污染，且支付意愿受到家庭收入和媒体关注度的影响。

上述的研究从不同方面探讨了人们为空气污染的支付意愿，但主要集中在医疗支出、家庭住址、空气净化器及口罩销量等方面，尚没有基于微观数据针对家庭空气净化设备拥有量的研究。为了填补这一空缺，本报告利用中国家庭的空气净化器数据来分析人们对空气污染的支付意愿。除了每户的家庭空气净化设备拥有量外，考虑到空气污染对年长者和年幼者的健康产生较大威胁，故对空气净化装置有较大需求，本报告也对家庭收入、家庭结构和家庭人数进行了分析（Chen and Kan，2008；Fischer et al.，2003）。本报告基于微观数据解释中国家庭拥有空气净化装置的因素，这将有助于未来对使用空气净化器的人群及各个家庭特征的支付意愿进行分析，为推动对治理空气污染相关政策提供支撑。

# 6.2 数据和参数描述性分析

## 6.2.1 数据

本章使用的数据来自 CRECS2017 和各省污染指数的统计报告。由于空气净化器和新风系统功能性质相近，且新风系统数据过少，因此本章将两者统一归类为空气净化器。本章主要研究家庭拥有空气净化器的主要影响因素，因此我们移除了主要变量存在缺失值的样本，最后使用 3699 样本进行计量经济分析。

### 6.2.1.1 空气净化器拥有量

表 6.3 显示了空气净化器拥有量的情况，样本家庭平均每户有 0.07 台空气净化器，且拥有者中有 85.5% 仅拥有一台。总体来说，空气净化器的保有量非常低，至少拥有一台空气净化器的家庭在总样本仅占 6.14%。因此在下文运用模型探讨影响因素时，仅关注有无净化器，忽略净化器的拥有数量。

**表 6.3 空气净化器拥有情况**

| 空气净化器拥有量 | 观察值：3699 |
|---|---|
| 拥有 1 台 | 194 |
| 拥有 2 台 | 25 |
| 拥有 3 台 | 7 |
| 拥有 3 台 | 1 |
| 总计 | 227 |
| 占比 | 6.14% |
| 平均值（台） | 0.07 |

### 6.2.1.2 家庭常住人口数

将家庭常住人口数纳入变量中，3699 个样本家庭中，家庭常住人口最大值为 14 人，最小值为 1 人，大多数家庭的常住人口为 2 ~4 人（74.89%）。

### 6.2.1.3 家庭收入

家庭经济状况被认为是家用电器拥有量的重要影响因素。因此我们采用家庭人均收入来描述家庭经济状况对于空气净化器拥有量的影响。根据国家统计局发布的 2017 年全国居民人均收入水平，将样本家庭人均收入分为低收入水平（<5958.4

元)、中低收入水平（5958.4～22 495.3 元)、中高收入水平（22 495.3～64 934.0 元）和高收入水平（>64 934.0 元）4 组。

从表 6.4 和图 6.1 可以看出，拥有空气净化器的家庭在各收入分组占比，可以明显看出，收入与拥有量有着正相关关系。

**表 6.4　收入水平统计**

| 收入水平 | 全样本分布 | 家庭拥有空气净化器数量（台） | 占各自收入分组样本比例（%） |
|---|---|---|---|
| 低收入水平 | 821 | 3 | 0.37 |
| 中低收入水平 | 1 239 | 35 | 2.82 |
| 中高收入水平 | 1 263 | 114 | 9.03 |
| 高收入水平 | 376 | 75 | 19.95 |
| 总计 | 3 699 | 227 | 6.14 |





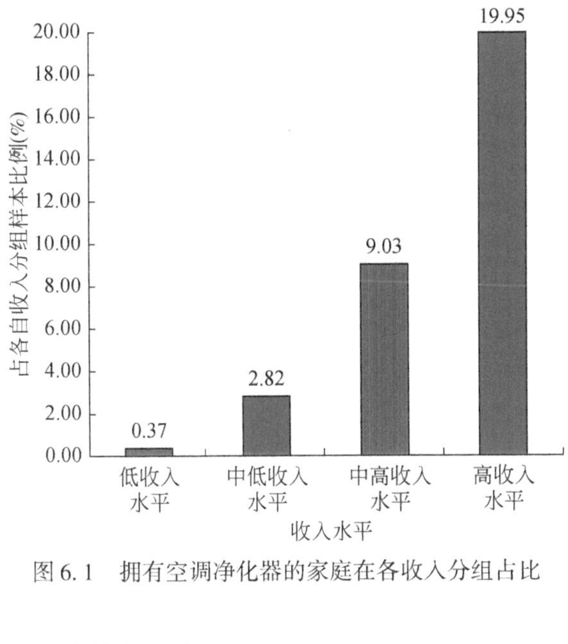


图 6.1　拥有空调净化器的家庭在各收入分组占比

#### 6.2.1.4　个人受教育程度

将受教育程度分为三个层次：低等教育水平（小学及以下)、中等教育水平（普通高中及职业院校)、高等教育水平（大学本科及以上)。如表 6.5 所示，样本家庭总体的受教育程度并不高，大部分集中在中等教育和初等教育水平。

**表 6.5 受教育情况**

| 教育水平 | 全样本分布 | 家庭拥有空气净化器数量（台） | 占各自教育层次样本比例（%） |
|---|---|---|---|
| 初等教育 | 1 391 | 13 | 0.93 |
| 中等教育 | 1 712 | 108 | 6.31 |
| 高等教育 | 596 | 106 | 17.79 |
| 总计 | 3 699 | 227 | 6.14 |

从表 6.5 和图 6.2 可以明显看出，受教育情况对于家庭空气净化器拥有量有着较明显的影响。

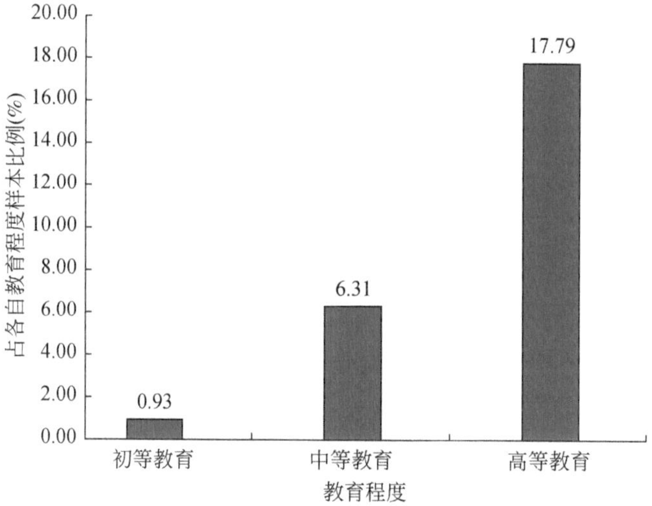


图 6.2 拥有空调净化器的家庭在各教育程度占比

### 6.2.1.5 空气污染情况

由于 $PM_{2.5}$是近几年最受关注的污染物，本章将用 28 个省（自治区、直辖市）各年平均 $PM_{2.5}$的数值对其空气污染状况进行衡量，数据来自达尔豪斯大学大气成分分析组（Atmospheric Composition Analysis Group）。全国各省（自治区、直辖市）的空气污染指数实际相差较大，图 6.3 为各省（自治区、直辖市）2018 年平均 $PM_{2.5}$指数与样本中拥有空气净化器家庭占比。

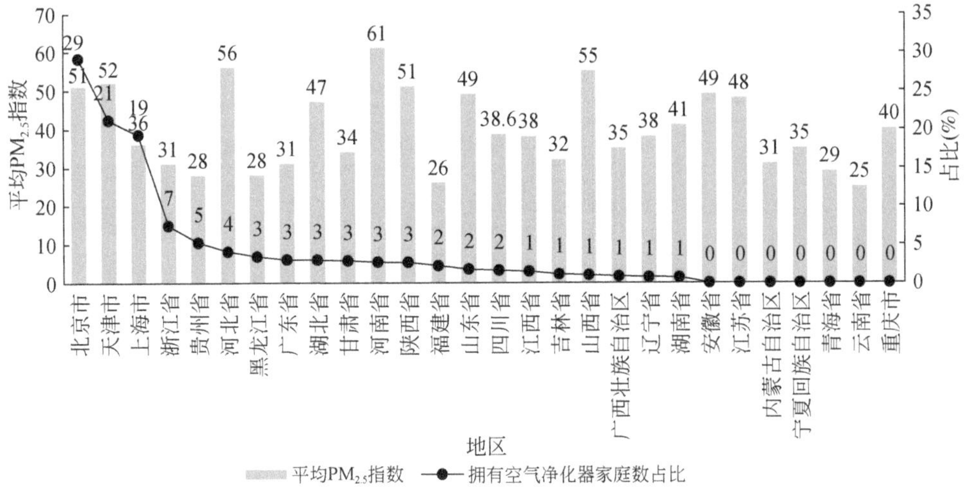


图 6.3　各省（自治区、直辖市）2018 年平均 $PM_{2.5}$ 指数与拥有空气净化器家庭占比



## 6.2.2　参量描述性分析

### 6.2.2.1　收入不平等与家庭空气净化器拥有情况

为研究收入分布，本报告使用调查中收入数据模仿相对标准偏差构造两个指数来描述不同家庭总收入的不平等情况。分别是 $\text{Ineq\_}a_i$、$\text{Ineq\_}b_i$，如下所示：

$$\text{Ineq\_}a_i = \frac{\sqrt{\frac{1}{N_i}\sum j\,(\text{income}_{j,i} - u_i)^2}}{u_i}$$

$$\text{Ineq\_}b_i = \frac{\sqrt{\frac{1}{M_{1i}}\sum_j (X_{<u_i}(\text{income}_{j,i}) - u_i)^2}}{u_i}$$

式中，$\text{income}_{j,i}$为第 $i$ 省第 $j$ 户家庭总收入；$u_i$为家庭总收入低于本省平均值的样本（$M_{1i}$为满足条件的样本总数）。

这种构造不平等指数的方法有别于单纯用方差描述样本差异情况，通过取方差与均值的比得到 $\text{Ineq_}a_i$是标准情况下的相对标准偏差。$\text{Ineq_}b_i$是用低于本省家庭总收入均值部分的样本，计算与总体样本均值的相对偏离程度。一个地区的不平等水平越严重，我们所构造的两个不平等指数将越大。

从表 6.6 中可以发现在不同指数的衡量下不平等水平最大值与最小值的省（自治区、直辖市）不太稳定。绘制收入不平等指数与样本中各省拥有空气净化器家庭占比的带拟合曲线的散点图（图 6.4），可以看出收入不平等越严重，各省（自治区、直辖市）拥有空气净化器家庭占比越小。

**表 6.6　各省（自治区、直辖市）收入不平等指数**

| 不平等指数 | 观察值：28 个省（自治区、直辖市） | |
|---|---|---|
| 统计量 | $Ineq\_a_i$ | $Ineq\_b_i$ |
| 平均值 | 1.4437 | 0.6196 |
| 最大值 | 5.2065（山西） | 0.4662（天津） |
| 最小值 | 0.8549（广东） | 0.7322（河北） |

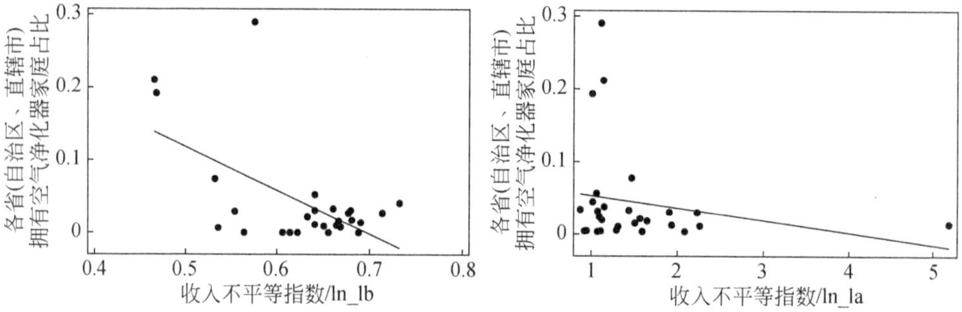


图 6.4　收入不平等指数与样本中各省（自治区、直辖市）拥有空气净化器家庭占比

### 6.2.2.2　空气污染与家庭空气净化器拥有情况

为直观观察空气污染程度与家庭空气净化器拥有情况，计算各省（自治区、直辖市）2011～2018 年平均年 $PM_{2.5}$ 指数，绘制平均 $PM_{2.5}$ 指数与样本中各省（自治区、直辖市）拥有空气净化器家庭占比的带拟合曲线的散点图（图 6.5）。可以看出，年平均 $PM_{2.5}$ 指数越严重的省份一般拥有空气净化器的家庭越多。

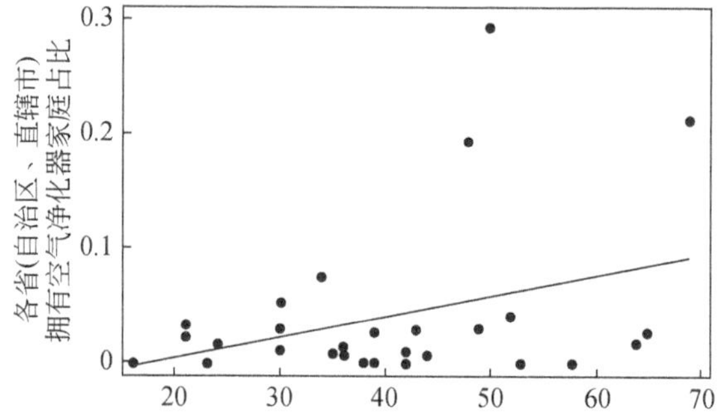


图 6.5　平均 $PM_{2.5}$ 指数与样本中各省（自治区、直辖市）拥有空气净化器家庭占比

## 6.3 模型假设和实证分析

### 6.3.1 模型假设

#### 6.3.1.1 提出假设

根据上文所述，本报告提出如下四个假设。

假设一：家庭常住人口数越多，家庭越有可能拥有空气净化器。

假设二：个人教育程度越高，家庭越有可能拥有空气净化器。

假设三：空气污染程度越高，家庭越有可能拥有空气净化器。

假设四：家庭平均收入越高，家庭越有可能拥有空气净化器。

#### 6.3.1.2 建立模型

本章使用 Logit 模型对影响家庭是否拥有空气净化器的因素进行分析。使用这个模型进行分析的目的是，通过检视不同因素对家庭是否拥有空气净化器的影响，寻找对家庭拥有空气净化器的意愿或能力产生主导性作用的因素。变量描述如表 6.7 所示。

**表 6.7 变量描述**

| 变量名 | | 性质 | 备注 |
|---|---|---|---|
| 被解释变量 | 是否拥有空气净化器 | 二分类变量 | 未拥有=0，拥有=1 |
| 解释变量 | 有无子女 | 哑变量 | 无子女=0，有子女=1 |
| | 家庭常住人数 | 数值型变量 | — |
| | 家庭收入 | 哑变量 | 低收入=0，中低收入=1，中高收入=2，高收入=3 |
| | 个人受教育程度 | 哑变量 | 低教育水平=0，中等教育水平=1，高教育水平=2 |
| | 空气污染程度 | 数值型变量 | — |

### 6.3.2 实证结果分析

通过对已有数据的逻辑回归分析，得出的结果如表 6.8 所示。

**表 6.8　回归结果**

| 空气净化器拥有情况 | 发生比 | 估计标准误 | *t* 值 | *P* 值 | 95% 置信区间 | | 显著性 |
|---|---|---|---|---|---|---|---|
| 家庭常住人数 | 1.248 | 0.076 | 3.660 | 0.000 | 1.109 | 1.405 | *** |
| 基准：无子女 | 1.000 | — | — | — | — | — | — |
| 有子女 | 3.064 | 0.809 | 4.240 | 0.000 | 1.826 | 5.140 | *** |
| 基准：低等教育水平 | 1.000 | — | — | — | — | — | — |
| 中等教育水平 | 4.008 | 1.220 | 4.560 | 0.000 | 2.208 | 7.277 | *** |
| 高等教育水平 | 9.298 | 2.990 | 6.930 | 0.000 | 4.950 | 17.464 | *** |
| 空气污染程度 | 1.088 | 0.009 | 10.340 | 0.000 | 1.071 | 1.106 | *** |
| 基准：低收入 | 1.000 | — | — | — | — | — | — |
| 中低收入 | 5.755 | 3.509 | 2.870 | 0.004 | 1.742 | 19.013 | *** |
| 中高收入 | 17.245 | 10.346 | 4.750 | 0.000 | 5.321 | 55.890 | *** |
| 高收入 | 41.295 | 25.440 | 6.040 | 0.000 | 12.345 | 138.130 | *** |
| 常数项 | 0.000 | 0.000 | -14.760 | 0.000 | 0.000 | 0.000 | *** |

*** $P<0.01$，** $P<0.05$，* $P<0.1$

#### 6.3.2.1　假设一

本报告首先研究了家庭结构对于空气净化器需求量的影响，家庭结构主要分为家庭人数以及是否有子女。回归结果表明，在 $P$ 值<0.05 的情况下，每增加一个家庭成员，家庭购买空气净化器的意愿增加 1.25 倍，同时子女对于购买意愿的影响十分大，以无子女家庭为基线水平，有子女的家庭购买空气净化器的概况是无子女家庭的 3.064 倍。结果表明，家庭结构变化对于空气净化器购买有着显著影响。

#### 6.3.2.2　假设二

如前所述，教育水平也是决定居民对于污染防护物购买意愿的重要因素。在回归中，将教育水平小学及以下，初高中以及大专及以上分为低、中、高教育水平三类，并以低教育水平为基线水平进行回归。结果表明，中等教育水平人群购买空气净化器的概率是低教育水平人群的 4.008 倍，同时高教育水平人群购买空气净化器的概率是低教育水平人群的 9.298 倍。由此可以得出的是，随着教育水平的提高，家庭对于空气净化器的购买需求增大。

#### 6.3.2.3　假设三

本报告分析了 $PM_{2.5}$ 水平对于空气净化器购买的影响，结果显示 $PM_{2.5}$ 每增加一单位，购买空气净化器的概率增加 1.088 倍。这一结果是符合直觉的，随着污染量的增大，人们对于空气净化器需求增多。

#### 6.3.2.4 假设四

由于空气净化器的价格较高，普遍高于防污染消耗品如口罩，因而收入水平也是需要考察的重要因素之一。根据国家统计局划分的高收入组、偏上收入组、中间收入组、中间偏下收入组、低收入组，在不影响显著性的情况下，本报告将其合并为四组分别为高、中高、中低、低收入四类，并以低收入组为基线水平进行哑变量回归，得到的结果为中低收入家庭拥有空气净化器的概率为低收入组家庭的 5.755 倍；中高收入组家庭拥有空气净化器的概率为低收入组家庭的 17.245 倍，同时高收入组家庭拥有空气净化器的概况为低收入组家庭的 41.295 倍。从结果上来看，收入的增长对于家庭空气净化器的需求有着显著的正向影响。



## 6.4 本章小结



通过逻辑回归分析，基于所得数据，本报告发现家庭结构包括家庭人口数及是否有子女、教育水平、$PM_{2.5}$指数、家庭收入水平等因素在不同程度上影响了家庭对于空气净化器的需求。从中可以看出，人数多的、有子女的家庭更加倾向于购买空气净化器，这可能与家庭对于子女的重视有关，同时随着教育水平、污染水平及收入水平的提高，家庭拥有空气净化器的概率增高。

除此之外，本报告也有一定的局限性：

第一，由于无法获取居民所在地的详细信息，$PM_{2.5}$数据取自各个省份的年平均数，对于某些面积较大的省份并不准确，且数据时间跨度较大，导致结果存在一定的误差。同时平均数是否为衡量污染物的最优方法存在一些疑问，例如，居民有可能对于极端污染情况，即峰值做出反应。

第二，从模型的选定来看，无法准确描述污染情况与空气净化器购买量的关系，其关系有可能为倒 U 形，模型有改进的空间以更好解释非线性的数据关系。

第三，在收集的 3699 个数据中，空气净化器的总拥有量占比极少，因而数据存在着较大的不稳定性，容易受到极端值的影响。

第四，教育水平、收入水平对于空气净化器购买的原因无法确定，如教育水平是否影响了居民的认知水平进而影响到购买意愿仍待进一步的研究。

# 第7章　针对居民部门的能源政策

在过去近四十年的时间内，我国能源发展取得显著成效。但目前我国正处于战略转型的关键阶段，面临着能源安全风险增加、温室气体和大气污染物排放量增多、能源产品经济性压力增大、能源产品可获得性仍然欠缺的四大严峻挑战。具体表现为，第一，作为世界能源消费大国，我国能源生产已无法满足仍在持续扩张的能源需求。根据《中国油气产业发展探究分析和未来展望报告蓝皮书（2018-2019）》，我国原油总量和石油消费量已超出6亿吨，石油对外依存度达到69.8%，我国面临着巨大的能源供应危机。第二，煤炭燃烧会带来大量的粉尘、氮氧化物、碳氧化物和二氧化硫，我国以煤炭为主导的能源消费结构造成了诸多难于治理的环境问题，如大气污染和大量温室气体排放等。2013年9月10日，国务院发布《大气污染防治行动计划》，明确提出五年内全国空气质量总体改善，大幅减少重污染天气；京津冀、长三角、珠三角等区域细颗粒物浓度分别下降25%、20%、15%左右等要求。第三，随着我国经济发展方式从简单向集约、从低效向高效转变，我国能源经济效率逐渐降低，但是与发达国家相比仍存在较大的差距。第四，我国部分贫困居民仍然无法享受到能源技术进步、能源系统改善的成果，民用能源的可获得性仍然是现阶段我国能源政策制定的重要考量。

为解决上述问题，我国坚持以人为本的核心要求，以安全、绿色、经济作为立足点出台了一系列能源政策，按照目的和用途可分为强制能源替代的政策、以鼓励能源替代为目标的价格政策、以促进节能减排为目标的价格政策、以提高能源可得性为目标的价格政策共四大类。这四类能源政策目标明确、针对性强，协同发挥作用，能够为我国城市和农村居民提供稳定、清洁、高效的能源供应，从而进一步缓解大气污染、服务民生改善、促进经济社会发展。本章将分别阐述四大类能源政策的实施背景，系统梳理政策的出台文件和主要内容。

## 7.1　强制能源替代政策

我国能源消费结构以煤炭为主。煤炭燃烧带来的污染物排放给我国带来巨大的环境压力。近年来我国频繁出现的雾霾天气，已经给对居民的身体健康造成威胁，也给居民的日常生活带来困扰。我国政府开始高度重视大气污染的防控治理。氮氧化物、硫氧化物是雾霾形成的原因，而煤炭燃烧产生的主要污染物就是氮氧化物与硫氧化物。煤炭燃烧产生的粉尘颗粒物也会加重雾霾天气的污染。因此治理大气污染必须要减少煤炭的燃烧使用。

从国家的《大气污染防治计划》提出开始，我国不断出台新的强制能源替代政策，推动减少煤炭在我国能源消费中的占比。2014 年 6 月 7 日，国务院办公厅印发《能源发展战略行动计划（2014—2020 年）》。对于降低煤炭在我国能源消费中的占比，我国政府采取了推动电力和天然气代替煤炭的方法。总的来看，我国降低煤炭消费占比的主要政策着力点在于清洁取暖，用天然气、电力、洁净煤等取代北方地区的取暖散煤。政府通过政策命令直接推动北方地区居民将传统的燃煤取暖改为天然气取暖或者电力采暖，对于使用散煤锅炉取暖的农村地区，则推动优质燃煤替代质量不达标的高污染散煤。





### 7.1.1 煤改气政策

#### 7.1.1.1 政策概况

2017 年的中央政府工作报告提出打赢“蓝天保卫战”，加快解决燃煤污染问题的要求。这给我国各级政府在清洁能源的推广方面制定了较高的目标。天然气作为相对高效的清洁能源，受到政府和市场的青睐，煤改气作为改善空气质量的重要措施之一，在全国尤其是北方冬季采暖地区得到大范围的推广。表 7.1梳理了自 2013 年以来国务院等政府部门为推动煤改气改造而颁布的政策文件。

#### 7.1.1.2 政策举措

在推进中央政府煤改气政策落实的过程中，地方政府也配合制定了各地的煤改气工作推进政策和方案，具体见表 7.2。不同地区在推动居民取暖方式由燃煤改向天然气的过程中采取了各种激励方法，包括天然气价格的政策优惠、天然气取暖设备的购置补贴、天然气公用的基础设施建设及政策支持等。

表 7.1　关于煤改气的相关政策性文件

| 文件要求 | 所在文件 | 发布单位 | 发布时间 | 相关内容 |
|---|---|---|---|---|
| 加大综合治理力度，减少污染物排放 | 《大气污染防治计划》 | 国务院 | 2013 年 | 全面整治燃煤小锅炉，加快推进集中供热、煤改气、煤改电工程建设。到 2017 年，除必要保留的以外，地级及以上城市建成区基本淘汰每小时 10 蒸吨及以下的燃煤锅炉，禁止新建每小时 20 蒸吨以下的燃煤锅炉；其他地区原则上不再新建每小时 10 蒸吨以下的燃煤锅炉。在供热供气管网不能覆盖的地区，改用电、新能源或洁净煤，推广应用高效节能环保型锅炉。在化工、造纸、印染、制革、制药等产业集聚区，通过集中建设热电联产机组逐步淘汰分散燃煤锅炉。 |
| 加快调整能源结构，增加清洁能源供应 | 《大气污染防治计划》 | 国务院 | 2013 年 | 控制煤炭消费总量，到 2017 年，煤炭占能源消费总量比例降低到 65% 以下。京津冀、长三角、珠三角等区域力争实现煤炭消费总量负增长，通过逐步提高接受外输电比例、增加天然气供应、加大非化石能源利用强度等措施替代燃煤。京津冀区域城市建成区、长三角城市群、珠三角区域要加快现有工业企业燃煤设施天然气替代步伐；到 2017 年，基本完成燃煤锅炉、工业窑炉、自备燃煤电站的天然气替代改造任务。 |
| 推进煤炭清洁高效开发利用，大力发展天然气，积极发展能源替代。降低煤炭消费比例，提高天然气消费比例 | 《能源发展战略行动计划（2014—2020年）》 | 国务院办公厅 | 2014 年 | 要推进能源消费革命，严格控制能源消费过快增长，控制煤炭消费总量。优化能源结构，积极发展天然气、核电、可再生能源等清洁能源，降低煤炭消费比例，推动能源结构持续优化。加快清洁能源供应，控制重点地区、重点领域煤炭消费总量，推进减量替代，压减煤炭消费，到 2020 年，全国煤炭消费比例降至 62% 以内。<br>控制重点用煤领域煤炭消费：以经济发达地区和大中城市为重点，有序推进重点用煤领域煤改气工程，加强余热、余压利用，加快淘汰分散燃煤小锅炉，到 2017 年，基本完成重点地区燃煤锅炉、工业窑炉等天然气替代改造任务。结合城中村、城乡接合部、棚户区改造，扩大城市无煤区范围，逐步由城市建成区扩展到近郊，大幅减少城市煤炭分散使用。<br>提高天然气消费比例，坚持增加供应与提高能效相结合，加强供气设施建设，扩大天然气进口，有序拓展天然气城镇燃气应用。到 2020 年，天然气在一次能源消费中的比例提高到 10% 以上。新增天然气优先保障居民生活和替代散烧煤，组织实施城镇居民用能清洁化计划，到 2020 年，城镇居民基本用上天然气。为煤改气相关工作提供了用能保障。 |

续表

| 文件要求 | 所在文件 | 发布单位 | 发布时间 | 相关内容 |
|---|---|---|---|---|
| 坚持清洁替代，减少大气污染物 | 国家发展和改革委员会、国家能源局、财政部、环境保护部、住房城乡建设部、国资委、质检总局、银监会、证监会、军委后勤保障部 | 《北方地区冬季清洁取暖规划（2017—2021 年）》 | 2017 年 | 到 2019 年，北方地区清洁取暖率达到 50%，替代散烧煤（含低效小锅炉用煤）7400 万吨。到 2021 年，北方地区清洁取暖率达到 70%，替代散烧煤（含低效小锅炉用煤）1.5 亿吨。供热系统平均综合能耗降低至 15 千克标煤/米$^2$ 以下。热网系统失水率、综合热损失明显降低。新增用户全部使用高效末端散热设备，既有用户逐步开展高效末端散热设备改造。北方城镇地区既有节能居住建筑占比达到 80%。力争用 5 年左右时间，基本实现雾霾严重城市地区的散煤供暖清洁化，形成公平开放、多元经营、服务水平较高的清洁供暖市场。<br>北方地区冬季大气污染以京津冀及周边地区最为严重，“2+26”重点城市作为京津冀大气污染传输通道城市，且所在省份经济实力相对较强，有必要、有能力率先实现清洁取暖。在“2+26”重点城市形成天然气与电供暖等替代散烧煤的清洁取暖基本格局，对于减轻京津冀及周边地区大气污染具有重要意义。2019 年，“2+26”重点城市城区清洁取暖率要达到 90% 以上，县城和城乡接合部（含中心镇，下同）达到 70% 以上，农村地区达到 40% 以上。2021 年，城市城区全部实现清洁取暖，35 蒸吨以下燃煤锅炉全部拆除；县城和城乡接合部清洁取暖率达到 80% 以上，20 蒸吨以下燃煤锅炉全部拆除；农村地区清洁取暖率 60% 以上。<br>按照由城市到农村分类全面推进的总体思路，加快提高非重点地区清洁取暖比例。<br>城市城区优先发展集中供暖，集中供暖暂时难以覆盖的地区，加快实施各类分散式清洁供暖。2019 年，清洁取暖率达到 60% 以上；2021 年，清洁取暖率达到 80% 以上，20 蒸吨以下燃煤锅炉全部拆除。<br>新建建筑全部实现清洁取暖。县城和城乡结合部构建以集中供暖为主、分散供暖为辅的基本格局。2019 年，清洁取暖率达到 50% 以上；2021 年，清洁取暖率达到 70% 以上，10 蒸吨以下燃煤锅炉全部拆除。<br>农村地区优先利用地热、生物质能、太阳能等多种清洁能源供暖，有条件的发展天然气或电供暖，适当利用集中供暖延伸覆盖。2019 年，清洁取暖率达到 20% 以上；2021 年，清洁取暖率达到 40% 以上。 |

续表

| 文件要求 | 所在文件 | 发布单位 | 发布时间 | 相关内容 |
| --- | --- | --- | --- | --- |
| 坚持清洁替代，减少大气污染物 | 《京津冀及周边地区 2017 年大气污染防治工作方案》 | 环境保护部、国家发展和改革委员会、财政部、国家能源局和北京市、天津市、河北省、山西省、山东省、河南省人民政府 | 2017 年 | 京津冀大气污染传输通道包括北京市，天津市，河北省石家庄、唐山、廊坊、保定、沧州、衡水、邢台、邯郸，山西省太原、阳泉、长治、晋城，山东省济南、淄博、济宁、德州、聊城、滨州、菏泽，河南省郑州、开封、安阳、鹤壁、新乡、焦作、濮阳。“2+26”城市主要任务：以改善区域环境空气质量为核心，以减少重污染天气为重点，多措并举强化冬季大气污染防治，全面降低区域污染排放负荷。“2+26”城市列为北方地区冬季清洁取暖规划首批实施范围，10 月底前完成小燃煤锅炉“清零”工作，实现煤炭消费总量负增长。 |

**表 7.2　部分地方政府贯彻煤改气政策制定的方案**

| 地区 | 政策 | 相关内容 |
| --- | --- | --- |
| 河北省 | 《关于加快实施保定廊坊禁煤区电代煤和气代煤的指导意见》 | 到 2017 年 10 月底前，禁煤区完成除电煤、集中供热和原料用煤外燃煤“清零”，禁煤区实施煤改电、煤改气将能享受到一系列补贴支持政策。农村煤改气可享受如下补贴：设置购置补贴 70%，按照燃气设备购置安装投资的 70% 给予补贴，每户最高补贴不超过 2700 元；采暖期给予用气补贴，给予采暖气 1 元/米$^3$ 补贴，每户最高补贴气量 1200 立方米；气代煤用户不用执行阶梯气价，给予建设村内入户管线户均 4000 元投资补助；支持建设储气设备，支持各类投资主体建设储气调峰设施，允许正常蒸发气量就近接入供气管网，支持投资主体适当建设加气站或对核定存储气量给予适当补贴，保障储气设施有效库容、安全运行和适当收益。 |
| 河南省 | 《安阳市“气代煤”工作实施方案》 | 重点对纳入“气代煤”项目实施清单的燃煤锅炉、燃煤窑炉、企业用户，农村“气代煤”试点用户以及不具备集中供热条件、安装使用燃气壁挂炉取代燃煤采暖炉的居民用户等，按照“改造政府补贴、不足用户补齐”的原则，开展一次性设备购置补贴和运行补贴，补贴时间截至 2018 年 10 月底。政府将对实施“气代煤”的居民户放宽阶梯气价，并按照设备购置成本给予一次性设备购置补贴，原则上按照政府统一采购设备价格的 60% 补贴，每户最高不超过 3500 元。采暖期对实施“气代煤”用户按照核定的新增用气量给予 1 元/米$^3$ 的气价进行补贴，每户最高补贴 600 立方米。 |
| | 《郑州市散煤治理工作方案》 | 方案鼓励条件好的居民户率先实施“电代煤”“气代煤”，并给予设备购置补贴，每户最高不超过 3500 元；给予“气代煤”用户 1 元/米$^3$ 的气价补贴，每户每个采暖季最高补贴 600 立方米。 |

## 7.1.2　煤改电政策

### 7.1.2.1　政策概况

电供暖是利用电力，使用电锅炉等集中式供暖设施或发热电缆、电热膜、蓄热电暖器等分散式电供暖设施，以及各类电驱动热泵，向用户供暖的方式，布置和运行方式灵活，有利于提高电能占终端能源消费的比例。蓄热式电锅炉还可以配合电网调峰，促进可再生能源消纳。截至 2016 年底，我国北方地区电供暖面积约 4 亿平方米，占总供暖面积的 2%。表 7.3 系统梳理政府为加快煤改电改造所出台的政策文件。

表 7.3　关于煤改电的相关政策性文件

| 政策要求 | 相关文件 | 发布单位 | 发布时间 | 相关文件内容 |
| --- | --- | --- | --- | --- |
| 加快调整能源结构，增加清洁能源供应 | 《大气污染防治计划》 | 国务院 | 2013 年 | 结合城中村、城乡接合部、棚户区改造，通过政策补偿和实施峰谷电价、季节性电价、阶梯电价、调峰电价等措施，逐步推行以天然气或电替代煤炭。 |
| 优化能源消费结构，削减京津冀鲁、长三角和珠三角等区域煤炭消费总量 | 《大气污染防治计划》 | 国务院 | 2013 年 | 加大高耗能产业落后产能淘汰力度，扩大外来电、天然气及非化石能源供应规模，耗煤项目实现煤炭减量替代。到 2020 年，京津冀鲁四省（直辖市）煤炭消费比 2012 年净削减 1 亿吨，长三角和珠三角地区煤炭消费总量负增长。 |
| 确定了 400 个村煤改清洁能源 | 《2016 年市政府工作报告重点工作分工方案》 | 北京市人民政府 | 2016 年 | 北京农村地区也可以享受与城区一样的补贴，由市、区（县）两级政府各补贴 0.1 元/千瓦时。 |





### 7.1.2.2　政策举措

在推进中央政府煤改电政策落实的过程中，地方政府也配合制定了各地的煤改电工作推进政策和方案，如表 7.4 所示。不同地区在推动居民取暖方式由燃煤改向电力的过程中采取了各种激励方法，包括用电价格的政策优惠、电力取暖设备的购置补贴、电力供应的基础设施建设及政策支持等。

表 7.4　部分地方政府贯彻煤改电政策制定的方案

| 地区 | 相关政策方案 | 相关内容 |
| --- | --- | --- |
| 北京 | 《北京市电采暖低谷用电优惠方法》 | 电采暖用户每年从 11 月 1 日起到次年 3 月 31 日止享受低谷用电优惠，低谷时间段内，不区分用电性质、供热对象一律按照 0.1 元/千瓦时计费。对于居民用户，采用分户式电采暖的，低谷优惠时段内采暖设备、居民生活用电一并享受低谷优惠。 |
| 河北 | 《2017 年农村清洁能源开发利用工程建设推进方案》 | 在电力保障、住宅保温条件较好的农户，扩大碳纤维电采暖、电采暖锅炉、空气源采暖使用规模，每户最高补贴 2700 元。 |

续表

| 地区 | 相关政策方案 | 相关内容 |
| --- | --- | --- |
| 河北 | 《河北省大气污染防治行动计划实施方案》《河北省人民政府办公厅关于推进全省城镇供热煤改电工作指导意见（征求意见稿）》 | 对于居民小区整体或整栋楼统一建设安装电采暖设施，且不具备集中供暖条件的居民用户，生活用电与供暖用电分表计量，生活用电采取阶梯电价标准计费，供暖用电按照合表用户电价执行。生活用电与采暖用电未实行分表计量的，每年 11 月份到次年 3 月份采暖期用电按照合表用户电价执行，其他月份执行居民阶梯电价。 |
|  | 《关于加快实施保定廊坊禁煤区电代煤和气代煤的指导意见》 | 到 2017 年 10 月底前，禁煤区完成除电煤、集中供热和原料用煤外燃煤“清零”，禁煤区实施煤改电、煤改气将能享受到一系列补贴支持政策。农村煤改电可享受如下补贴：设置购置补贴 85%，按照设备购置安装投资的 85% 给予补贴，每户最高补贴金额不超过 7400 元；采暖用电补贴，给予采暖期居民用电 0.2 元每千瓦时的补贴，由省、市、县各承担 1/3，每户最高补贴 10 000 千瓦时；不执行阶梯电价，电代煤用户采暖期可选择执行峰谷电价，非采暖期可不执行峰谷电价。 |
| 山东 | 《山东省煤炭消费减量替代工作方案》 | 山东省物价局规定，电采暖用户享有一定的电价优惠政策，采暖季月用电超出 400 千瓦时达阶梯电价第三档时，继续执行第二档电价。并且鼓励有关企业积极实现煤改气、煤改电等配套工程，确保电力和天然气的供应。 |
| 河南 | 《河南省电能替代工作实施方案（2017－2020 年）》 | 在政府确定的农村煤改电试点用户，以及安装节能电采暖设施的城镇居民用户，开展设备一次性补助和运行补贴；对实施电能替代的工商业用户，以电能替代电量电费中征收的城市公用事业附加费为限给予支持。 |
| 新疆 | 电采暖供热电费优惠措施 | 乌鲁木齐试点工程增加的电源配套（包括高压专线、变压器、低压电线、配电盘、分户计量装置等）投资给予 50 元/平方米补贴；对试点示范电采暖项目减免城市基础设施配套费，已征收的返还该费用；对实施电热采暖的用户电价给予优惠：高峰 4 个小时 0.531 元/千瓦时、平段 10 个小时 0.361 元/千瓦时、低谷 10 个小时 0.279 元/千瓦时。 |
| 内蒙古 | 《内蒙古电采暖低谷用电优惠办法》 | 蓄能式电采暖设备、碳晶电热板、热泵系统、电热锅炉、电热膜、发热电缆、普通电暖器等非低谷优惠时段 0.44 元/千瓦时，低谷优惠时段 0.2 元/千瓦时。 |

续表

| 地区 | 相关政策方案 | 相关内容 |
| --- | --- | --- |
| 甘肃 | 《关于集中式电采暖（制冷）用电电价有关问题的通知》 | 居民、企事业单位集中式电采暖（制冷）用电销售电价，不满1千伏，平段0.525元/千瓦时，低谷0.268元/千瓦时；满1千伏，平段0.515/千瓦时，低谷0.2634元/千瓦时。商业单位集中式电采暖（制冷）用电销售电价，不满1千伏平段0.8027元/千瓦时，低谷0.4126元/千瓦时；1千伏到10千伏平段0.7927元/千瓦时，低谷0.4076元/千瓦时；10千伏以上平段0.7827元/千瓦时，低谷0.4026元/千瓦时。 |
| 吉林 | 《吉林省人民政府办公室关于印发吉林省电采暖试点工作方案的通知》 | 单户式居民客户，已采用电锅炉或电采暖取暖的居民客户，电价仍按现行规定执行峰谷时段电价，峰时（8:00—21:00）电价为每千瓦时0.562元、谷时（21:00—次日8:00）电价为每千瓦时0.329元。非居民客户（含集中式居民电采暖客户）：1千伏以下客户用电每千瓦时0.5424元，1千伏及以上客户用电每千瓦时0.5324元。 |
| 辽宁 | 《关于煤改电供暖项目到户电价的通知》 | 居民电供暖到户电价为：谷段0.2798元/千瓦时；平段0.4898元/千瓦时；峰段0.6998元/千瓦时。非居民电供暖到户电价为：谷段0.3298元/千瓦时；平段0.5898元/千瓦时；峰段0.8498元/千瓦时。 |



## 7.1.3 洁净煤替代政策

### 7.1.3.1 政策概况

近来研究发现，燃烧散煤取暖是冬季空气污染物的重要来源。散煤含硫量高，燃烧时会产生大量硫氧化物和氮氧化物，粉尘颗粒物污染也很严重，成为雾霾形成的元凶。从根本上解决燃烧煤炭带来的空气污染问题就需要进行清洁能源替代；但考虑到我国煤炭储量丰富，能源消费依赖煤炭，在短期内完全用天然气、电力等能源取代取暖用煤是不现实的。因此推广洁净煤，减少煤炭燃烧污染也是我国治理大气污染的重要举措（表7.5）。

国家洁净煤技术推广规划领导小组提倡在全国推广洁净煤替代，《中国洁净煤技术“九五”计划和2018年发展纲要》指出，民用型煤与散煤相比，燃烧效率提高一倍，一般可节煤20%~30%，烟尘和二氧化硫可减少40%~60%。我国城镇型煤普及率较高，然而农村地区则几乎全部为烧散煤。随着机械化程度提高，我国块煤生产比例缩小，粉煤比例越来越大。因此发展型煤以代替块煤，不仅有广阔的市场，还可以提高燃用效率，减少污染气体排放，而且还可以充分利用大量粉煤和泥煤，减少它们本身对环境的污染。

**表 7.5　关于洁净煤替代的相关政策性文件**

| 政策要求 | 相关文件 | 发布单位 | 发布时间 | 相关文件内容 |
|---|---|---|---|---|
| 在全国推广洁净煤替代 | 《洁净煤技术"九五"计划和2018年发展规划纲要》 | 国家计划委员会 | 1996年 | 长期以来我国能源生产与消费结构中，煤炭一直占据着重要地位，在今后相当长的时间里，煤炭还将是中国的主要能源。中国的煤炭资源特点是难选煤多，高灰、高硫煤比重大。煤炭直接燃烧是造成烟尘和二氧化硫污染的主要原因。并且我国煤炭消费结构与发达国家有很大不同，用户多元化、利用效率低是我国煤炭消费的主要特点。 |
| 加快调整能源结构，增加清洁能源供应 | 《大气污染防治计划》 | 国务院 | 2013年 | 扩大城市高污染燃料禁燃区范围，逐步由城市建成区扩展到近郊。鼓励北方农村地区建设洁净煤配送中心，推广使用洁净煤和型煤。 |
| 推进煤炭清洁高效开发利用，加快发展煤炭清洁开发利用技术，不断提高煤炭清洁高效开发利用水平 | 《能源发展战略行动计划（2014-2020年)》 | 国务院办公厅 | 2014年 | 制定和实施煤炭清洁高效利用规划，积极推进煤炭分级分质梯级利用，加大煤炭洗选比例，鼓励煤矸石等低热值煤和劣质煤就地清洁转化利用。建立健全煤炭质量管理体系，加强对煤炭开发、加工转化和使用过程的监督管理。加强进口煤炭质量监管。大幅减少煤炭分散直接燃烧，鼓励农村地区使用洁净煤和型煤。 |
| 针对冬季散煤燃烧问题，"2+26城市"全面推进冬季清洁取暖 | 《京津冀及周边地区2017年大气污染防治工作方案》 | 环境保护部、国家发展和改革委员会、财政部、国家能源局和北京市、天津市、河北省、山西省、山东省、河南省人民政府 | 2017年 | 全面加强城中村、城乡接合部和农村地区散煤治理，北京、天津、廊坊、保定等城市10月底前完成"禁煤区"建设任务。 |

#### 7.1.3.2 政策举措

在推进中央政府“洁净煤替代”政策落实的过程中，地方政府也配合制定了各地的“洁净煤替代”工作推进政策和方案，如表7.6所示。不同地区在推动洁净煤取暖代替散煤取暖的过程中采取了各种措施，包括查封不合格的散煤生产厂家、督促燃烧散煤取暖的用户改用无烟煤、制定更加严格的煤炭环保指标等。

**表7.6 部分地方政府贯彻“洁净煤替代”政策制定的方案**

| 地区 | 相关政策方案 | 相关内容 |
|---|---|---|
| 北京 | 《低硫散煤及制品地方标准》 | 严格煤炭含硫量等指标，从源头上减少燃煤污染排放。 |
| | 《北京市农村地区劣质民用燃煤治理工作方案》 | 北京市政府2013年确定减换一吨优质燃煤市财政奖励为200元，在此基础上，各区（县）政府及部分乡镇、村委会逐年提高补贴标准。目前，延庆补贴为230元，平谷补贴为300元，顺义、密云补贴为350元，丰台、石景山、大兴、怀柔、昌平补贴为400元，门头沟补贴为470元，朝阳、海淀补贴为500元，通州补贴达650元，可观的补贴有力地调动了农户“减煤换煤”的积极性。在更换炉具方面，在北京市制定更换燃煤炉具市、区、农户各承担1/3政策后（补贴上限为每台补贴2100元），一些区县加大了炉具补贴力度，怀柔将补贴提高到80%，通州、昌平、海淀将补贴提高到90%，起到了换直烧炉限制农户继续烧烟煤的作用。 |
| 上海 | 《上海市“十五”大气污染防治规划》和《上海市环境保护和建设三年行动计划》 | 对使用高污染燃料的炉、窑实施推广使用清洁煤技术。 |
| 辽宁 | 《关于促进辽宁省散煤替代的指导意见》 | 鼓励省内煤炭企业从事洁净煤的生产加工，加大研发力度，努力降低洁净煤成本。大力推进农村生物质燃煤替代散煤工程，在秸秆等农作物丰富的地区，积极推广利用生物质成型燃料，建立秸秆等生物质收集、加工、销售体系。到2020年散煤洁净化替代率力争达到30%以上。 |

## 7.2 鼓励能源替代的价格政策

在市场经济中，价格是一种资源配置的基础性工具，政府通过调控价格可以对与生产者和消费者的行为进行调节，从而鼓励能源替代。生产者在成本预算的约束下首先要获取价格信息，根据价格信号决定产量；消费者在收入预算的约束下也要获取价格信息，根据价格信号决定消费量。市场机制的基础是生产者利用价格信息来实现利润最大化和消费者利用价格信息实现效用最大化，这也意味着通过市场机制来鼓励能源替代必须要建立稳定长效的价格机制。

自21世纪以来，我国在完善价格机制的道路上做出了很多努力。2006年正式实施了《可再生能源法》，建立强制上网制度、分类电价制度、总量目标制度、专项资金和费用分摊制度，用补贴的方式鼓励向可再生能源转型。2009年开始组织实施"节能产品惠民工程"，对节能家电、汽车、工业产品进行推广，以财政补贴的方式推广高效节能产品。在2010年，中国正式发行了《关于开展私人购买新能源汽车补贴试点的通知》，政府部门针对私人购买新能源汽车的情况制定了一次性补助的措施，试点城市为上海、深圳、杭州、合肥、长春这5个城市。与此同时，政府的补贴范围也包括新能源汽车的相关基础设施建设。为了缓解农村能源日益增长的需求压力，我国也通过投入补贴积极推动农村户用沼气发展。据统计，2001～2010年中央政府对农村户用沼气建设补贴金额达到182.7亿元，占国家沼气投资总额的74%。

此类政策的主要目标是激励可再生能源的使用，以此推动能源结构的转变。具体是通过价格优惠、价格补贴等财政手段来实现的。总体来说，这类政策主要包括通过电动汽车购车补贴，家用电动汽车充电桩峰谷电价等措施促进电动车替代传统汽车；通过农村沼气池补贴，提高生物质能的使用；通过居民光伏电站补贴，光伏扶贫等措施提高可再生能源的使用。

## 7.2.1 鼓励电动汽车代替传统汽车的价格政策

### 7.2.1.1 实施背景

1）我国大气污染状况日益加剧。改革开放以来，我国的工业化在短时间内取得了巨大成果，然而，与此同时环境问题也日益突出。近年来，我国高度重视环境污染治理，在实现大气质量改善方面取得了一些成果，但要想根治大气污染仍然需要更多的投入和时间。2017年338个地级及以上城市中，有99个城市环境空气质量达标，不到全部城市数的30%；239个城市环境空气质量超标，占全部城市数7成多。

如图7.1所示，以$NO_2$为代表的碳、硫、氮氧化物是导致大气污染的重要因素。而汽车在使用化石燃料的过程中，不可避免地会发生燃烧不充分、汽油纯度不足等问题，从而导致这部分污染物的产生。要提高空气质量，寻找化石能源的替代能源是有效的办法。

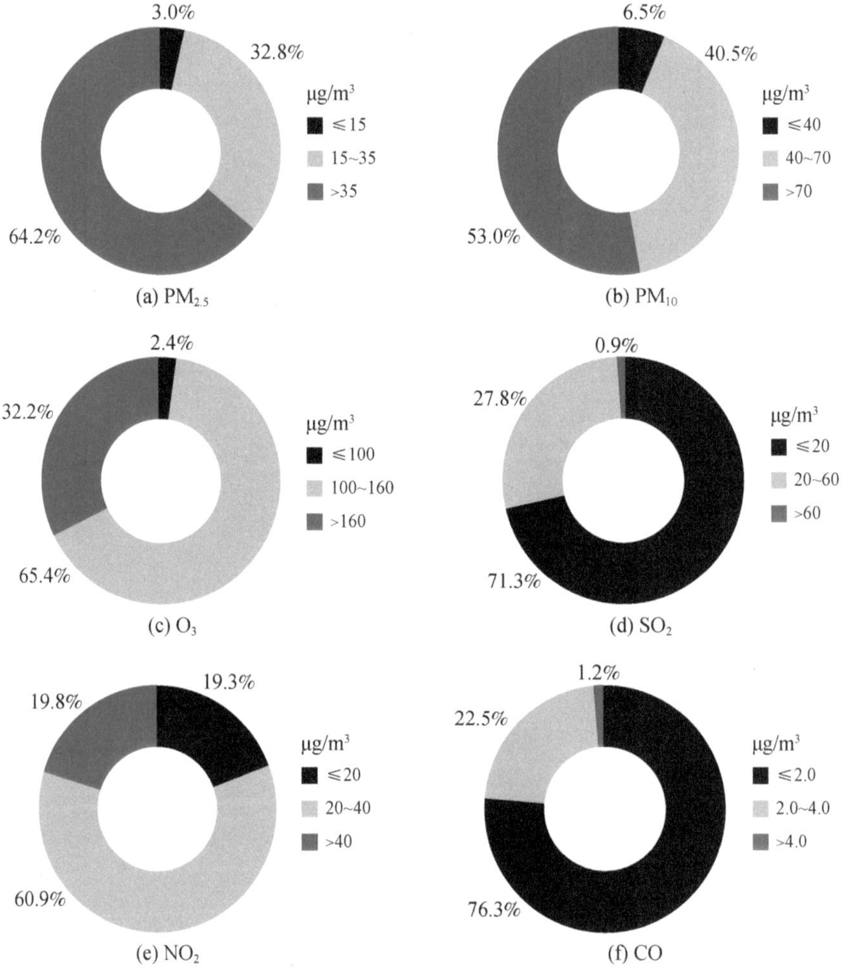


图 7.1　2017 年 338 个城市 6 种污染物不同浓度区间城市比例

注：数据来源于《2017 中国环境公报》

2）汽油消费量庞大。根据《中国能源统计年鉴》（2017 年），自 2009 年以来，我国各行业汽油消费总量持续上升（图 7.2）。汽油需求量的稳步加大对我国汽油的高效利用提出了更高的要求。在各行业汽油消费总量中，交通运输，仓储和邮政业汽油消费占比不容忽视。如图 7.2 所示，该部分汽油消费量持续上升，2009～2016 年间的占比呈上升趋势。而如图 7.3 所示，我国私人汽车拥有量近十年来持续上升且速度较快，并于 2016 年突破 15 000 万辆。想要减少我国汽油消费总量，从汽车入手，开发摆脱汽油依赖的新能源汽车，不失为一个合理有效的办法。

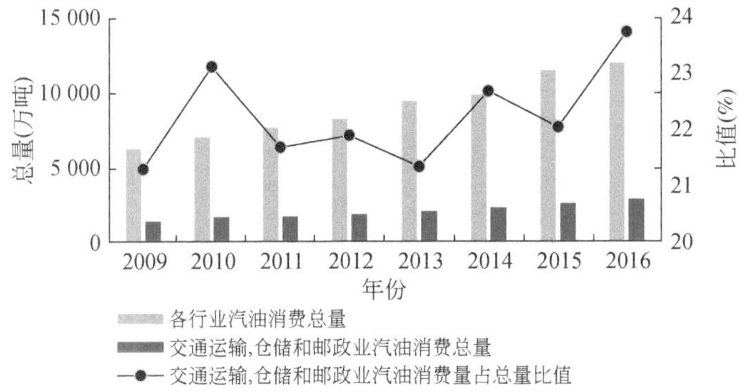


图 7.2　2009 ~ 2016 年中国汽油消费情况

注：数据来源自历年《中国能源统计年鉴》

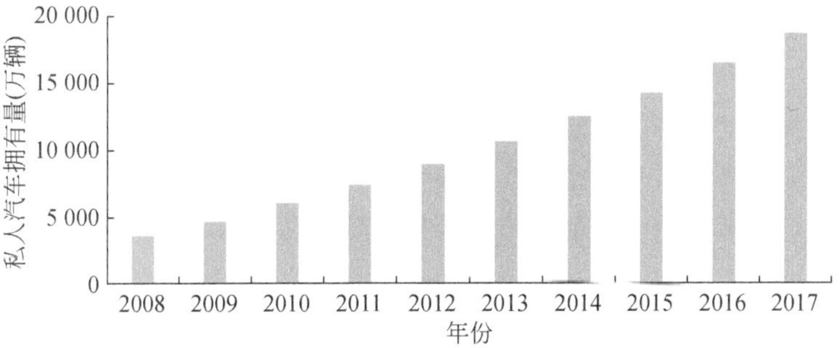


图 7.3　2008 ~ 2017 年中国私人汽车拥有量

注：数据来源自国家统计局



3）新能源汽车具有广阔的发展前景。我国市场潜力巨大，其中新能源汽车市场已经成为世界最大的新能源汽车市场。我国大力支持新能源汽车的发展，在 20 世纪 90 年代末期，我国提出“清洁汽车行动”；2007 年 11 月 1 日，国家发展和改革委员会首次界定新能源汽车的概念与范围，并颁布《新能源汽车生产企业及产品准入管理规则》。目前，我国通过建设新能源汽车所需充电桩、减免新能源汽车购置税、政府及公共机构采购等方式鼓励新能源汽车发展。

从数据来看，2012 ~ 2017 年，我国新能源汽车销量持续稳步增长，且涨幅较大，于 2017 年突破 70 万辆；我国新能源汽车所占市场份额随销量持续快速上升，于 2017 年突破 2.50%（图 7.4）。随着新能源汽车产业的进一步成熟和消费者环保意识的增强，我国新能源汽车的市场潜力巨大。

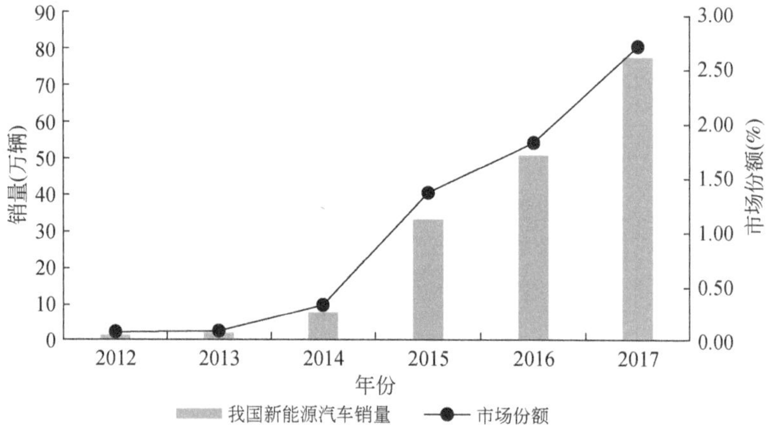


图 7.4　2012～2017 年我国新能源汽车销量及市场份额

### 7.2.1.2　政策概况

电动汽车代替传统汽车政策要达到的目标是：产业化取得重大进展，燃料经济性显著改善，技术水平大幅提高，配套能力明显增强，管理制度较为完善。为达到上述目标，我国出台新能源汽车的补贴政策和家用电动汽车充电桩峰谷电价政策。

我国早在 2013 年之前就有新能源汽车的补贴标准，对于电动汽车的补贴为每辆 60 000 元。2013 年《财政部 科技部 工业和信息化部 发展改革委关于继续开展新能源汽车推广应用工作的通知》规定，纯电动乘用车、插电式混合动力（含增程式）乘用车、纯电动专用车、燃料电池汽车 2014 年和 2015 年度的补助标准将在 2013 年标准基础上下降 10% 和 20%。补助标准依据新能源汽车与同类传统汽车的基础差价确定。其中纯电动乘用车、插电式混合动力（含增程式）乘用车都以纯电行驶里程（R）为标准。2013～2015 年补贴标准具体如表 7.7 所示。

**表 7.7　新能源汽车推广应用补贴标准**　　（单位：万元/辆）

| 车辆类型 | 纯电续驶里程 | | | |
|---|---|---|---|---|
| | 80≤R≤150 | 150<R≤250 | R>250 | R≥50 |
| 纯电动乘用车 | 3.5 | 5 | 6 | — |
| 插电式混合动力乘用车（合增程式） | — | — | — | 3.5 |

2016 年 12 月 29 日财政部发布《关于调整新能源汽车推广应用财政补贴政策

的通知》，对新能源汽车分别设置中央和地方补贴上限，除燃料电池汽车外，各类车型2019～2020年中央及地方补贴标准和上限，在现行标准（2016年）基础上退坡20%。同时，有关部委将根据新能源汽车技术进步、产业发展、推广应用规模等因素，不断调整完善。

按照《关于调整完善新能源汽车推广应用财政补贴政策的通知》（财建〔2018〕18号）要求，政策过渡期到2018年6月11日结束。自2018年6月12日起，2017年第1～12批及2018年第1～4批《推荐车型目录》将予以废止。新能源汽车要进入新目录，必须满足新的技术要求。与此前相比，新的技术要求在续航里程、百公里能耗及各方面综合指标上都更高、更严格。

家用电动汽车充电桩峰谷电价政策目前在全国许多城市内都进行了落实。以北京为例，从2016年6月15日起，国网北京市电力公司所属电动汽车公共充电桩采用峰谷分时电价。充电价格调整为峰时（1.0044元/千瓦时）、平时（0.6950元/千瓦时）、谷时（0.3946元/千瓦时）三类。充电服务费收费标准不变，仍为0.8元/千瓦时。峰时价格执行时段为每日的10点至15点和18点至21点；平时价格执行时段为每日的7点至10点、15点至18点和21点至23点；谷时价格执行时段为当日的23点至次日的7点。私人自用充电桩不在调价范围内，居民家庭住宅、居民住宅小区、执行居民电价的非居民用户中设置的充电设施用电，执行居民用电价格中的合表用户电价，为0.4733元/千瓦时。

### 7.2.2 提高生物质能使用的价格政策

#### 7.2.2.1 实施背景

农村生活中所使用的生物质能主要有薪柴、农作物秸秆、动物粪便和沼气等。在本次调查的2279个农村样本中，有360个样本家庭使用煤、7个样本家庭使用动物粪便、212个样本家庭使用秸秆、749个样本家庭使用薪柴。可见，秸秆和薪柴这两种传统生物质能依旧是农村家庭主要使用的能源。国家在2017年印发的《全国农村沼气发展“十三五”规划》（以下简称《规划》）中，指出我国目前有17.3%的秸秆和56%的畜禽粪便未得到有效回收利用。而这部分未利用的生物质能不仅造成浪费，更对环境有负面影响。《规划》指出，我国目前的沼气生产潜力巨大，要在政府的支持引导和市场的运作下将这部分潜力开发出来。发展沼气池符合我国建设生态文明社会的方针，能优化国家能源结构，同时能够推动农村的发展方式转变。

#### 7.2.2.2 政策概况

2000～2010年期间，大量农村家庭安装了户用沼气池。但由于依托畜牧养殖场的中大型沼气生产设施的环境经济效益更加显著，中央在2015年取消了户用沼气池补贴政策，加大了对中大型沼气设施工程的补贴力度。在《国家发展和改革委员会办公厅 农业部办公厅关于申报2016年规模化大型沼气工程中央预算内投资计划的通知》中说明了补贴的具体方式：中央对于每立方米厌氧消化装置容积补贴1500元，总额不超过3000万元，不超过项目总投资的35%。每立方米生物天然气中央补贴2500元，总额不超过4000万元，不超过项目总投资的40%。

### 7.2.3 提高可再生能源使用的价格政策

#### 7.2.3.1 实施背景

2007年11月《国家发展和改革委员会办公厅关于开展大型并网光伏示范电站建设有关要求的通知》（发改办能源〔2007〕2898号）将光伏电站作为一种扶贫的手段，第一个在我国启动的光伏扶贫项目是2009年在陕西启动的“太阳-太阳”光伏扶贫工程。2010年《国务院关于加快培育和发展战略性新兴产业的决定》中提出，新能源与节能环保、生物等七个行业列为国家重点扶持和发展的战略新兴行业。“十三五”以来，国家和地方全面贯彻落实“创新、协调、绿色、开放、共享”的发展理念，根据我国的经济形势发展可再生能源。2016年3月23日，《关于实施光伏发电扶贫工作的意见》（发改能源〔2016〕621号），决定在全国具备光伏建设条件的贫困地区实施光伏扶贫工程。该文件指出，光伏扶贫工程的工作目标是在2020年之前，重点在前期开展试点的、光照条件较好的16个省的471个县的约3.5万个建档立卡贫困村，以整村推进的方式，保障200万建档立卡无劳动能力贫困户（包括残疾人）每年每户增加收入3000元以上。其他光照条件好的贫困地区可按照精准扶贫的要求，因地制宜推进实施。党的十九大报告中指出要壮大节能环保产业、清洁生产产业和清洁能源产业。光伏发电作为清洁能源的一种，是国家目前重点发展的可再生能源之一，同时光伏扶贫也是国家进行扶贫的重要手段之一。目前光伏发电补贴主要对分布式光伏电站进行补贴，鼓励农村家庭充分利用农村家庭屋顶及大棚等安装光伏发电设备。农户可以将获取的电能自用或者上网获取收入。

截至2018年底，全国光伏发电装机达到1.74亿千瓦，较2017年新增4426万千瓦，同比增长34%。其中，集中式电站发电12 384万千瓦，较上年新增2330万千瓦，同比增长23%；分布式光伏发电5061万千瓦，较上年新增2096万千瓦，同比增长71%（表7.8）。

2018年，全国光伏发电量1775亿千瓦时，同比增长50%；平均利用小时数为1115小时，同比增加37小时。同时，2018年，全国光伏发电弃光电量54.9亿千瓦时，同比减少18.0亿千瓦时；弃光率为3%，同比下降2.8个百分点，实现弃光电量和弃光率“双降”。弃光主要集中在新疆和甘肃，其中，新疆（不含兵团）弃光电量为21.4亿千瓦时，弃光率为16%，同比下降6个百分点；甘肃弃光电量为10.3亿千瓦时，弃光率为10%，同比下降10个百分点。

**表7.8　2018年光伏发电统计信息**　　（单位：万千瓦）

| 地区 | 累计装机容量 | 其中：集中式光伏电站 | 新增装机容量 | 其中：集中式光伏电站 |
|---|---|---|---|---|
| 北京 | 40 | 5 | 15 | 0 |
| 天津 | 128 | 97 | 60 | 44 |
| 河北 | 1 234 | 856 | 366 | 195 |
| 山西 | 864 | 681 | 274 | 151 |
| 内蒙古 | 945 | 912 | 202 | 171 |
| 辽宁 | 302 | 219 | 79 | 34 |
| 吉林 | 265 | 203 | 106 | 95 |
| 黑龙江 | 215 | 141 | 121 | 70 |
| 上海 | 89 | 6 | 31 | 4 |
| 江苏 | 1 332 | 792 | 425 | 208 |
| 浙江 | 1 138 | 362 | 324 | 47 |
| 安徽 | 1 118 | 677 | 230 | 112 |
| 福建 | 148 | 37 | 55 | 3 |
| 江西 | 536 | 294 | 87 | 17 |
| 山东 | 1 361 | 648 | 309 | 67 |
| 河南 | 991 | 600 | 287 | 70 |
| 湖北 | 510 | 335 | 97 | 32 |
| 湖南 | 292 | 126 | 117 | 41 |
| 广东 | 527 | 282 | 196 | 89 |
| 广西 | 124 | 94 | 55 | 31 |
| 海南 | 136 | 123 | 103 | 96 |
| 重庆 | 43 | 39 | 30 | 28 |
| 四川 | 181 | 167 | 46 | 41 |
| 贵州 | 178 | 168 | 41 | 33 |
| 云南 | 343 | 331 | 109 | 103 |

续表

| 地区 | 累计装机容量 | 其中：集中式光伏电站 | 新增装机容量 | 其中：集中式光伏电站 |
|---|---|---|---|---|
| 西藏 | 98 | 98 | 18 | 18 |
| 陕西 | 716 | 613 | 192 | 138 |
| 甘肃 | 828 | 779 | 44 | 13 |
| 青海 | 956 | 946 | 166 | 161 |
| 宁夏 | 816 | 762 | 196 | 174 |
| 新疆 | 953 | 952 | 45 | 44 |
| 新疆生产建设兵团 | 39 | 39 | 0 | 0 |
| 总计 | 17 446 | 12 384 | 4 426 | 2 330 |





#### 7.2.3.2 政策概况

2014 年，国务院办公厅发布《能源发展战略行动计划（2014－2020 年）》（以下简称《行动计划》）。《行动计划》中要求，为确保能源安全供应，转变能源发展方式，调整优化能源结构，创新能源体制机制，着力提高能源效率，严格控制能源消费过快增长，着力发展清洁能源，推进能源绿色发展。"十三五"以来，国家和地方全面贯彻落实"创新、协调、绿色、开放、共享"的发展理念。具体做法是大幅增加风电、太阳能、地热能等可再生能源和核电消费比例，形成与我国国情相适应、科学合理的能源消费结构，大幅减少能源消费排放，促进生态文明建设。

我国对光伏电站的补贴主要有针对集中式光伏电站的补贴和针对分布式光伏电站补贴两种形式。在制定补贴标准时，根据光照条件与经济发展条件等因素将全国分为如表 7.9 所示的三类资源区。

**表 7.9 全国光伏发电资源区划分**

| 资源区 | 各资源区包含的地区 |
|---|---|
| Ⅰ类资源区 | 宁夏，青海海西，甘肃嘉峪关、武威、张掖、酒泉、敦煌、金昌，新疆哈密、塔城、阿勒泰、克拉玛依，内蒙古除赤峰、通辽、兴安盟、呼伦贝尔以外地区 |
| Ⅱ类资源区 | 北京，天津，黑龙江，吉林，辽宁，四川，云南，内蒙古赤峰、通辽、兴安盟、呼伦贝尔，河北承德、张家口、唐山、秦皇岛，山西大同、朔州、忻州、阳泉，陕西榆林、延安，青海、甘肃、新疆除Ⅰ类资源区外其他地区 |
| Ⅲ类资源区 | 除Ⅰ类、Ⅱ类资源区以外的其他地区 |

根据光伏产业的技术进步和成本降低的情况，光伏电站的补贴也在逐年退坡。2018 年我国光伏电站发电上网的电价细则如表 7. 10 所示。

**表 7. 10　2018 年光伏发电上网电价表**　（单位：元/千瓦时）

| 资源区 | 光伏电站标杆上网电价 | | 分布式发电度电补贴标准 | |
|---|---|---|---|---|
| | 普通电站 | 村级光伏扶贫电站 | 普通项目 | 分布式光伏扶贫项目 |
| Ⅰ类资源区 | 0. 55 | 0. 65 | | |
| Ⅱ类资源区 | 0. 65 | 0. 75 | 0. 37 | 0. 42 |
| Ⅲ类资源区 | 0. 75 | 0. 85 | | |

## 7. 3　鼓励节能减排的价格政策

“节能减排”的概念第一次出现于我国“十一五”规划纲要，指的是在能源生产到消费的各个环节降低能源消耗、减少污染物排放，制止能源浪费并且合理利用能源。当前我国的节能减排形势严峻：我国作为当今世界上最大的发展中国家，长期以发展经济、摆脱贫困为发展目标，在取得巨大成就的同时，各个行业对能源的需求与日俱增。

与此同时，我国一跃成为世界第一大能源生产国和消费国。由此，我国站在能源资源战略安全的高度，重新审视长期以来对居民部门采取的能源消费政策，提出一系列相关改革政策，试图通过价格机制，在宏观调控和市场运行的双重作用下达到居民部门节能减排的目的。

2018 年，我国颁布了《关于创新和完善促进绿色发展价格机制的意见》（以下简称《意见》）。《意见》提出：截至 2020 年，我国要基本形成有利于绿色发展的价格机制、价格政策体系。我国通过价格机制调控居民能源消费的政策主要有：阶梯电价政策、峰谷电价政策、阶梯气价政策和高效炉具补贴等。其中，阶梯电价和峰谷电价针对电力市场，指对居民购电依据购电量和用电时间采取不同电价的政策；阶梯气价指对天然气依据购买量采取不同价格的政策；炉具补贴指的是对高效的用能炉具采取补贴激励。

### 7. 3. 1　阶梯电价政策

#### 7. 3. 1. 1　实施背景

近年来能源和环境问题成为制约我国经济发展的瓶颈，国家站在能源资源战略的高度，重新审长期以来对居民部门采取的能源低价优惠政策，提出居民阶梯电价机制等，以促进居民树立能源节约意识，提高能源使用效率。

阶梯电价制度旨在保证低收入群体用电的同时，能够一定程度上缓解居民电价与成本之间不匹配的矛盾。第一，居民阶梯电价政策的根本目标是满足居民基本生活用电，并且适度提高高收入居民承担的电价水平，同时对低保户和五保户进行照顾，提供免费电量。第二，居民用电具有电压低、损耗大、成本高的特点，从成本上看，居民用电的价格应该高于其他各类用户，但是我国居民用电价格长期维持在低水平，用电成本缺口由工商业用户补贴，且近些年调价中均未与其他用电价格同步调整，交叉补贴情况日益严重。阶梯电价的实施可以在一定程度上缓解这些矛盾。

居民阶梯电价政策秉承三项基本原则：第一，补偿成本与公平负担相结合，居民用电价格应当反映用电成本，同时还需要兼顾不同收入居民的承受能力；第二，统一政策与因地制宜结合，阶梯电价的具体政策应当由各地区自然地理环境、经济发展程度、居民收入和用电水平共同决定；第三，立足当前与着眼长远结合，阶梯电价应着力于建立健全机制、保证大多数居民电价的基本稳定，长期目标是引导居民节约用电。





#### 7.3.1.2 政策概况

居民阶梯电价的主要内容是将现行单一电价，改为按照居民消费电量多少进行分段定价。如表 7.11 所示，每月用电量划分为三个档次：第一个档次电量原则上可以覆盖某一区域内 80% 居民用户的月均用电量，目的是体现价格优惠，起步阶段电价维持在低水平，且三年内保持稳定。第二个档次电量按照覆盖 95% 居民用户月均用电量，起步阶段提高标准不低于每千瓦时 5 分钱，并逐步调整。第三个档次为超过第二档的部分电量，是满足较高生活品质用电需求，标准为每千瓦时 0.3 元。根据不同地区的居民用电情况，阶梯电价政策在不同省（自治区、直辖市）有不同定档和定价，目前全国除新疆、西藏、香港、澳门及台湾外均施行阶梯电价政策。表 7.12 为各省（自治区、直辖市）的阶梯电价实施方案。

**表 7.11 居民阶梯电价的分档方案**

| 分档 | 用电性质 | 覆盖范围 | 电价方案 |
|---|---|---|---|
| 第一档 | 基本用电 | 覆盖 80% 居民的用电量 | 保持稳定，不做调整 |
| 第二档 | 正常用电 | 覆盖 95% 居民的用电量 | 提价幅度不低于 0.05 元/千瓦时 |
| 第三档 | 高质量用电 | — | 每千瓦时提价 0.3 元 |
| 免费档 | — | 城乡低保户和五保户 | 每月提供 10 ~ 15 千瓦时免费用电量 |

**表 7.12　各省（自治区、直辖市）阶梯电价实施方案**

| 地区 | 计价方式 | 第一档 | 第二档 | 第三档 |
|---|---|---|---|---|
| 北京 | 月度用电量（千瓦时） | 0～240 | 241～400 | >400 |
| | 价格（元/千瓦时） | 0.4883 | 0.5383 | 0.7883 |
| 上海 | 年度用电量（千瓦时） | 0～3120 | 3120～4800 | >4800 |
| | 价格（元/千瓦时） | 0.617 | 0.667 | 0.917 |
| 天津 | 月度用电量（千瓦时） | 0～220 | 221～400 | >400 |
| | 价格（元/千瓦时） | 0.49 | 0.54 | 0.79 |
| 浙江 | 年度用电量（千瓦时） | 0～2760 | 2761～4800 | >4800 |
| | 价格（元/千瓦时） | 0.538 | 0.588 | 0.838 |
| 福建 | 月度用电量（千瓦时） | 0～200 | 201～400 | >400 |
| | 价格（元/千瓦时） | 0.4983 | 0.5483 | 0.7983 |
| 山东 | 月度用电量（千瓦时） | 0～210 | 211～400 | >400 |
| | 价格（元/千瓦时） | 0.5469 | 0.5969 | 0.8469 |
| 广东 | 月度用电量（5～10月，千瓦时） | 0～260 | 261～600 | >600 |
| | 月度用电量（11～4月，千瓦时） | 0～200 | 201～400 | >400 |
| 江苏 | 年度用电量（千瓦时） | 0～2760 | 2760～4800 | >4800 |
| | 价格（元/千瓦时） | 0.5283 | 0.5783 | 0.8283 |
| 湖北 | 月度用电量（千瓦时） | 0～180 | 181～400 | >400 |
| | 价格（元/千瓦时） | 0.5580 | 0.6080 | 0.8580 |
| 四川 | 月度用电量（千瓦时） | 0～180 | 181～280 | >280 |
| | 价格（元/千瓦时） | 0.4756 | 0.5756 | 0.7756 |
| 河南 | 月度用电量（千瓦时） | 0～180 | 181～260 | >260 |
| | 价格（元/千瓦时） | 0.56 | 0.61 | 0.86 |
| 重庆 | 月度用电量（千瓦时） | 0～200 | 201～400 | >400 |
| | 价格（元/千瓦时） | 0.52 | 0.57 | 0.82 |
| 江西 | 月度用电量（千瓦时） | 0～180 | 181～350 | >350 |
| | 价格（元/千瓦时） | 0.60 | 0.65 | 0.90 |
| 湖南 | 月度用电量（千瓦时） | 0～180 | 180～450 | >450 |
| | 价格（元/千瓦时） | 0.588 | 0.638 | 0.888 |
| 海南 | 月度用电量（4～10月，千瓦时） | 0～220 | 221～360 | >360 |
| | 月度用电量（11～3月，千瓦时） | 0～160 | 161～290 | >290 |

续表

| 地区 | 计价方式 | | 第一档 | 第二档 | 第三档 |
| --- | --- | --- | --- | --- | --- |
| 云南 | 丰水月（5～11月，元/千瓦时） | | 所有用电量执行每千瓦时0.45元的优惠电价 | | |
| | 枯水月（12～4月） | 月度用电量（千瓦时） | 0～170 | 171～260 | >260 |
| | | 价格（元/千瓦时） | 0.45 | 0.5 | 0.8 |
| 辽宁 | 月度用电量（千瓦时） | | 0～180 | 181～280 | >280 |
| | 价格（元/千瓦时） | | 0.5 | 0.55 | 0.8 |
| 河北 | 月度用电量（千瓦时） | | 0～180 | 181～280 | >280 |
| | 价格（元/千瓦时） | | 0.55 | 0.6 | 0.85 |
| 吉林 | 月度用电量（千瓦时） | | 0～170 | 171～260 | >260 |
| | 价格（元/千瓦时） | | 0.525 | 0.676 | 0.8 |
| 山西 | 月度用电量（千瓦时） | | 0～170 | 171～260 | >260 |
| | 价格（元/千瓦时） | | 0.477 | 0.527 | 0.777 |
| 广西 | 高峰期（千瓦时） | | 0～190 | 191～290 | >290 |
| | 非高峰期（千瓦时） | | 0～150 | 151～250 | >250 |
| | 价格（元/千瓦时） | | 0.5283 | 0.5783 | 0.8283 |
| 黑龙江 | 月度用电量（千瓦时） | | 0～170 | 171～260 | >260 |
| | 价格（元/千瓦时） | | 0.51 | 0.56 | 0.81 |
| 甘肃 | 月度用电量（千瓦时） | | 0～160 | 171～240 | >240 |
| | 价格（元/千瓦时） | | 0.51 | 0.56 | 0.81 |
| 宁夏 | 月度用电量（千瓦时） | | 0～170 | 171～260 | >260 |
| | 价格（元/千瓦时） | | 0.4486 | 0.4986 | 0.7486 |
| 青海 | 月度用电量（千瓦时） | | 0～150 | 151～230 | >230 |
| | 价格（元/千瓦时） | | 0.3771 | 0.4271 | 0.6771 |
| 安徽 | 月度用电量（千瓦时） | | 0～180 | 181～350 | >350 |
| | 价格（元/千瓦时） | | 0.56 | 0.64 | 0.89 |
| 贵州 | 冬季（12～3月，千瓦时） | | 0～210 | 211～380 | >380 |
| | 非冬季（4～11月，千瓦时） | | 0～170 | 171～310 | >310 |
| | 价格（元/千瓦时） | | 0.45 | 0.50 | 0.75 |

续表

| 地区 | 计价方式 | 第一档 | 第二档 | 第三档 |
|---|---|---|---|---|
| 内蒙古 | 西区：月度用电量（千瓦时） | 0～170 | 171～260 | >260 |
| | 东区：月度用电量（千瓦时） | 0～180 | 181～350 | >350 |
| | 价格（元/千瓦时） | 0.5 | 0.55 | 0.73 |

## 7.3.2 峰谷电价政策

### 7.3.2.1 实施背景

随着社会经济的发展，人们对于电力的需求越来越大，电力供应矛盾愈加突出。一般而言，夜晚尤其是深夜居民家庭耗电量要远小于白天。人们将对电力需求最旺盛的时间称为“高峰”时间，其余则为“非高峰”时间。如果电能像一般商品那样保存起来，那么高峰和非高峰时间内的供电边际成本不会有差别。然而，电力是一种特殊商品，难以储存或储存的成本高，属于一种即时生产、即时消费的商品。为了应付一天中的高峰需求，供电厂必须按高峰时间的需求来设计生产规模或供电能力，而其中一部分设备在非高峰时间内是停转闲置的。因而，高峰时间供电的边际成本较高，因为所有设备都投入满负荷的运行；而非高峰时间的边际成本较低，因为只有最高效的发电机组在运转。因而可以对电力在一天或一个固定周期内按不同时段的消费数量收取不同的价格。

因此，实施峰谷不同电价，可以有效发挥电价的杠杆作用，抑制高峰时间用电量的快速增长，提高低谷时间的用电量，从而提高电网和整个社会的效益。

### 7.3.2.2 政策概况

峰谷电价也称“分时电价”，指的是按高峰用电和低谷用电分别计算电费的一种电价制度。高峰用电，一般指用电单位较集中，供电紧张时的用电，如在白天，则收费标准相对较高；低谷用电，一般指用电单位较少、供电较充足时的用电，如在夜间，则收费标准相对较低。具体的峰谷电价政策内容如表 7.13 所示。实行峰谷电价有利于促使用电单位错开用电时间，充分利用设备和能源。

峰谷电价政策在全国范围内稳步推进，目前全国有 16 个省（自治区、直辖市）已经发布了峰谷电价表，而在最新调整电价的 21 个省（自治区、直辖市）中，包括 13 个执行峰谷电价的省份（自治区、直辖市），分别是北京、广东、海南、河北、河南、江苏、宁夏、陕西、山西、上海、天津、云南、浙江。

表 7.13　峰谷电价政策内容

| 时段 | 电价政策 |
|---|---|
| 尖峰时段：10:30～11:30；19:00～21:00 | 电价按照基础电价上浮 70% |
| 峰时段：8:30～10:30；21:00～23:00 | 电价按照基础电价上浮 60% |
| 平时段：7:00～8:30；11:30～19:00 | 基础电价 |
| 谷时段：23:00～次日 7:00 | 电价按照基础电价下浮 60% |

峰谷电价制度能充分发挥价格的杠杆作用，调动用户削峰填谷、均衡用电的积极性，峰谷电价的应用，缓和了电力供需矛盾，提高了电网负荷率和设备利用率，达到控制高峰负荷、充分利用电网低谷电量，充分挖掘发、供电设备的潜力，全面提高全社会的经济效益的目的；同时也达到了成本合理分摊的目的。

但是峰谷电价政策在实施的过程中，也面临着一些问题：如果高峰价格与非高峰价格之间的差价过小，那么非高峰价格的边际效用降低，消费者调整其消费行为的愿望也较低，峰谷价格的优势无法体现。相反，如果价差过大，则电力公司可能会出现利润下降，这也是不可能实施的。非高峰电价的确定，要充分考虑非高峰时间的短期需求曲线的价格弹性，更要关注长期的需求曲线的价格弹性，再综合考虑企业生产成本和相关的销售资料，制定出恰当的非高峰电价。因此，峰谷电价政策在不同的地区会有不同的峰谷电价，且在南方部分地区根据旱季和雨季有另一套当地定价标准。



峰谷电价虽然好处不少，但毕竟人们长期形成的用电习惯改变需要一定的时间。并且，政府历来采取向民用电倾斜的供电政策，这将进一步增大调整的难度。另一方面，工业用电占用电总量的一半以上，尤其大工业用电占有相当的份额，这将促进供电公司为了节约交易成本，而忽视在民用电用户中推行峰谷电价。因此，政府应该加大改革力度，促进峰谷电价能够在更广的范围内推行。

## 7.3.3　天然气阶梯价格

### 7.3.3.1　实施背景

我国长期对居民用气实行低价政策，一方面，由于居民气价明显低于工商业等其他用户价格，交叉补贴现象严重，导致用气量越大的用户，享受的补贴越多，没有体现公平负担的原则；另一方面，较低的用气价格造成部分居民用户过度消费天然气，特别是加大了冬季用气高峰时调峰保供的压力。随着我国资源需求不断增长，“平价电、廉价气”等居民部门用能低价政策导致资源供应日益“捉襟见肘”，并频频发生“气荒”现象。

#### 7.3.3.2 政策概况

为改变现况，2014 年，国家发展和改革委员会印发了《关于建立健全居民生活用气阶梯价格制度的指导意见》（以下简称《指导意见》），部署建立健全居民生活用气阶梯价格制度。《指导意见》表示，将居民用气划分为三档，第一档用气量，按覆盖区域内 80% 居民家庭用户的月均用气量确定，以保障居民基本生活用气需求；第二档用气量，按覆盖区域内 95% 居民家庭用户的月均用气量确定，以体现改善和提高居民生活质量的合理用气需求；第三档用气量为超出第二档的用气部分（表 7.14）。

**表 7.14 天然气阶梯价格政策内容**

| | |
|---|---|
| 第一档用气量 | 覆盖区域内 80% 居民家庭用户的月均用气量 |
| 第二档用气量 | 覆盖区域内 95% 居民家庭用户的月均用气量 |
| 第三档用气量 | 超出第二档的用气部分 |





为进一步深化资源性产品价格改革，充分发挥市场在资源配置中的决定性作用，促进天然气产供储销体系建设和行业持续健康发展，2018 年 5 月，国家发展和改革委员会印发《关于理顺居民用气门站价格的通知》（以下简称《通知》）。《通知》主要包含四方面内容；一是理顺居民用气门站价格，建立反映供求变化的弹性价格机制；二是推行季节性差价政策，鼓励市场化交易；三是各地合理疏导终端销售价格；四是对低收入群体等给予适当补贴。

阶梯气价政策的实施地区包括“2+26”城市，即北京，天津，河北石家庄、唐山、廊坊、保定、沧州、衡水、邢台、邯郸，山西太原、阳泉、长治、晋城，山东济南、淄博、济宁、德州、聊城、滨州、菏泽，河南郑州、开封、安阳、鹤壁、新乡、焦作、濮阳。

### 7.3.4 炉具补贴政策

#### 7.3.4.1 实施背景

随着经济社会发展，环境保护与资源节约在公众视野里频繁出现，特别是自 2014 年 11 月 APEC 峰会召开之后，我国政府根据发展要求，对于环境保护更加重视，制定了诸多环境保护相关的政策法规。2018 年，国家发展和改革委员会颁布了《关于创新和完善促进绿色发展价格机制的意见》，提出截至 2020 年，我国要基本形成有利于绿色发展的价格机制、价格政策体系。其中，炉具更新换代的相关政策受到各地方关注。由于我国许多家庭过往安置的炉具存在效率低、不环保等问题，在燃煤过程中造成大量污染气体排放。而炉具作为使用周期较长、价格较为昂贵的家庭用品，其更新换代需要一定的政策扶持，从而推动更多家庭选择使用环保高效的炉具。

#### 7.3.4.2 政策概况

《北方地区冬季清洁取暖规划（2017－2021 年）》提出：农村取暖具有用户分散、建筑独立、经济承受能力弱等特点，应因地制宜，将农村炊事、养殖、大棚用能与清洁取暖相结合，充分利用生物质、沼气、太阳能、罐装天然气电等多种清洁能源供暖。对于偏远山区等暂时不能通过清洁供暖替代散烧煤供暖的，要重点利用“洁净型煤+环保炉具”“生物质成型燃料+专用炉具”等模式替代散烧煤供暖。通过集中供煤等方式提高供暖用煤质量，采用先进的专用炉具，并明确大气污染物排放标准，尽可能减少供暖污染物排放。推进现有农村住房建筑节能改造，不断完善政策和监管措施，提高北方地区农村建筑节能水平。



政策的实施区域包括全国“2+26”个城市，即北京，天津，河北石家庄、唐山、廊坊、保定、沧州、衡水、邢台、邯郸，山西太原、阳泉、长治、晋城，山东济南、淄博、济宁、德州、聊城、滨州、菏泽，河南郑州、开封、安阳、鹤壁、新乡、焦作、濮阳。

在政策落实方面，以北京市怀柔区为例，市财政按照炉具售价三分之一最高给予 700 元的标准进行补贴，怀柔区按照市区两级财政补贴购置费的 80%，最高不超过 1900 元的标准进行补贴；同时，怀柔区对认定的低保户、低收入家庭和烈属个人承担的炉具购置费用由区财政再给予 80% 的补贴，对五保户给予 100% 的补贴。

## 7.4 提高能源可得性的价格政策

自改革开放以来，我国开展了大规模扶贫工作，脱贫减贫成效显著。从 1978 至 2014 年，我国累计减贫人口超过 7 亿人，贫困标准由 100 元提高至 2300 元，贫困地区基础设施得到明显改善，社会事业不断进步。民用能源问题关系到人民衣食冷暖，是我国脱贫扶贫工作中的重要内容。提高能源可得性，让人民有得用、用得起能源，尤其是与百姓生活关系最密切的电力更是其中的关键。2015 年第十二届全国人民代表大会第三次会议上，李克强总理表示，力争让最后 20 多万无电人口都能用上电。

脱贫扶贫工作中提高能源可得性的相关政策包括对贫困户进行电费补贴，以及引导扶贫对象通过自建微型太阳能电站的方式实现自救脱贫。贫困户进行电费补贴在不同的地区有不同的补贴标准及补贴方式，主要补贴对象为城乡低保户及农村五保户。光伏扶贫是我国在精准扶贫之路上的积极实践，是十大精准扶贫任务之一。2014 年 10 月国家能源局、国务院扶贫开发领导小组办公室联合印发《关于实施光伏扶贫工程工作方案》，提出开展光伏扶贫工程；同年 11 月，《关于组织开展光伏扶贫工程试点工作的通知》确定了试点地点；2015 年国家能源局新能源司明确了光伏扶贫实施大纲。试点省份也陆续下发更为具体的政策指导，结合当地具体情况，确立合适的扶贫目标。截至 2017 年底，全国共有 25 个省（自治区、直辖市）、940 个县开展了光伏扶贫项目建设，累计建成规模达 1011 万千瓦，直接惠及约 3 万个贫困村的 164.6 万户贫困户。

## 7.4.1 贫困家庭电费补贴政策

### 7.4.1.1 实施背景

改革开放以来，为全面建成小康社会，我国各级政府一向十分重视扶贫工作并取得了瞩目的成就。2011 年出台的《中国农村扶贫开发纲要（2011—2020 年）》及 2015 年出台的《中共中央 国务院关于打赢脱贫攻坚战的决定》，确立了至 2020 年现行标准下贫困人口全部脱贫，贫困县全部摘帽，解决区域型贫困问题的目标。其中，为做好城乡困难群众的用电保障工作，各省（自治区、直辖市）就各地具体情况对贫困家庭进行相应的用电补贴。

### 7.4.1.2 政策概况

贫困家庭电费补贴政策是我国现阶段社会保障和扶贫工作的重要组成部分，目的是保障城乡居民基本生活用电需求。各地方根据中央要求，根据本地用电量、缴电费方式、总体生活水平等具体情况，制定了不同的具体补贴政策，其补贴对象、免费用电基数、补贴金额、补贴金额的发放等都存在一定的区别，具体见表 7.15。

**表 7.15 各地贫困家庭电费补贴情况**

| 地区 | 补贴对象 | 补贴金额/免费用电基数 | 补贴发放 |
| --- | --- | --- | --- |
| 北京 | 城乡低保对象（含生活困难补助人员）、农村五保对象 | 每户每月 15 千瓦时电量按照居民阶梯电价第一档电价标准（0.4883 元/千瓦时）计算所得金额 | 补贴按季度发放，实行下发制度。各区县民政局将需发放补贴的低保人员数据报市民政局，市民政局提供给电力公司，电力公司将补贴资金拨转到区县民政局指定账户，由区县民政局按照现行低保金发放程序发放至低保家庭 |

续表

| 地区 | 补贴对象 | 补贴金额/免费用电基数 | 补贴发放 |
| --- | --- | --- | --- |
| 河北 | 城乡低保户和农村五保户家庭 | 每户每月给予的15千瓦时免费电量，其对应的电费金额按照居民阶梯电价的第一档电价标准计算 | 各县（市）、区民政部门向当地市级供电企业提供补贴人员信息，企业将免费电量电费汇入民政部门指定的资金账户，随当地城乡低保金和五保供养金一起发放 |
| 湖南 | 城乡低保户和农村五保户家庭 | 每户每月10千瓦时 | 部分地区对符合条件的农村低保、五保对象，采取即征即补方式，即每月在计算电费时直接减免。部分地区采取先征后返方式，由民政部门发放至每个低保、五保对象 |
| 湖北 | 城乡低保户和农村五保户家庭 | 每户每月设置10千瓦时的免费用电基数，电费按照扣除政府性基金及附加后的电价标准计算 | 采取先收后返的方式。供电部门全额收取电费，然后根据规定返给当地民政部门，再由当地民政部门负责退还给城乡低保户和农村五保户家庭。每半年集中返还一次 |
| 山东 | 城乡低保户和农村五保户家庭 | 每户每月15千瓦时免费电量 | 供电部门全额收取电费，补贴金额随低保金一并定期发放 |
| 内蒙古 | 城乡低保户、农村五保户和“三无人员”家庭 | 每户每月免收15千瓦时电费 | 按先收后返方式落实。每季度退还一次 |
| 四川 | 城乡低保户和农村五保户家庭 | 每月每户给予15千瓦时免费电量（包括用电量低于15千瓦时的家庭） | 实行先收后返的方式发放。民政部门出具户数，由供电公司将补贴费用转入其指定账户，再由民政局发放到城乡低保户和农村五保户家庭 |
| 广东 | 城乡低保户和农村五保户家庭 | 每户每月15千瓦时免费电量 | 采用即征即退方式，供电企业在抄表收费时直接扣减 |

### 7.4.2 光伏扶贫政策

#### 7.4.2.1 实施背景

光伏扶贫是精准扶贫理念指导下的一种新扶贫实践探索（图7.5）。光伏扶贫，特别是分布式光伏扶贫，是我国扶贫之路的有效探索。分布式光伏扶贫体现了精准扶贫的精髓，是落实国家精准扶贫、精准脱贫战略的重要举措。2014年国家能源局、国务院扶贫开发领导小组办公室联合印发的《关于实施光伏扶贫工程工作方案》及2016年五部委联合印发的《关于实施光伏发电扶贫工作的意见》等系列政策文件，为光伏扶贫工作的全面开展提供有力的政策支撑。

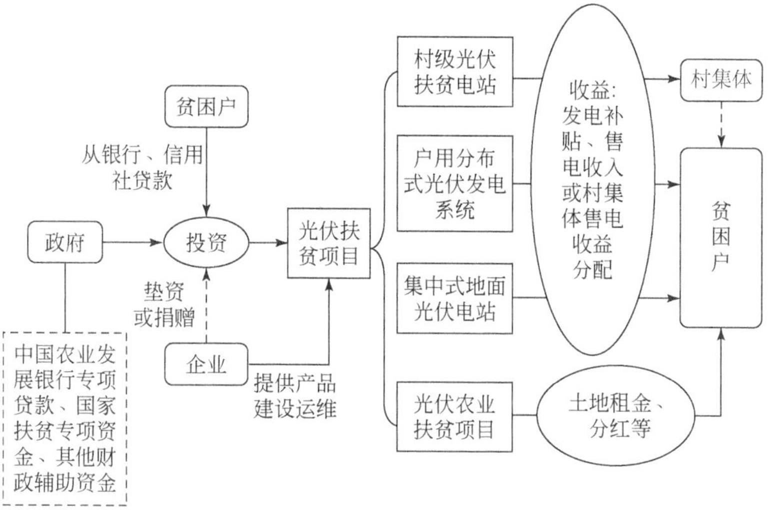


图7.5　光伏扶贫机制

### 7.4.2.2　政策概况

光伏扶贫主要是在住房屋顶和农业大棚上铺设太阳能电池板，“自发自用、余电上网”，农民可以自己使用这些电能，并将多余的电量卖给国家电网。通过分布式太阳能发电，每户人家都将成为微型太阳能电站。

光伏扶贫作为十大精准扶贫工程之一，承载着保障农村地区电力供给，改善贫困户生活水平；扩大光伏组件产品市场需求，促进光伏产业供需平衡；发展光伏农业新业态，提高贫困人口收入等目标任务。光伏发电清洁环保，技术可靠，收益稳定，既适合建设户用和村级小电站，也适合建设较大规模的集中式电站，还可以结合农业、林业开展多种“光伏+”应用。在光照资源条件较好的地区因地制宜开展光伏扶贫，既符合精准扶贫、精准脱贫战略，又符合国家清洁低碳能源发展战略；既有利于扩大光伏发电市场，又有利于促进贫困人口稳收增收。

根据我国已开展的光伏扶贫工程可总结出4种主要类型：一是户用分布式光伏发电工程。通常是在农村贫困户的屋顶或院子布置光伏系统，一般系统容量在3~5千瓦，政府出台相关扶贫政策对初始投资进行补贴，产权归贫困户所有，贫困户主要负责运维支出，享有该系统的全部运营收益。二是村级光伏发电工程。一般是在村一级单位的集体土地上建设，容量可达上百千瓦，产权归该村集体所有，在收益分配上，村集体与全体农户按约定比例进行分成，其中集体所得收入主要作为工程的运维基金或再次开发工程的储备金。三是光伏农业大棚。一般基于大棚的实际条件确定工程规模，收益分配根据大棚产权所属不同。四是地面光伏工程，一般规模在几十兆瓦以上，需要选取较大面积的整块土地，通常采用农村周边的荒地，由于工程规模较大，在吸纳资金和产权收益分配上有多种金融组合方案。具体对比情况如表 7.16 所示。

**表 7.16　光伏扶贫电站情况**

| 类型 | 分布 | 规格 | 产权 | 收益 |
|---|---|---|---|---|
| 户用分布式光伏发电工程 | 农户屋顶或院落里 | 3～5kW | 农户 | 农户 |
| 村级光伏发电工程 | 村集体土地 | 100～300kW | 村集体 | 村集体+农户 |
| 光伏农业大棚 | 现代化设施已有的支架上 | — | 基于大棚实际情况分配产权 | 根据产权所属分配收益 |
| 地面光伏工程 | 荒山荒坡 | 10MW | 基于工程实际情况分配产权 | 根据产权所属分配收益，有多种金融组合方案 |

在实际的建设过程中，户用项目弊端日渐显现，光伏农业大棚和地面光伏工程存在种种限制，表现最好的当属村级光伏发电工程。其所需占地规模适中，易于解决土地资源问题，较少甚至不依赖于企业的商业化投资，产权和收益可以集中到村集体和农户手中，深得青睐。

自 2014 年提出光伏扶贫工程以来，我国下发多项政策文件，在光伏扶贫项目建设方向、目标、实施意见等方面提出了明确指示，具体内容见表 7.17 和表 7.18。

**表 7.17　光伏扶贫工程国家相关政策梳理**

| 政策文件名称 | 颁布时间 | 颁布机构 | 主要内容 |
|---|---|---|---|
| 《国家能源局　国务院扶贫办关于印发实施伏扶贫工程工作方案的通知》 | 2014 年 | 国家能源局、国务院扶贫开发领导小组办公室 | 到2020 年，用6 年时间开展光伏扶贫工程。主要采用两种方式：一是实施分布式光伏发电扶贫，支持片区县和国家扶贫开发工作重点县已建档立卡的贫困户安装分布式光伏发电系统，增加贫困人口基本生活收入。二是片区县和贫困县因地制宜开展光伏农业扶贫，利用贫困地区荒山荒坡、农业大棚或设施农业等建设光伏电站，促进贫困人口直接增加收入 |

续表

| 政策文件名称 | 颁布时间 | 颁布机构 | 主要内容 |
| --- | --- | --- | --- |
| 《国家能源局　国务院扶贫办关于组织开展光伏扶贫工程试点工作的通知》 | 2014 年 | 国家能源局、国务院扶贫开发领导小组办公室 | 确定在河北、山西、安徽、甘肃、宁夏和青海 6 省（自治区）开展光伏扶贫试点工作 |
| 《关于转发光伏扶贫试点实施方案编制大纲的函》 | 2015 年 | 国家能源局 | 首次明确了光伏扶贫的实施方案大纲，并在大纲中提出光伏扶贫三种建设模式：户用分布式光伏发电模式、基于荒山荒坡的各种规模光伏电站模式、基于农业设施的光伏发电模式 |
| 《国家能源局关于印发 2016 年定点扶贫和对口支援工作要点的通知》 | 2016 年 | 国家能源局 | 扩大光伏扶贫实施范围。商请甘肃省发展和改革委员会、能源局增加通渭县、清水县光伏扶贫规模。组织开展信丰县太阳能资源量评估工作，在具备开发条件的前提下，商请有关部门争取将信丰县纳入全国“十三五”光伏扶贫工程范围 |
| 《国家能源局关于在能源领域积极推广政府和社会资本合作模式的通知》 | 2016 年 | 国家能源局 | 探索创新财政补贴机制，对可再生能源及分布式光伏发电等 PPP 项目，符合财政投资补贴条件的，各级能源主管部门应积极探索机制创新和政策创新，鼓励财政补贴向上述 PPP 项目倾斜 |
| 《关于实施光伏发电扶贫工作的意见》 | 2016 年 | 国家发展和改革委员会、国务院扶贫开发领导小组办公室、国家能源局、国家开发银行、中国农业发展银行 | 文件指出“在 2020 年之前，重点在前期开展试点的、光照条件较好的 16 个省的 471 个县的约 3. 5 万个建档立卡贫困村，以整村推进的方式，保障 200 万建档立卡无劳动能力贫困户（包括残疾人）每年每户增加收入 3000 元以上”。在具体任务上，对于光伏扶贫项目的扶贫模式、建设资金、运营管理体系、配套电网建设和收益分配上都做了总体指导。<br>配套政策措施：①优先安排光伏扶贫电站建设规模；②加强金融政策支持力度；③切实保障光伏扶贫项目的补贴资金发放；④鼓励企业履行社会责任 |
| 《国家能源局综合司国务院扶贫开发领导小组办公室行政人事司关于印发光伏扶贫实施方案编制大纲的通知》 | 2016 年 | 国家能源局综合司国务院扶贫开发领导小组办公室行政人事司 | 以解决建档立卡无劳动能力贫困户为工作目标，由县扶贫部门结合其他扶贫方式，提出本县采用光伏扶贫脱贫人员的选择原则和流程，组织统计本县适合通过光伏扶贫形式脱贫的总人数。<br>统筹考虑贫困户地域分布、贫困户所在地土地使用和电网接入条件等，因地制宜采用一种或多种建设形式，分阶段明确光伏扶贫项目及实施方式 |

续表

| 政策文件名称 | 颁布时间 | 颁布机构 | 主要内容 |
|---|---|---|---|
| 《关于"十三五"光伏扶贫计划编制有关事项的通知》 | 2017 年 | 国家能源局、国务院扶贫开发领导小组办公室 | 文件提出要合理选择建设模式，以村级光伏扶贫电站为主要建设模式，单个村级电站容量控制在 300 千瓦左右 |

**表 7.18　光伏扶贫地方相关政策梳理**

| 地区 | 政策文件名称 | 主要内容 |
|---|---|---|
| 黑龙江 | 《关于抓紧开展光伏发电扶贫工作的通知》 | 1）村级光伏电站（含户用）：光伏发电收益扣除管理成本后，按照投资比例分红，产业扶贫资金或涉农资金投入要量化折股分配给村建档立卡贫困户<br>2）集中式光伏电站：光伏电站收益按约定比例分配给签约的建档立卡贫困户。以上收益分配方式，应确保受益贫困户每户年均增收 3000 元以上 |
| | 《关于加快推进村级（含户用）光伏扶贫电站建设的通知》 | 1）保障受益贫困户每户每年增收 3000 元以上，持续获益 20 年<br>2）每个贫困户的项目规模标准为 5 千瓦，村级电站建设规模原则上 300 千瓦以下，具备接网条件的可扩大到 300～500 千瓦 |
| 河北 | 《关于光伏发电项目有关电价补贴政策的通知》 | 1）2017 年底以前建成投产的光伏扶贫电站项目，自 2016 年 1 月 1 日起补贴标准为每千瓦时 0.2 元，自并网之日起补贴 3 年<br>2）其他地面光伏电站项目（包括分布式光伏电站项目），仍按照《河北省人民政府关于进一步促进光伏产业健康发展的指导意见》规定，执行现行光伏电站电价补贴政策 |
| | 《关于积极推进村级光伏扶贫电站（含户用）建设的指导意见》 | 1）从 2017 年开始，确保在 20 年内，光伏扶贫对象家庭年均增收 3000 元<br>2）政府启动，企业投资运营。县级政府（投融资平台）按每户 5 千瓦规模 1.2 万元左右标准出资，其余资金由企业筹措，并负责项目建设、运营维护<br>3）政府引导，PPP 模式运营。总投资的 20% 作为资本金，政府、企业出资各占 10%，组建项目公司，其余部分由项目公司承贷承还 |
| | 《河北省发展和改革委员会"关于落实光伏发电扶贫政策的建议"的答复》 | 1）分布式光伏发电项目及光伏扶贫项目发电量补贴分为国家补贴和省级补贴两类，均由电网公司转付给发电企业或用户<br>2）省级补贴政策到 2017 年底将结束，在分布式光伏并网业务全流程不收取任何服务费用 |

续表

| 地区 | 政策文件名称 | 主要内容 |
| --- | --- | --- |
| 山东 | 《关于加快推动首批光伏扶贫项目建设的通知》 | 2016 年度国家建设规模的光伏发电项目必须确保于 2017 年 6 月 30 日前建成并网，否则将执行 2017 年度的上网标杆电价（已调整为 0.85 元/千瓦时） |
| 山西 | 《山西省光伏扶贫项目管理暂行办法（试行)》 | 1）条件：净资产值达 5 亿元以上；累计持有国内运行的光伏电站并网容量 50MW 以上；承诺除集团内部全资子公司之间股权转让外，在获得开发权之日起整个项目运营期间，不得进行股权转让；同等条件下，优先选择省属企业为主的省内企业参与光伏扶贫电站建设<br>2）村级（户用）光伏扶贫电站，原则上按照每 20KW 补贴 10 万元财政扶贫资金给予支持<br>3）村级（户用）光伏扶贫电站可享受金融富民扶贫工程贷款支持，项目贷款省级扶贫资金按 5% 贴息 |
| | 《山西省人民政府办公厅关于开展光伏扶贫工作的指导意见》 | 1）采取村级光伏电站（含户用）方式，每户光伏扶贫对象对应项目规模标准为 5 千瓦左右；采取集中式光伏电站方式，每户光伏扶贫对象对应项目规模标准为 25 千瓦左右<br>2）光伏扶贫项目实行优惠土地政策，对村级光伏扶贫电站电费收益，减免征收增值税 |
| | 《山西省发展和改革委员会　山西省扶贫开发办公室关于编制 2017 年光伏扶贫实施方案的通知》 | 村级电站的收益分配给贫困户每年每 100KM 不低于 5 万元 |
| 陕西 | 《黄陵县鼓励发展屋顶光伏扶贫工作实施方案》 | 1）对发展屋顶光伏产业的贫困户，按照五万元以内、三年期限内、国家规定基准利率、免担保免抵押、财政扶贫资金全额贴息<br>2）由县级供电部门根据国家、省光伏发电补贴政策，从并网发电之日按每月、季度结算支付。需要还贷的，按照协议的还款金额由金融部门直接从收益中扣除，剩余的打入卡中。目前，国家现执行电价补助政策为 2017 年 6 月 30 日后建成并网发电的 0.75 元/千瓦时 |
| | 《延安市关于督促加快光伏扶贫项目进展的通知》 | 1）延安市 266.291 兆瓦光伏扶贫任务在 2017 年 10 月底前全部实施完成<br>2）光伏扶贫项目在 2017 年 6 月 30 日前建成投运的执行 0.88 元/千瓦时电价，在 6 月 30 日以后投运的项目将执行 0.75 元/千瓦时电价 |

续表

| 地区 | 政策文件名称 | 主要内容 |
| --- | --- | --- |
| 陕西 | 《吴起县人民政府办公室关于全面推进光伏扶贫项目建设的通知》 | 项目单位要在2017年10月底前实施完成，否则将项目建设单位列入黑名单，不得再进入本县从事新能源项目建设 |
| 内蒙古 | 《内蒙古自治区人民政府关于实施光伏发电扶贫工作的意见》 | 1）项目法人公司必须由旗、县、区政府的投融资主体与社会投资企业合资组建，并在工商部门注册登记。项目法人公司注册资本不低于项目总投资的20%，旗、县、区政府的投融资主体占股不低于50%<br>2）光伏发电扶贫项目自项目建成发电之日起持续扶贫20年，确保项目对应的贫困户每户每年光伏扶贫收益不低于3000元 |
| | 《宁城县光伏扶贫项目收益分配监督管理办法（试行）》 | 自建设发电之日起持续20年，每年向县财政扶贫账户缴纳光伏扶贫项目收益款，保证3123户贫困户每户每年收入3000元 |
| 河南 | 《河南省发展和改革委员会、河南省扶贫开发办公室、河南省国土资源厅、河南省农业厅、河南省林业厅关于组织实施光伏发电扶贫工作的指导意见》 | 鼓励各地及项目开发企业创新思路，统筹做好扶持到村与集中连片建设相结合，扶持到户与壮大集体经济相结合，根据各地条件选择适宜的光伏发电扶贫模式 |
| | 《邓州市光伏扶贫工作实施意见》 | 鼓励企业、社会团体和个人参与光伏扶贫工程投资和建设，给予必要的奖励和优惠 |
| | 《2017年光伏扶贫工作推进方案》 | 以村级小电站为主要形式，保障扶贫对象20年以上稳定收益分配，2017年10月底前完成10.5万千瓦光伏扶贫建设 |
| | 《夏邑县关于支持光伏发电扶贫工程加快实施的意见》 | 对按时间节点建成并网的贫困户（确保年收益不低于3000元），经验收合格后，由县扶贫部门根据到户增收项目政策，按10 000元/户标准给予贫困户项目资金扶持，并给予3年贷款贴息（按扶贫贷款政策支付贴息；电站并网运营9个月之后，支付3000元收益） |
| | 《河南省发展和改革委员会　河南省扶贫开发办公室关于进一步做好光伏发电扶贫工作的通知》 | 村级小电站由县级政府负责筹措项目资金，鼓励企业捐赠，光伏扶贫集中式电站由县级政府与商业化投资企业共同筹措资金，其余资金可由参与扶贫的金融机构提供优惠贷款 |

“十三五”以来，经过中央和地方的共同努力，光伏扶贫取得了稳定带动群

众增收脱贫、有效保护生态环境、积极推动能源领域供给侧结构性改革“一举多得”的效果，成为精准扶贫的有效手段和产业扶贫的重要方式，增强了贫困地区内生发展活力和动力。

国家能源局、国务院扶贫开发领导小组办公室于 2015 年初下达安徽、河北、山西、宁夏、甘肃、青海等 6 省（自治区）光伏扶贫试点专项建设规模 150 万千瓦。2016 年 10 月、2017 年 12 月分两次各下达光伏扶贫专项规模 516 万千瓦和 419 万千瓦。截至 2017 年底，全国共有 25 个省（自治区、直辖市）、940 个县开展了光伏扶贫项目建设，累计建成规模 1011 万千瓦，直接惠及约 3 万个贫困村的 164. 6 万户贫困户。其中，村级电站规模为 605 万千瓦，惠及 2. 9 万个贫困村的 145. 1 万户贫困人口，集中式电站规模为 406 万千瓦，惠及 0. 1 万个贫困村的 19. 6 万户贫困人口。

此外，各地根据国家政策还自行组织建设了一批光伏扶贫电站。以河南省为例，河南省在 2015 年至 2017 年间享受国家光伏扶贫计划指标 10. 5 万千瓦。但是根据 2018 年 6 月河南省脱贫攻坚领导小组《关于加强光伏扶贫有关工作的通知》，河南省在建和计划中建设光伏扶贫电站 215. 1 万千瓦，其中“十三五”后三年，即 2018 年至 2020 年间计划建设 105. 3 万千瓦光伏扶贫电站，其数量和规模大大超过国家计划安排，足以体现地方政府和行业对光伏扶贫工程的重视程度。

以最普遍的户用分布式光伏发电为例，估算光伏发电带给贫困户的收入构成为：3 千瓦的发电系统安装成本约为 3 万元，一年发电量约 5000 千瓦时，假设其中 1/3 的发电量供贫困户自用，可节约电费 700 元；剩余的 2/3 即约 3400 千瓦时电量上传国家电网，可获得售电收入约 1100 元；此外，还可获得政府给予的发电补贴 1600 元。因此，贫困户安装 3 千瓦的户用分布式光伏发电系统，在每年可节省 700 元电费的同时，还可增加收益约 2700 元，预计十年左右可收回成本，电站使用年限为 25 年。

# 第8章 居民对能源政策的了解和参与程度

能源政策要取得预期成效需要政府、企业和广大居民三方共同努力，协同促进。其中，居民对政策的接受、理解和支持程度更是直接关系到政策推进过程是否顺利有效。本章将分析居民对各类政策的了解程度和参与情况，进一步研究影响居民对政策认知和参与情况的因素，从而为我国能源政策的推进和发展提供支撑。





## 8.1 强制能源替代政策的社会了解和参与程度

### 8.1.1 煤改气政策的社会了解和参与程度

我国的煤改气政策得到了从中央到地方的大力支持。那么我国煤改气政策的宣传推广和贯彻实施情况到底如何？我们对“2+26”城市所在的北京市、天津市、河北省、河南省、山西省和山东省的煤改气政策了解情况进行统计。我们用1～5分对居民对于煤改气政策的了解程度进行打分，1分代表对煤改气政策完全不了解，2分代表对于煤改气政策不太了解，3分表示对煤改气政策了解程度一般，4分表示对煤改气政策比较了解，5分表示对煤改气政策完全了解。

图8.1展示了在冬季清洁取暖工作重点推行的“2+26”城市所在的省份和直辖市，受访者对煤改气政策的了解情况。3.4%的受访者表示对煤改气相关政策完全了解，18.27%的受访者表示对煤改气相关政策比较了解，28.56%的受访者表示对煤改气相关政策不太了解，32.23%的受访者表示对煤改气相关政策完全不了解。总体来说，“2+26”城市所在省份和直辖市的居民对煤改气相关政策较为熟悉，只有大约32%的受访者认为自己不了解煤改气相关政策。

我们进一步研究了影响居民对煤改气政策了解程度的因素。首先，比较不同受教育程度的受访者群体对于煤改气政策的了解程度。从图8.2可以看出，居民对煤改气政策的了解程度与居民的受教育程度呈现出较为明显的正相关性。政府在宣传煤改气政策时有必要注重政策宣传的可接受性，注意引导更多受教育程度较低的居民了解相关政策。

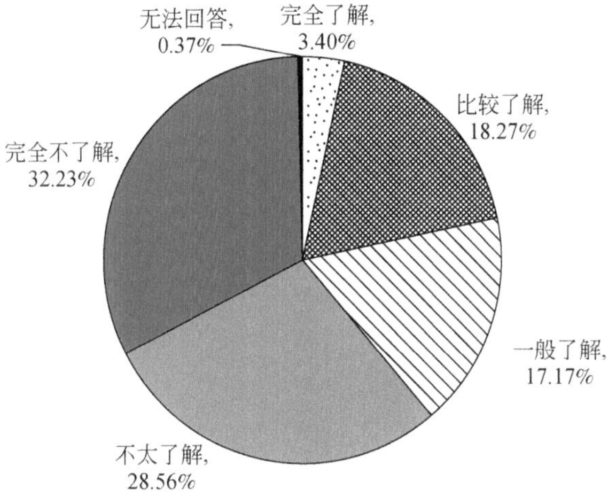

图 8.1　居民对煤改气政策的了解程度

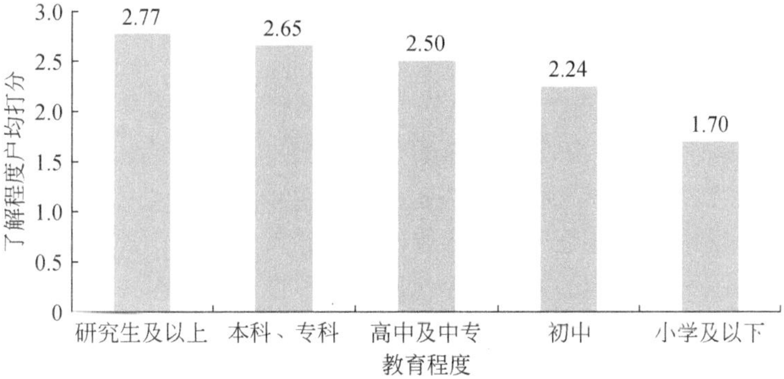

图 8.2　受教育程度不同的群体对于煤改气政策的了解情况

其次，比较不同家庭收入的受访者群体对于居民煤改气政策的了解程度。为了考察居民对煤改气政策的了解程度与居民收入之间的关系，我们将受访者按照家庭年收入水平进行了分类。由于“2+26”城市所在地区的受访者的家庭收入集中分布在 10 万元以下，为了更好区分受访者的家庭年收入，我们将低于 10 万元的群体按照两万元的跨度进行分类。考虑到家庭收入在 10 万元以上的受访者数量较少，并且对于收入达到较高水平的群体，收入差距导致的消费偏好特征差距会变小。因此，我们将家庭收入在 10 万～20 万元的受访者分为一类，家庭收入在 20 万～50 万元的受访者分为一类，家庭收入在 50 万元以上的受访者分为一类。

从图 8.3 可以看出，年收入 20 万元以下的受访者群体，他们对煤改气政策的了解程度与家庭年收入呈现出较为明显的正向关系。这可能是由于年收入较高的群体平均教育程度较高对于国家能源政策的了解和关注度更高。但图 8.3 显示，家庭收入高于 20 万元的较高家庭收入群体对煤改气政策的了解程度却出现了下滑。这可能是由于较高收入群体一开始就没有采取燃煤取暖这种相对价廉质劣的取暖方式，因此不需要进行取暖方式的转变，对于煤改气政策的关注较少。

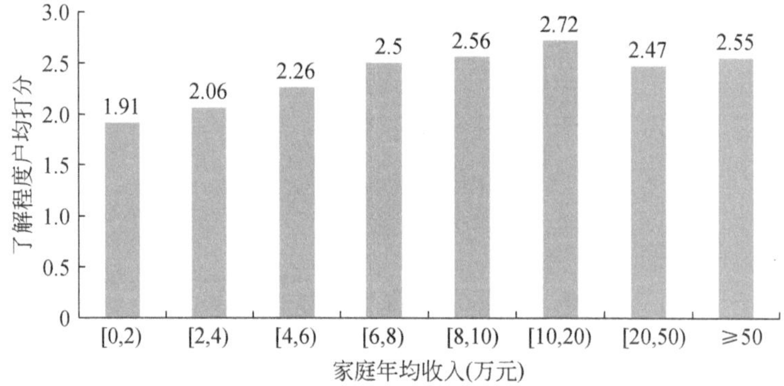


图 8.3　家庭年收入不同的群体对煤改气政策的了解情况

如图 8.4 所示，“2+26”城市受访者中，确定自己家庭参与煤改气的占受访者总数的 13.94%；确定自己家庭未参与煤改气的占受访者总数的 82.64%；对自己家庭是否参与了煤改气状况不清楚占受访者总数的 3.42%。从图 8.4 可以看出，“2+26”城市所在省份和直辖市煤改气政策普及程度不算太高，主要原因是一些取暖家庭一开始使用的就是集中供暖，不需要清洁取暖改造；还有一些家庭进行的是煤改电，或者优质燃煤替代。

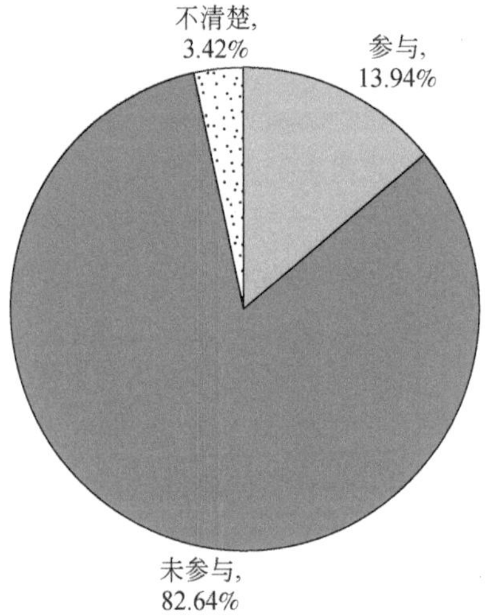


图 8.4　“2+26”城市所在省份、直辖市煤改气政策参与情况

### 8.1.2 煤改电政策的社会了解和参与程度

从 2018 年家庭能源调查的数据来看，我国“2+26”城市所在省份、直辖市的居民对于我国的煤改电政策还是有所了解，但是煤改气政策的宣传推广依然有待加强。从图 8.5 可以看出，认为自己对煤改电政策完全了解、较为了解的居民占总样本的比例约为 17.54%，而 32.41% 的受访者认为自己不太了解煤改电政策，有 34.72% 的受访者认为自己完全不了解煤改电政策。相比于煤改气政策，居民对于煤改电政策的了解程度更低，有更多的居民对于自己家庭是否参与了煤改电的状况并不清楚。这可能是由于电力是现代社会方方面面不可或缺的重要能源，而取暖耗电量巨大，许多地区相比于取暖更愿意把电力用在更不可或缺的地方。因此同样作为替代燃煤的洁净能源，天然气相比于电力是更优先的选择，地方政府对煤改气政策的推广宣传力度要强于煤改电政策。

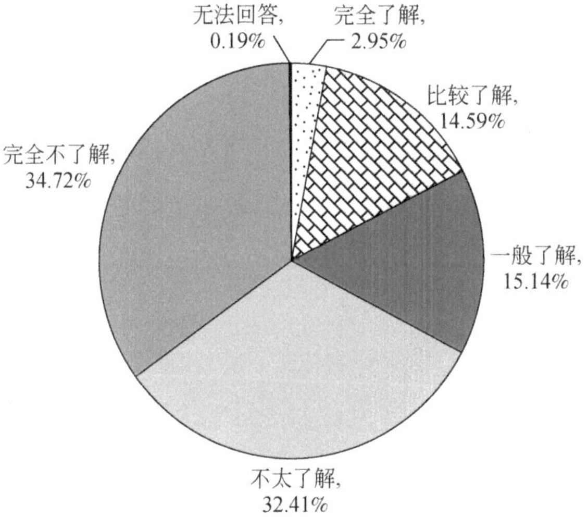


图 8.5 居民对煤改电政策的了解情况

我们进一步研究影响居民政策了解程度的因素。首先，比较了不同受教育程度的受访者群体对于煤改电政策的了解程度。从图 8.6 可以看出，居民对于煤改电政策的了解程度与居民的受教育水平呈现较为明显的正向关系。

类似于研究煤改气政策时的方法，我们仍将将受访者按照家庭年收入水平进行分类。从图 8.7 可以看出，年收入 10 万以下的受访者群体，他们对煤改电政策的了解程度与家庭年收入呈现出较为明显的正向关系。这可能是由于年收入较高的群体平均教育程度较高对于国家能源政策的了解和关注度更高。家庭收入高于 10 万的较高家庭收入群体对煤改气政策的了解程度却出现了下滑。这可能是

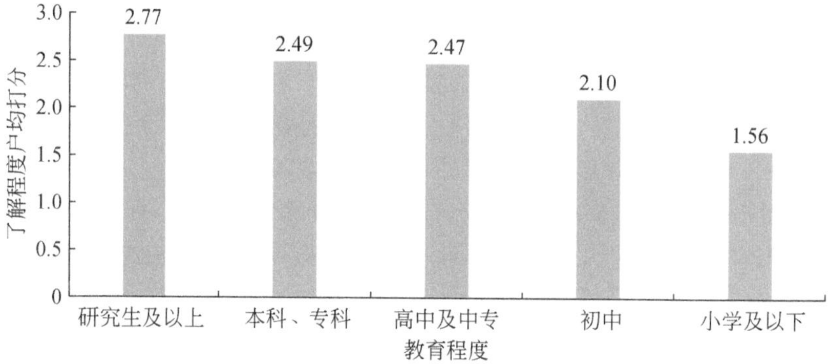


图8.6　不同教育程度的受访者对于煤改电政策的认知度情况

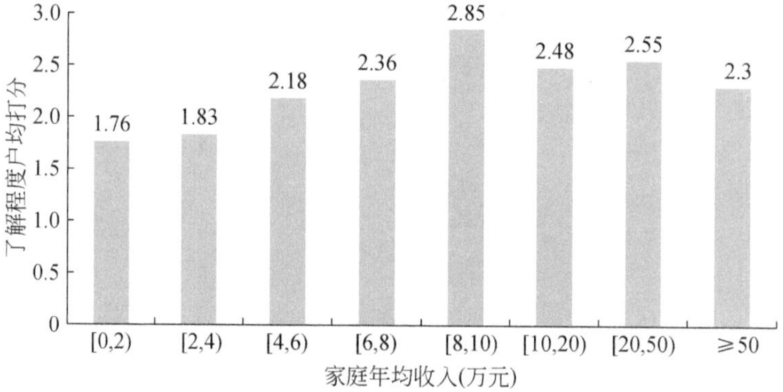


图8.7　不同家庭收入群体对于煤改电政策的了解情况

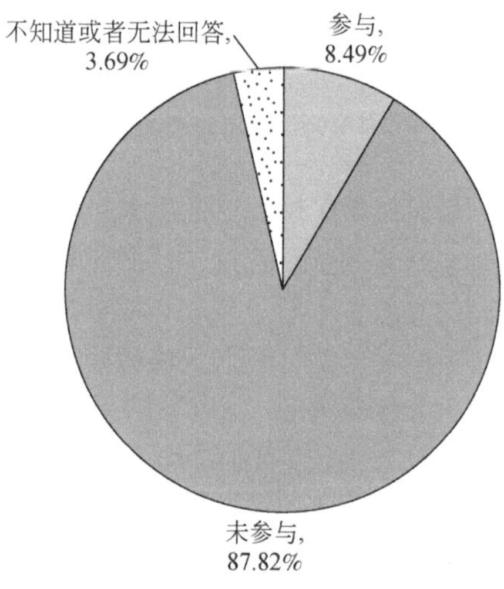


图8.8　“2+26”城市所在省份、直辖市居民对煤改电政策参与情况

由于较高收入群体一开始就没有采取燃煤取暖这种相对价廉质劣的取暖方式，因此不需要进行取暖方式的转变，对于煤改电政策的关注较少。

"2+26"城市所在省份、直辖市确认自己家庭参与煤改政策的人占受访者的8.49%，87.82%的受访者表示确认自己家庭并未参与煤改电政策（图8.8）。从统计数据来看，煤改电政策不如煤改气政策推广程度高，这可能是由于煤改电以后的取暖成本高于燃气取暖成本，煤改气相较于煤改电成为更多的选择。

### 8.1.3 洁净煤替代政策的社会了解和参与程度

从家庭能源调查显示的结果来看，我国居民对于洁净煤替代政策的了解还有待加强。从图8.9可以看出，只有大约8%的受访者表示对于洁净煤替代相关政策完全了解或者比较了解，有接近一半的受访者表示对洁净煤替代政策完全不了解。相比于煤改气和煤改电政策，受访者对于洁净煤政策更加陌生。这可能是因为洁净煤替代政策是煤改电、煤改气的过渡政策，政府在能够推行煤改气、煤改电的区域会优先选择推进煤改气、煤改电，因此洁净煤替代政策的宣传和推行力度相对较小。

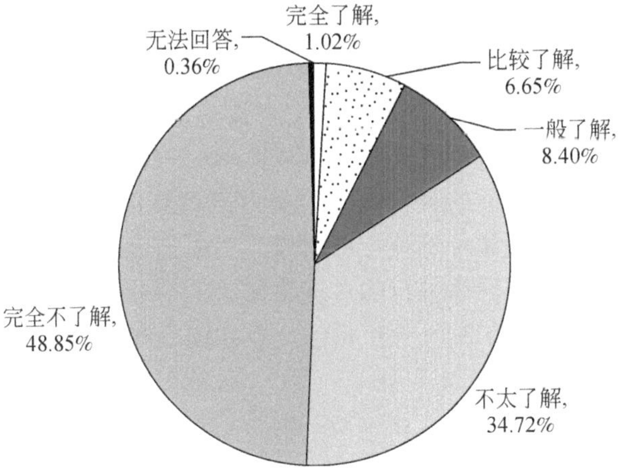


图8.9 居民对洁净煤替代政策的了解情况

从图8.10可以看出，居民对洁净煤替代政策的了解程度与居民的受教育程度具有较为明显的正相关性，这和煤改气、煤改电的情况类似。但是相对于煤改气和煤改电政策，受访者对于洁净煤替代政策的了解程度普遍评分更低。即便是研究生及以上群体对于该政策的了解程度评分也只有2.21，远远低于在对煤改气、煤改电政策了解程度评分。

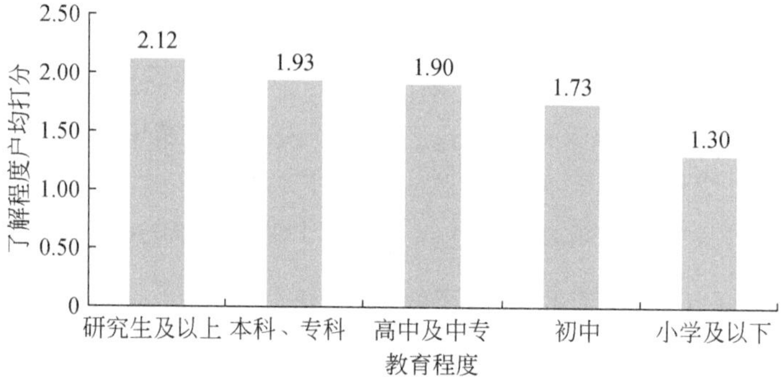


图 8.10　不同教育程度的受访者对于洁净煤替代政策的认知度情况

为了考察居民对洁净煤替代政策的了解程度与居民收入之间的关系，类似于研究煤改气政策时的方法，将受访者按照家庭年收入水平进行了分类。从图 8.11 可以看出，家庭收入对于居民洁净煤替代政策的了解程度有正向的影响，这也与煤改气、煤改电政策反映出来的情况一致。从图 8.11 可以看出，年收入 10 万以下的受访者群体，他们对煤改气政策的了解程度与家庭年收入呈现出较为明显的正向关系。家庭收入高于 10 万的较高家庭收入群体对煤改气政策的了解程度却出现了下滑。这也和煤改气、煤改电政策的情况类似。但是对比图 8.3、图 8.7 和图 8.11 会发现，相比于煤改气、煤改电政策，在洁净煤替代政策了解情况与家庭年收入的关系中，家庭年收入在 8 万以上的受访者对于政策的了解情况差很多，家庭年收入在 8 万以下的较低收入群体对于政策的了解程度只是略有下降。这可能是由于较低收入群体可能负担不起煤改气或是煤改电的成本，而洁净煤替代政策大多是针对这部分群体推行的过渡政策。但是较低收入群体对于洁净煤替代政策的了解程度其实并不高，这里可能会存在两个问题：第一是地方政府对于

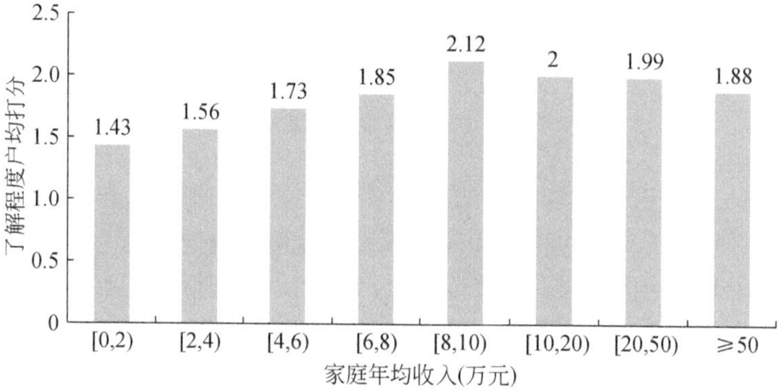


图 8.11　不同收入水平的受访者对于洁净煤替代政策的认知度情况

洁净煤替代政策的推广力度不够；第二是地方上对政策受众不做区分，将应该向之推行洁净煤替代政策的部分群体一并放在了煤改气、煤改电政策的受众里。

洁净煤替代政策在居民中的了解程度较煤改气、煤改电政策低，那么洁净燃煤替代政策在居民中的推广程度如何呢？家庭能源调查数据显示，在“2+26”城市所在省份、直辖市，3.05%的受访者确认自己家庭参与了洁净煤替代政策，93.35%的受访者确认自己家庭没有参与洁净煤替代政策（图8.12）。洁净煤替代政策的接受度也远低于煤改气和煤改电政策。可能的原因在于，洁净煤替代在一些地区，比如北京，是作为煤改电和煤改气的过渡性政策，而其他地区没有采用这项过渡政策，所以洁净煤政策的覆盖面和参与程度都低于煤改电和煤改气政策。

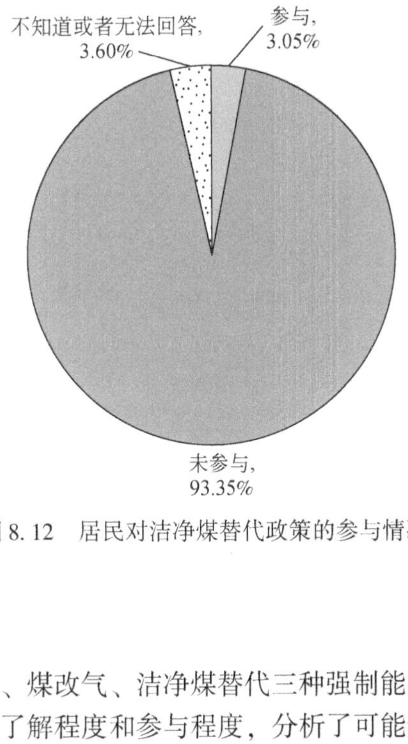


图8.12　居民对洁净煤替代政策的参与情况

### 8.1.4　小结

本节展示了煤改电、煤改气、洁净煤替代三种强制能源替代政策主要推行地区的居民对这些政策的了解程度和参与程度，分析了可能影响居民对相关政策了解程度和参与程度的因素。研究发现，“2+26”城市所在省份、直辖市的居民对煤改气政策的了解和参与程度较高，其次是煤改电，对洁净煤替代的认知度和参与率最低。分析发现，家庭收入水平是居民了解和参与政策的重要影响因素，收入水平较高的居民对政策的具体情况更为了解。另外，政策认知度较高的群体还具有受教育程度高的特点。

# 8.2 鼓励能源替代的价格政策的社会了解和参与程度

## 8.2.1 电动车政策的社会了解和参与程度

此次调查采用打分的形式对了解程度进行分析，1 分为完全不了解，2 分不太了解，3 分为一般，4 分为比较了解，5 分为完全了解。如图 8.13 所示，有

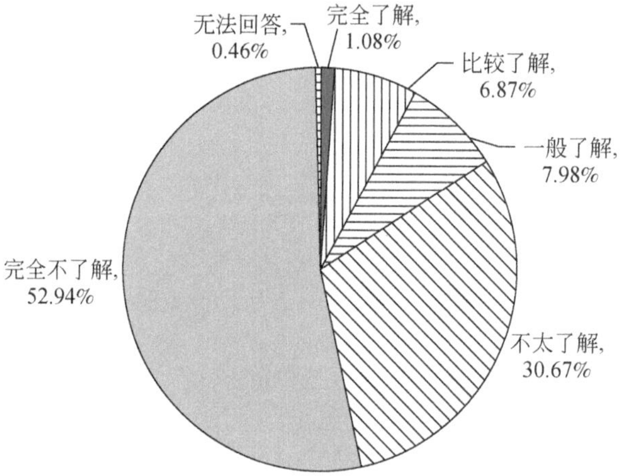


(a)电动汽车购车补贴了解情况

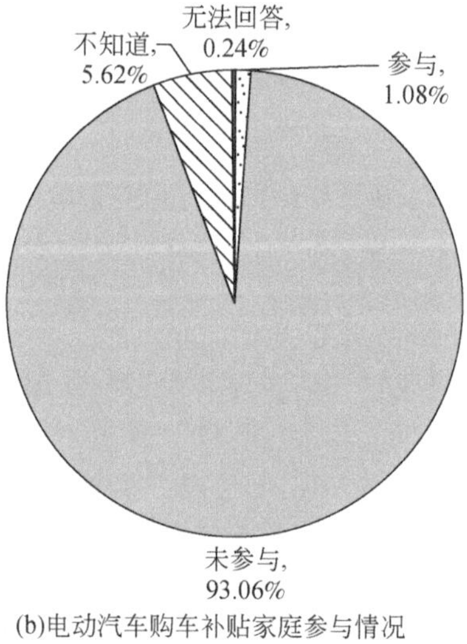


(b)电动汽车购车补贴家庭参与情况

图 8.13 电动汽车购车补贴政策了解和参与情况

7.95%的家庭完全了解或比较了解居民电动汽车购车补贴政策，83.61%的家庭不太了解或完全不了解这一政策。在政策的参与程度上，参与的家庭占比1.08%，未参与的家庭占比93.06%。可见，大部分家庭没有参与居民电动汽车购车补贴政策，也对此政策不了解。

同样，家用电动汽车充电桩峰谷电价政策与居民电动汽车购车补贴政策的情况近似。如图8.14所示，大多数人了解程度不够，参与程度也很低。仅有3.23%的家庭比较了解或者完全了解，参与政策的家庭更是低到0.82%。

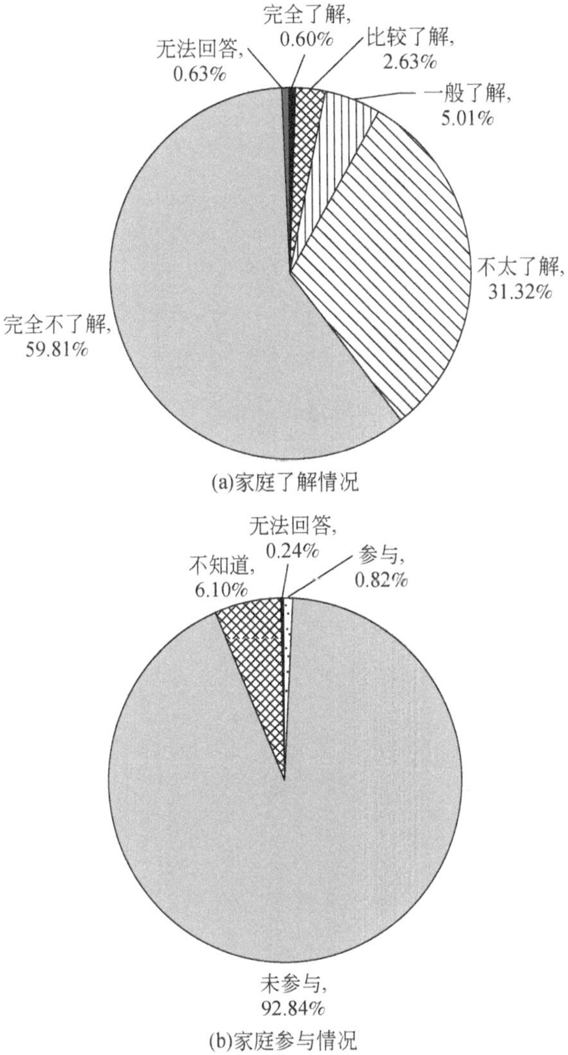


图8.14　家用电动汽车充电桩峰谷电价政策了解和参与情况

对于电动汽车购车补贴政策来说，图 8. 15 通过对比不同年龄段、教育程度、家庭年总收入对电动汽车购车补贴的了解程度平均分可以发现：总体来说，居民

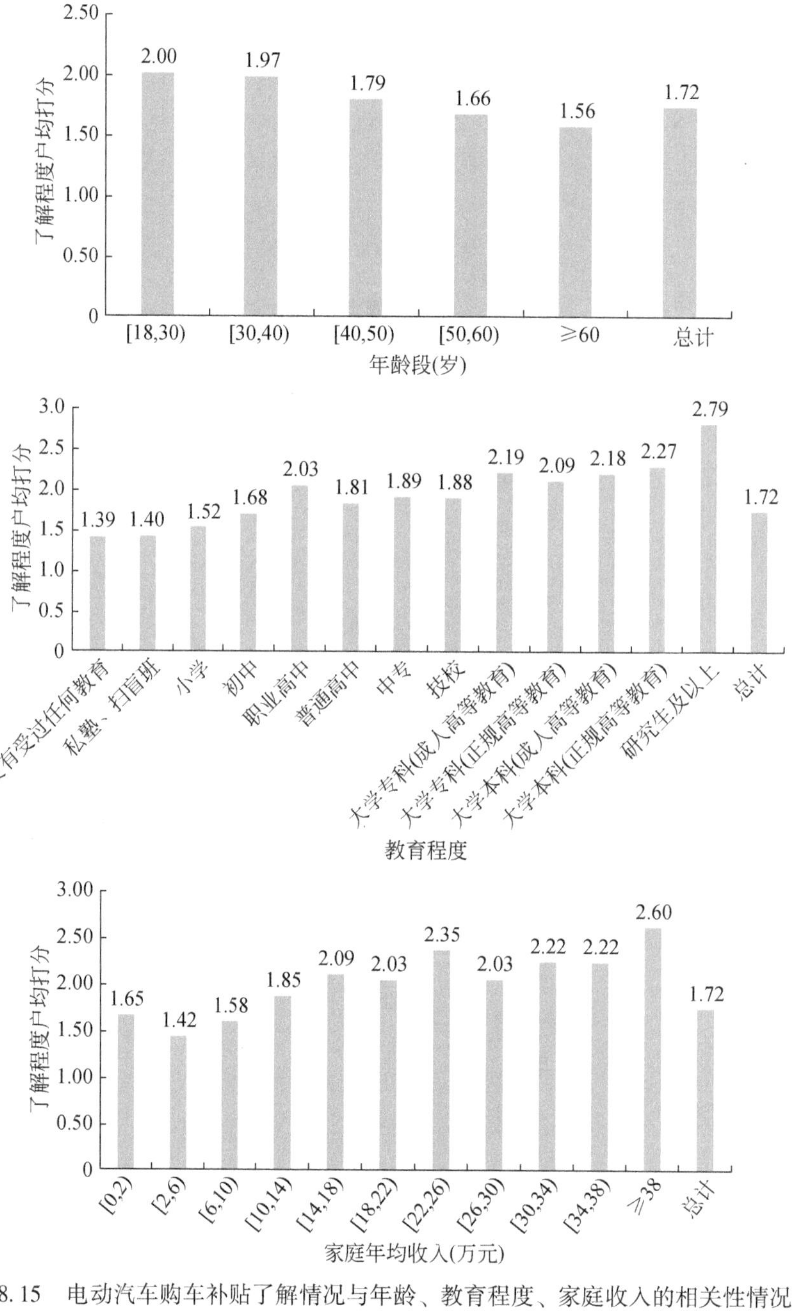


图 8. 15　电动汽车购车补贴了解情况与年龄、教育程度、家庭收入的相关性情况

家庭对于该政策的了解程度不高；家庭年总收入越高，对于政策的就会更了解；年龄越大，对于政策的了解就更不深入。从教育程度来看，随着教育程度的上升，对此政策的了解程度也逐渐上升；但教育程度为职业高中和大学专科教育（成人高等教育）的受访者对此政策的了解程度要相对较高；研究生及以上学历的受访者对此政策的了解程度明显高于其他教育程度的受访者。

对于家用电动汽车充电桩峰谷电价政策的了解情况，在年龄方面也可以得出相似的结论，年龄越大的受访者对此政策的了解程度越低。在受教育程度上，受访者整体的差异不大；研究生及以上学历的受访者对此政策了解程度最高；受过大学本科及专科教育的受访者相比于受教育程度为普通高中、职业高中要略高；小学、初中及未受过教育的受访者对此政策了解程度最低。家庭年总收入上，随着收入的增加，对家用电动汽车充电桩峰谷电价政策的了解程度亦随之上升，但收入处于 14 万～38 万元的家庭对此政策的了解程度相对接近；收入处在 26 万～30 万元的家庭对此政策的了解程度相对较低；不同家庭收入水平对于家用电动汽车充电桩峰谷电价政策了解程度有显著性差异，但因参与度太低，差异规律不明显。具体情况见图 8. 16。

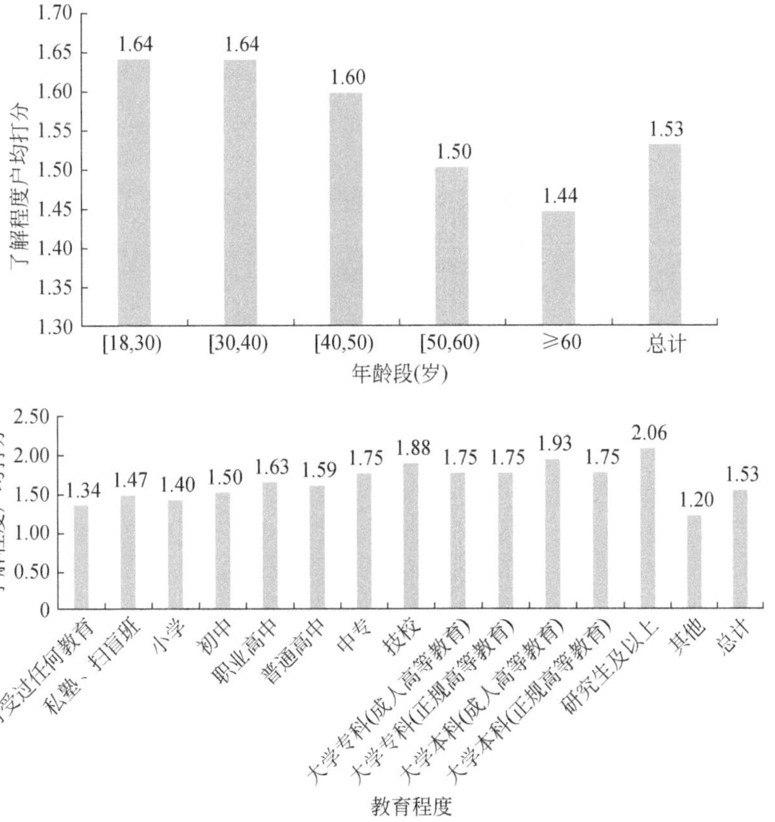

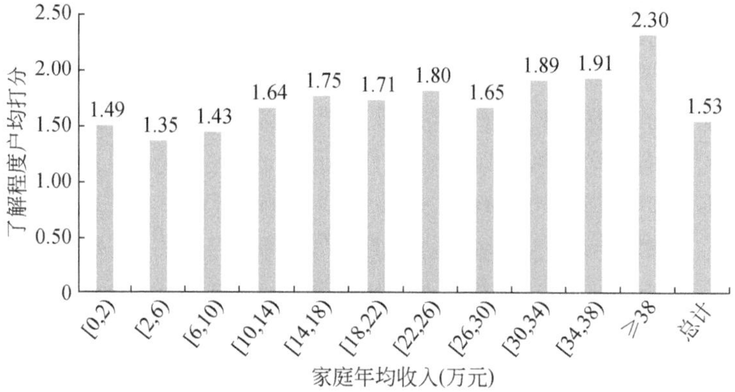


图 8.16　家用电动汽车充电桩峰谷电价了解情况与年龄、教育程度、家庭年均收入的相关性情况



## 8.2.2　生物质能政策的社会了解和参与程度

因为生物质能政策仅针对农村地区，因此本部分的分析剔除了城镇家庭样本，仅保留农村户口的样本。农村家庭对沼气池补贴政策的了解和参与情况的调查结果如图 8.17 所示。在调查中，有 7.15% 的农村家庭完全了解或者比较了解沼气池补贴政策，但参与此政策的农村家庭仅有 2.28%。

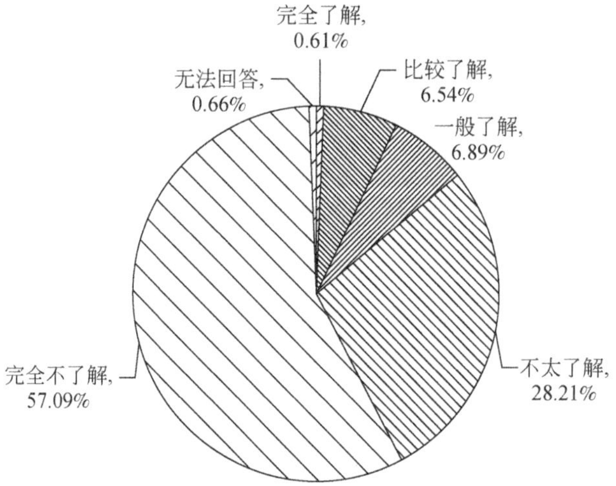

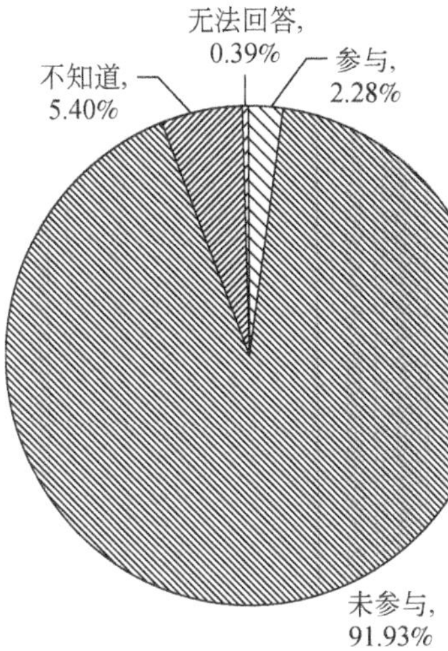


图 8.17　农村户口样本对农村沼气池补贴政策家庭了解和参与情况

对于沼气池补贴政策的了解情况分析可以发现，年龄越高，对沼气池补贴政策的了解程度越低，但差异相对其他政策较小；受教育程度会使得对此政策的了解程度升高，其中研究生及以上学历的受访者对此政策的了解程度最高；收入水平较低的家庭对此政策的了解程度要明显偏低，收入处于 22 万～26 万元的家庭要显著高于收入相近的家庭，收入大于 38 万的家庭对此政策的了解程度最高（图 8.18）。根据赵长和（2016）的分析，农村家庭弃用户用沼气池的原因主要有以下几个：①农村常住人口流往城市；②沼气原料供应不足；③沼气池日常管理维护困难重重；④沼气池建成后后续维修服务工作落实不到位；⑤农户生活用能选择多样化。

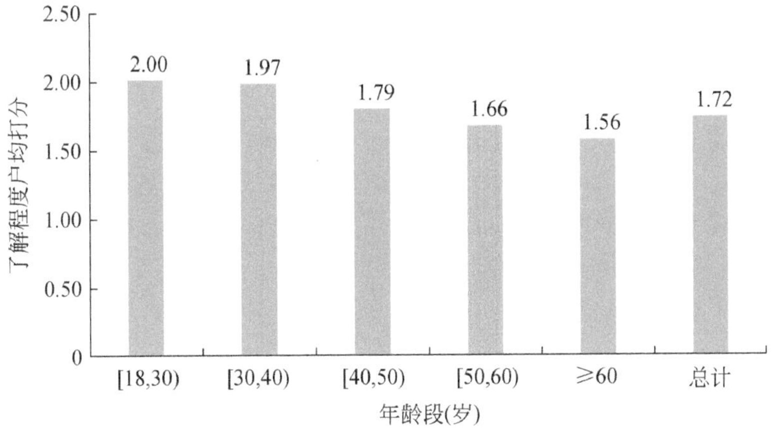

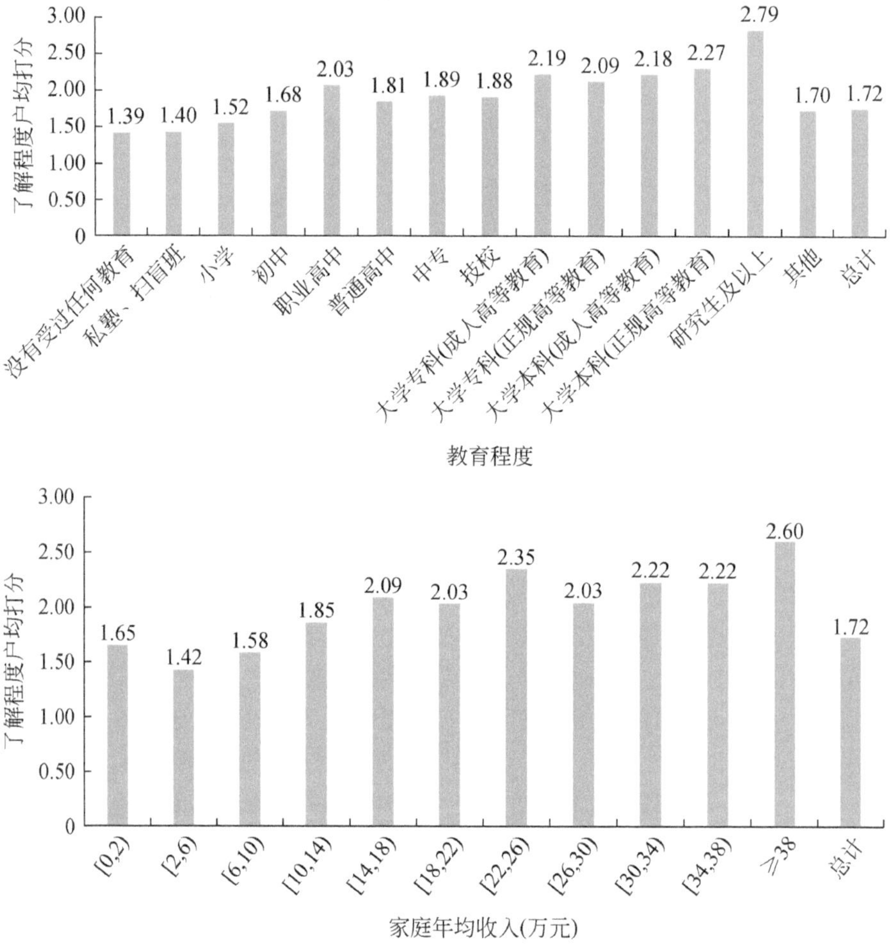


图 8.18　农村沼气池补贴了解情况与年龄、教育程度、家庭年均收入的相关性情况

各个省（自治区、直辖市）对沼气池补贴政策了解程度及参与程度的具体细节如图 8.19 和图 8.20 所示。全国各省（自治区、直辖市）受访者群体对该政策了解程度均较高，但参与程度普遍偏低。广西壮族自治区的了解程度及参与程度在全国居首，同时广西壮族自治区和云南省的参与程度要远高于其余省份。全国一共有福建省、内蒙古自治区、青海省、黑龙江省、天津市、山西市、河北省、辽宁省、广东省及宁夏回族自治区等 10 个省份（自治区、直辖市）的参与程度分数低于 0.001。

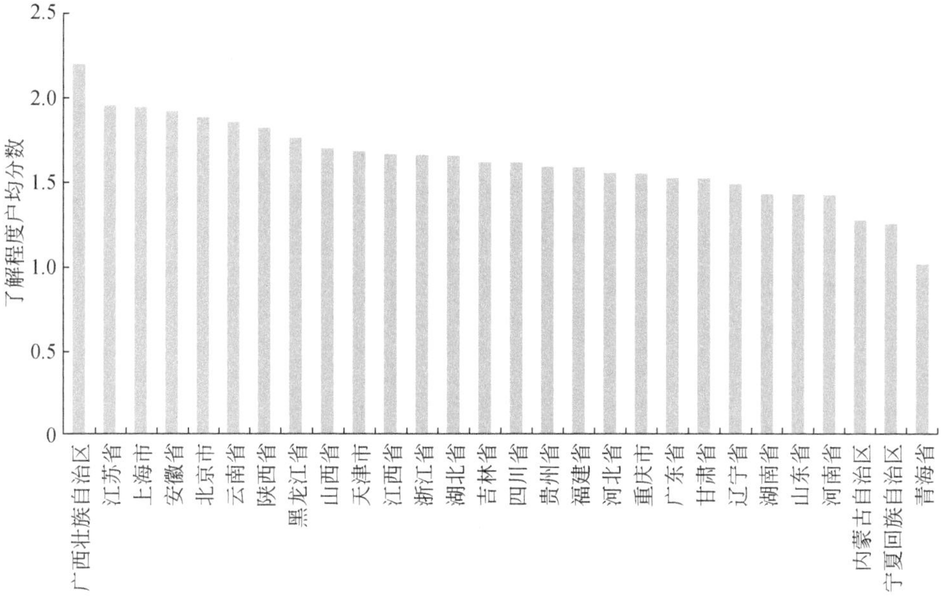


图 8.19　各省（自治区、直辖市）农村沼气池补贴了解情况

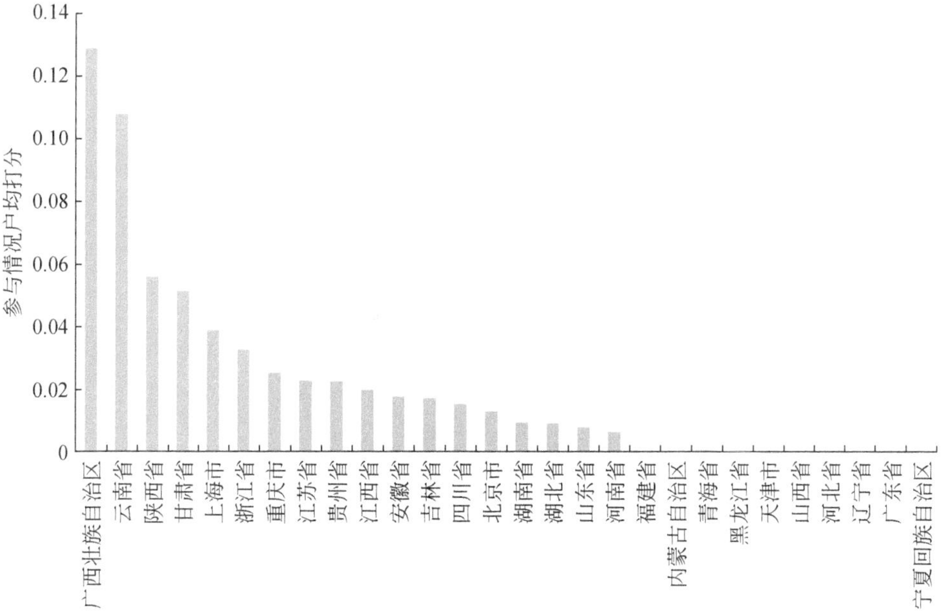


图 8.20　各省（自治区、直辖市）农村沼气池补贴家庭参与情况

### 8.2.3 可再生能源政策的社会了解和参与程度

由于光伏发电补贴在各省（自治区、直辖市）的补贴力度不一，且部分省（自治区、直辖市）由于光照条件等原因导致补贴力度较小。因此，光照条件较差、补贴力度较小的地区光伏电站的补贴政策了解程度与参与程度也相应较低。

如图 8.21 所示，完全了解或比较了解居民光伏电站补贴政策的家庭仅有 3.98%，89.76% 的家庭不太了解或完全不了解这一政策。在政策的参与程度上，参与的家庭占比 0.87%，未参与的家庭占比 92.24%。可见，大部分家庭没有参与此项政策，也对此政策不了解。

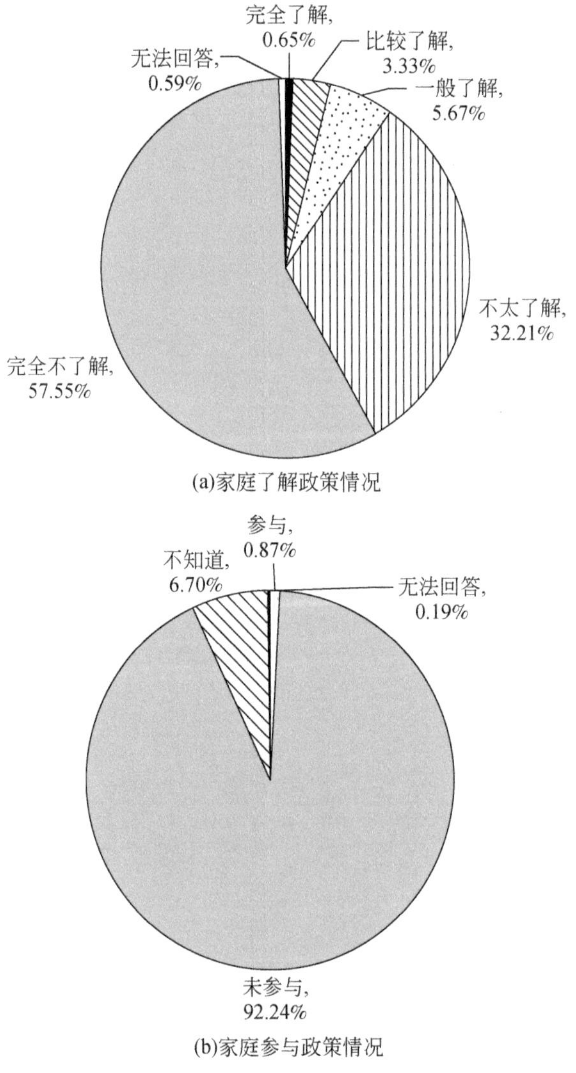


图 8.21　居民光伏电站补贴政策家庭了解和参与情况

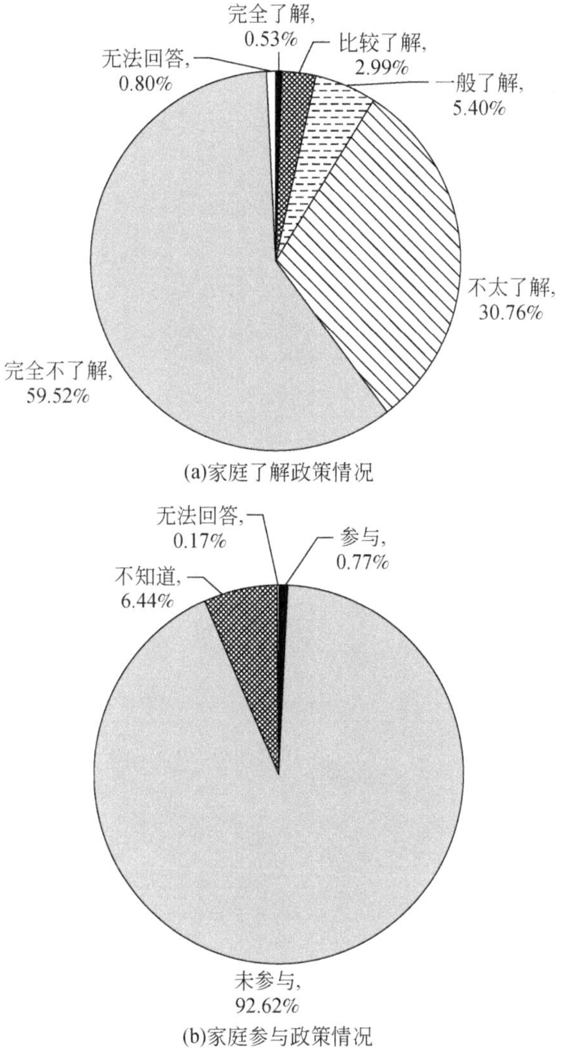


图 8.22　光伏扶贫政策家庭了解和参与情况





通过对于光伏扶贫政策的分析可知，仅有 3.52% 的家庭对于该政策比较了解或者完全了解，不太了解或者完全不了解的家庭占到 90.28%。从参与情况上来看，仅有 0.77% 家庭参与到该政策当中去，未参与的占到 92.62%（图 8.22）。

对居民光伏电站补贴政策的了解情况分析可以发现，对居民光伏电站补贴政策的了解程度较高的年龄段集中在 30～40 岁，而随着年龄的增长，了解程度也逐渐下降。教育程度对该政策了解程度的影响从图 8.23 上看非常直观，教育程度越高，了解程度也随之提高教育程度为技校的受访者的了解程度要相对偏高。

从收入上来看，收入介于 18 万～22 万元、26 万～30 万元、34 万～38 万元的三组受访者对此政策的了解程度相对于收入相近的家庭了解程度要偏低；年收入大于 38 万的家庭对此政策的了解程度最高。

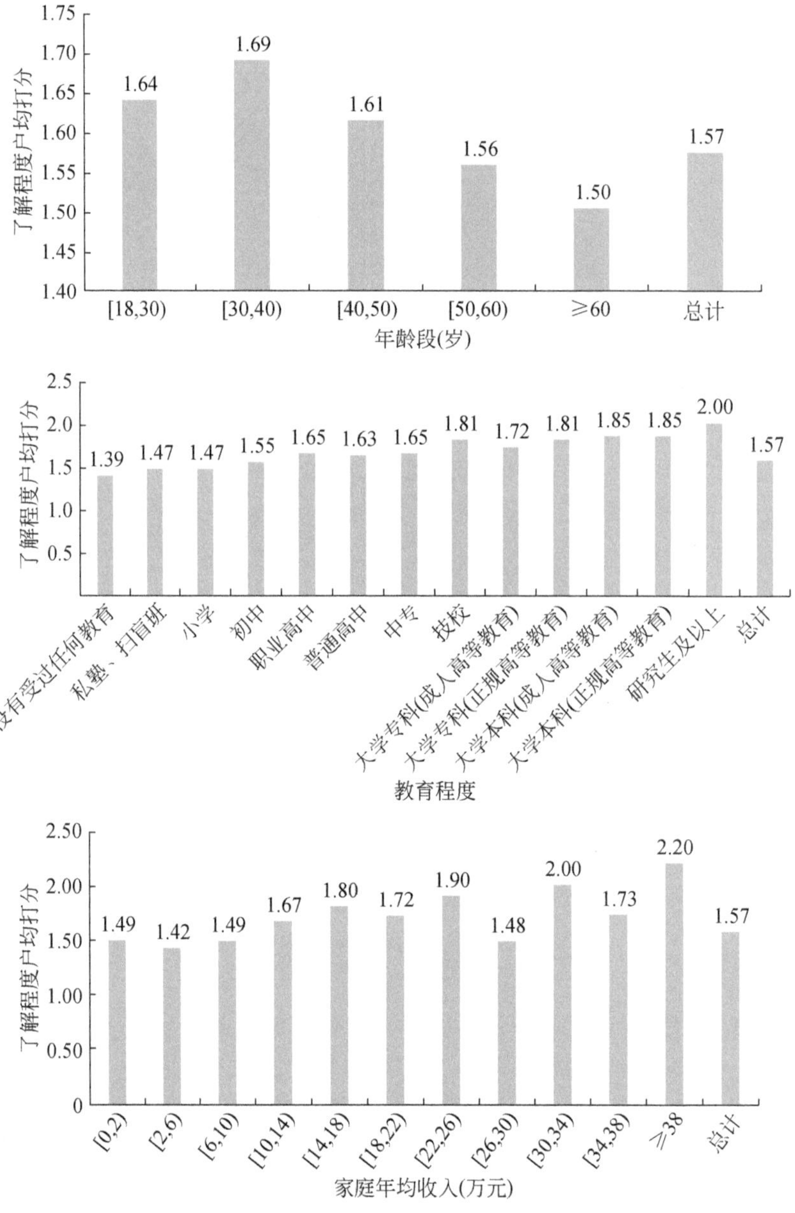


图 8.23　居民光伏电站补贴政策了解情况与年龄、教育程度、家庭年均收入的相关性情况

对于光伏扶贫政策，年龄越高了解程度也就越高；受教育程度越高，对于该政策的了解越高；从收入上看，年均收入在18万以下时，收入越高对该政策了解程度越高，但收入低于2万的家庭对该政策的了解相对较高；收入18万～22万元的家庭了解该政策的程度相对收入相近的家庭要更高；收入大于38万元的家庭了解该政策的程度最高（图8.24）。

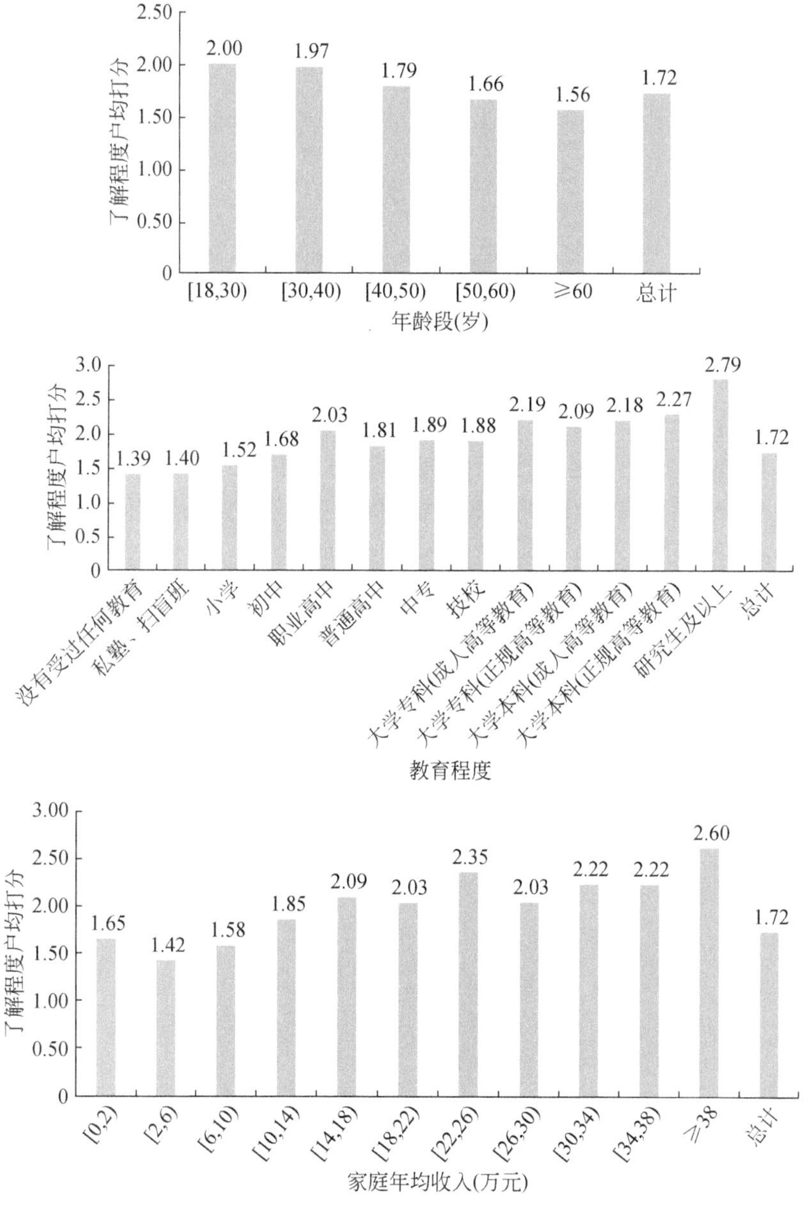


图8.24 光伏扶贫政策了解情况与年龄、教育程度、家庭年均收入的相关性情况

### 8.2.4 小结

本节着眼于鼓励能源替代的补贴等价格政策，包括家用电动汽车购车补贴、家用电动汽车充电桩峰谷电价、农村沼气池补贴、居民光伏电站补贴和光伏扶贫5种政策，考察居民对政策的了解程度和参与情况。

首先，从了解政策的情况上来看，大多数家庭对于以上5种政策都是停留在不太了解的状态，只有少部分家庭对政策比较了解或安全了解。通过分析居民的政策了解度与教育程度、家庭年均收入的相关性，发现5种政策都呈现出一致的效应：教育程度越高，家庭年收入越多，了解政策的程度就越高。相对而言年轻人对这5种政策更为了解。

其次，从参与政策情况来看，绝大多数家庭未参与过政策，参与政策的家庭占比也很低，仅占到1%左右。并且，参与政策的家庭在年龄段、教育程度、家庭年均收入上未呈现明显差异，可以说明不同年龄、教育程度、收入水平的人群参与程度都非常低。因此，国家需要在全社会范围内广泛宣传，鼓励公民积极参与，发挥好参与者的带头作用，真正从了解转化为参与。

在过去的几十年里，国家在用补贴等价格机制鼓励能源替代的政策研究上投入了很多精力，也产生了从无到有的突破和较好的效果。但是，从本节揭示的现象来看，公众对于政策的了解和参与均有待提高，价格机制鼓励能源替代的政策还有很长的路要走。

## 8.3 鼓励节能减排的价格政策的社会了解和参与程度

### 8.3.1 阶梯电价政策的社会了解与参与情况

此次调查采用打分的形式对阶梯电价政策了解程度进行分析，5分代表完全不了解，4分代表不太了解，3分表示了解程度一般，2分表示比较了解，1分表示完全了解，即得分越高证明该人群对政策的了解程度越低。从调查结果来看，我国居民对于阶梯电价政策主要集中在不太了解和完全不了解的层面，政策普及度较低。如图8.25所示，完全不了解占比最高，达到31.08%。部分居民对此项政策都有一定的听闻和了解，其中997人表示对阶梯电价政策比较了解，占比为24.97%，629人表示对政策一般了解，占比为15.75%。可以看出，虽然电价与居民的日常生活消费息息相关，但是对于我国最新的电价政策，仍有相当部分的居民对该政策不够了解。

阶梯电价在实施地区属于自动覆盖政策，即政策覆盖地的居民在用电的过程中都会参与其中。但是根据数据调查，在实施政策的省份内，有一半以上的受访家庭认为自己没有参与到阶梯电价政策当中，占比为52.9%；确定自己所在家庭参与阶梯电价政策的有1627户，占比为40.50%（图8.26）。可见，阶梯电价政策作为全国性政策，在除新疆、西藏及港澳台以外的地区全部覆盖，但是还有很大一部分用户并不了解政策，也不清楚自己已经参与其中。由此说明，居民对阶梯电价政策的认知度低、了解较少，地方政府和社区宣传工作还有待加强。

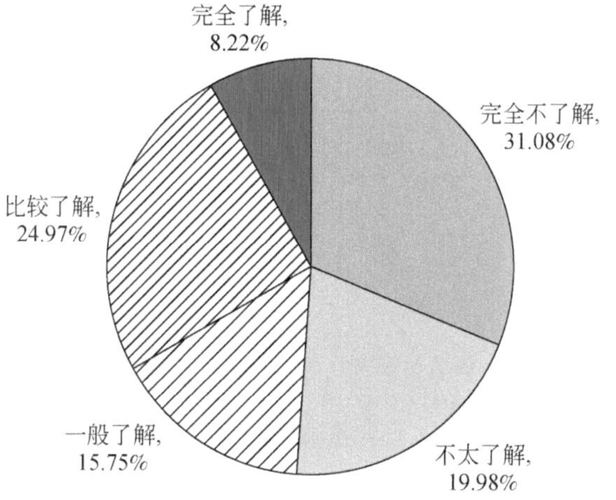


图8.25　居民阶梯电价政策了解情况

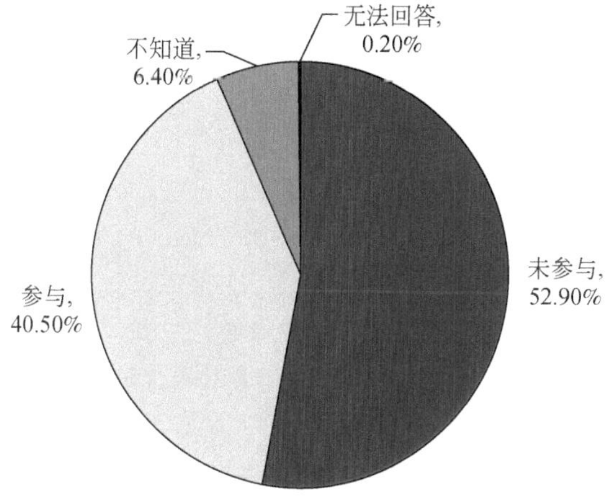


图8.26　居民阶梯电价政策参与情况

进一步研究发现，受访者的受教育程度与收入水平与他们对阶梯电价政策的了解和参与情况有相关性。从图8.27和图8.28可以看出，总体上受教育程度越高的居民对于阶梯电价的了解与参与程度越高，但是在不同群体之间的区分度较小。从收入情况来看，高收入群体对阶梯电价政策的认知度明显高于低收入群体。

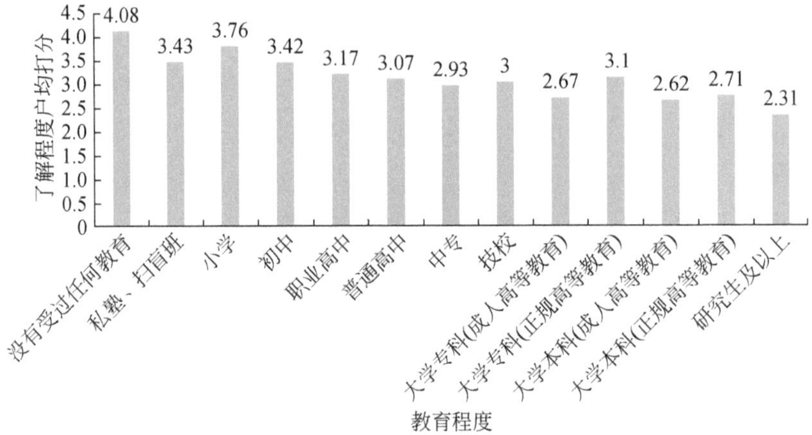


图 8.27　不同教育程度的受访者对于阶梯电价政策的认知度情况

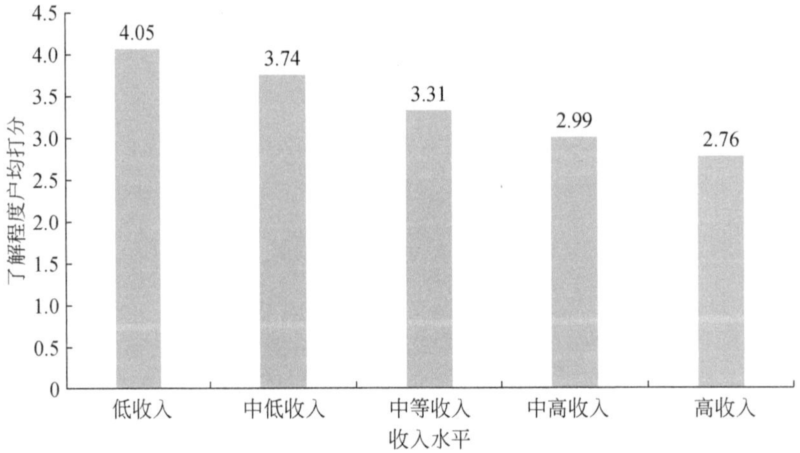


图 8.28　不同收入水平的受访者对于阶梯电价政策的认知度情况

## 8.3.2　峰谷电价政策的社会了解与参与程度

从调查结果可知，对于峰谷电价政策，完全不了解的人和不太了解人占大多数。其中，不太了解的有 516 人，占总样本数（2080 户）的比例为 24.81%，完全不了解的有 857 人，占比为 41.20%。除此之外大多数人选择“比较了解”的选项，占比为 16.30%（图 8.29）。由此可见，峰谷电价政策的大众了解程度不高，且低于阶梯电价政策。

与阶梯电价相同，峰谷电价也是自动覆盖政策，即政策实施地的居民会自动参与其中。但是根据调查数据发现，在政策实施地的受访家庭中有 1469 户认为自己未参与该政策，占比达 70.63%，确认参与政策的仅有 473 户，占比为 22.74%（图 8.30）。可见大部分居民对峰谷电价政策并无基本了解，政策在民众中的普及程度较低。因此，地方政府和社区还需要进一步加大政策的普及和宣传力度。

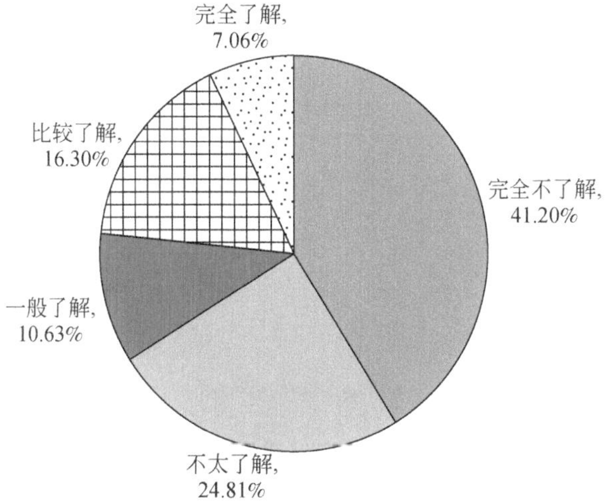


图 8.29　居民对峰谷电价政策的了解程度

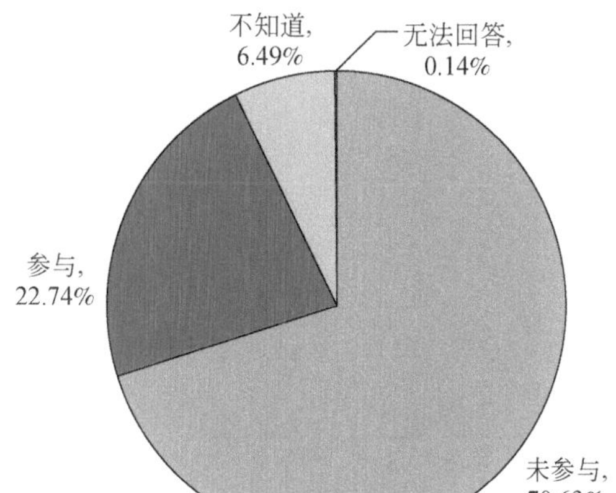


图 8.30　居民对峰谷电价政策的参与情况

对于受访者的受教育程度和收入水平与他们对峰谷电价政策的了解和参与情况的相关性研究，此次调查采用打分的形式进行分析，5 分代表完全不了解，4 分代表不太了解，3 分表示了解程度一般，2 分表示比较了解，1 分表示完全了解，即得分越高该人群对政策的了解程度越低。从受教育程度来看，总体上受教育程度越高的居民对于峰谷电价的了解与参与程度越高，但是不同群体之间的区分度较小。从收入水平来看，高收入群体对峰谷电价政策的认知度明显高于低收入群体。具体情况如图 8.31 和图 8.32 所示。

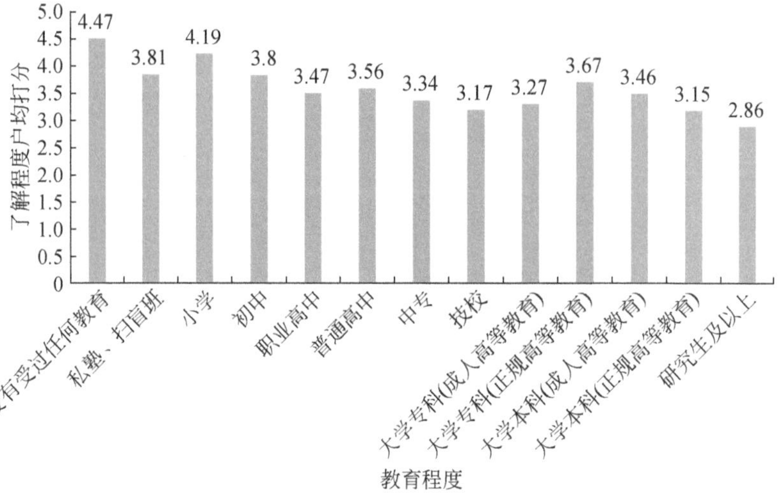

图 8.31　不同教育程度的受访者对于峰谷电价政策的认知度情况

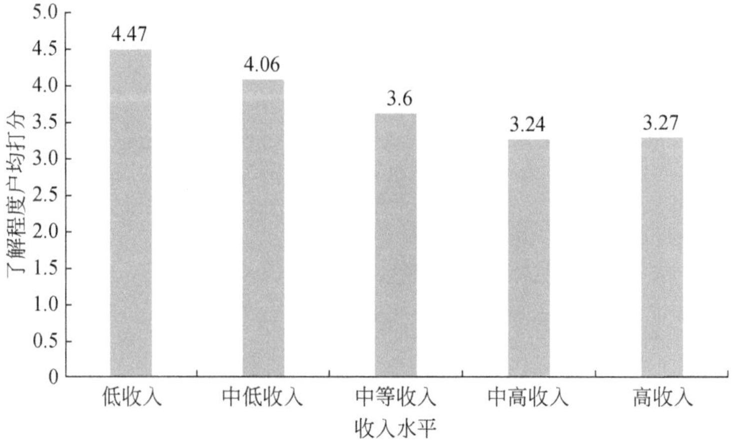

图 8.32　不同收入水平的受访者对于峰谷电价政策的认知度情况

## 8.3.3 天然气阶梯价格政策的了解与参与情况

如图 8.33 所示，绝大多数家庭对天然气阶梯价格政策处于完全不了解的状态，其占比为 52.53%，完全了解该政策的家庭仅占总样本比例的 2.6%。天然气阶梯价格政策的普及程度低于以上两个电价相关的政策。

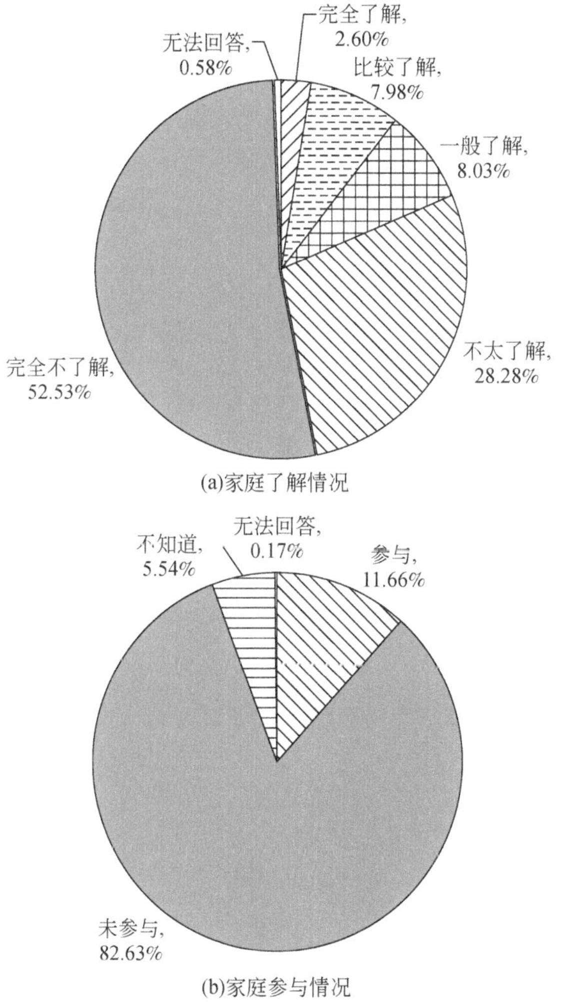


图 8.33 居民对天然气阶梯价格的了解和参与情况

阶梯气价政策为覆盖性政策，即在政策覆盖地区的居民只要购买并使用天然气，就会自动参与到政策之中。但是根据数据调查显示，在政策实施地，受访家庭中认为自己未参与政策的占总样本数比例为 81.6%，确定参与政策的家庭占总样本数的比例为11.5%，可见政策的普及度较低。政策参与度在政策实施地显示较低的可能原因有二：一是部分居民在不知情的情况下参与到政策之中，对此当地政府和社区应当加大宣传力度，进一步推广宣传；二是部分居民不购买和使用天然气，对此当地政府应当结合其他能源政策，进一步推进和扩大天然气的使用范围。

进一步研究发现，受访者的受教育程度与收入水平与他们对阶梯气价政策的参与和了解情况有相关性。用1～5分对居民家庭对于阶梯气价政策的了解程度进行打分，5分代表完全不了解，4分代表不太了解，3分表示了解程度一般，2分表示比较了解，1分表示完全了解，即得分越高该人群对政策的了解程度越低。从受教育程度来看，总体上受教育程度越高的居民对于阶梯气价的了解与参与程度越高，但是不同群体之间的区分度较小（图8.34）。从收入水平来看，高收入群体对阶梯气价政策的认知度明显高于低收入群体（图8.35）。





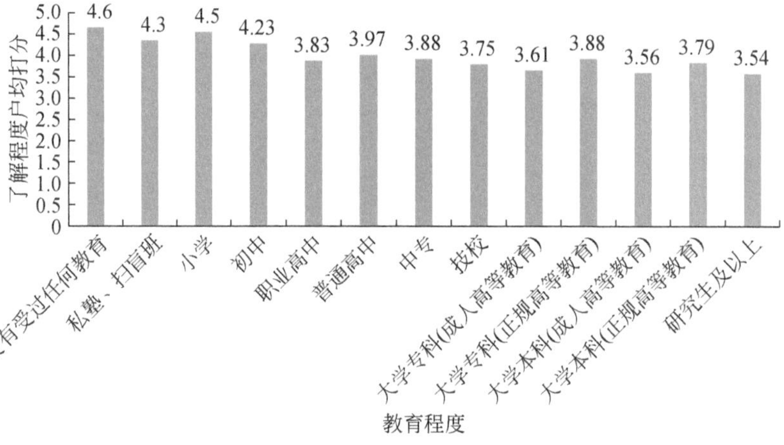


图8.34　不同教育程度的受访者对于阶梯气价政策的认知度情况

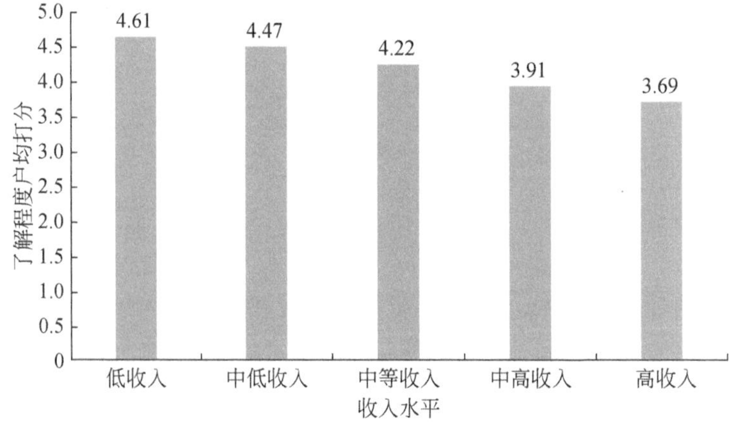


图8.35　不同收入水平的受访者对于阶梯气价政策的认知度情况

## 8.3.4 炉具补贴政策的社会了解与参与情况

如图 8. 36 所示，完全不了解炉具补贴政策的家庭较多，占总样本比例达 55. 93%，完全了解的则仅占 0. 74%。从参与情况来看，政策实施地的受访者中参与炉具补贴政策的仅占总样本数的 2. 49%，未参与的家庭占比高达 93. 07%。由此可见，该项政策的普及度和参与度均较低（图 8. 37）。

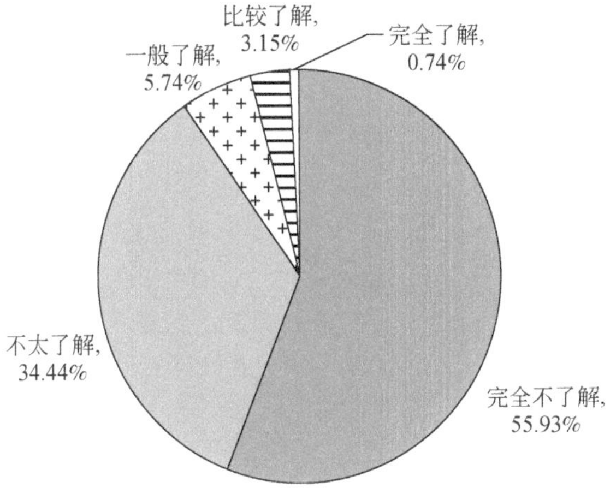


图 8. 36　居民对炉具补贴政策的了解情况

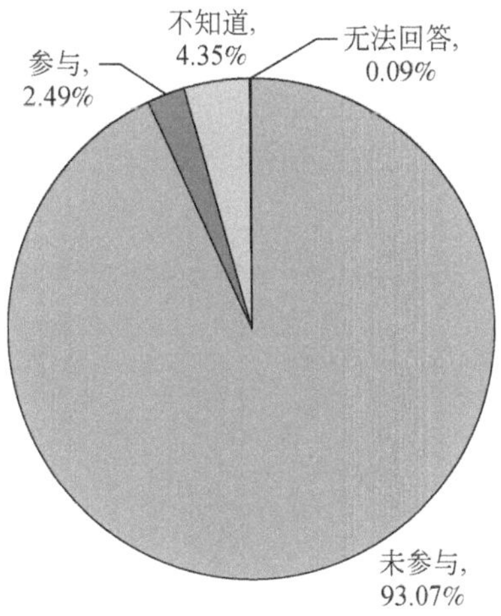


图 8. 37　居民对炉具补贴政策的参与情况

进一步研究发现，受访者的受教育程度与收入水平与他们对炉具补贴政策的了解和参与情况有相关性。用 1 ~ 5 分法对居民对于炉具补贴政策的了解程度进行打分，5 分代表完全不了解，4 分代表不太了解，3 分表示了解程度一般，2 分表示比较了解，1 分表示完全了解，即得分越高该人群对政策的了解程度越低。如图 8.38 和图 8.39 所示，从受教育程度来看，总体上受教育程度越高的居民对于炉具补贴的了解与参与程度越高，但是由于政策本身的普及度很低，所以在各人群中并没有很大区分度。从收入水平来看，收入水平越高的人群对政策的了解程度越高。

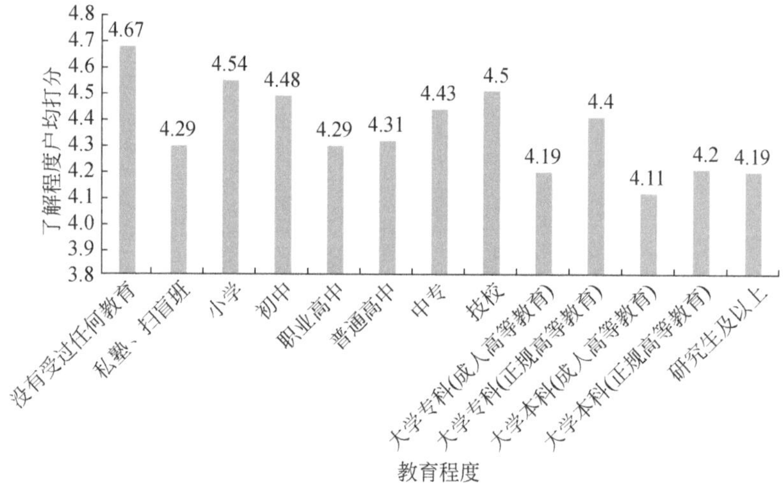


图 8.38　不同教育程度的受访者对于炉具补贴政策的认知度情况

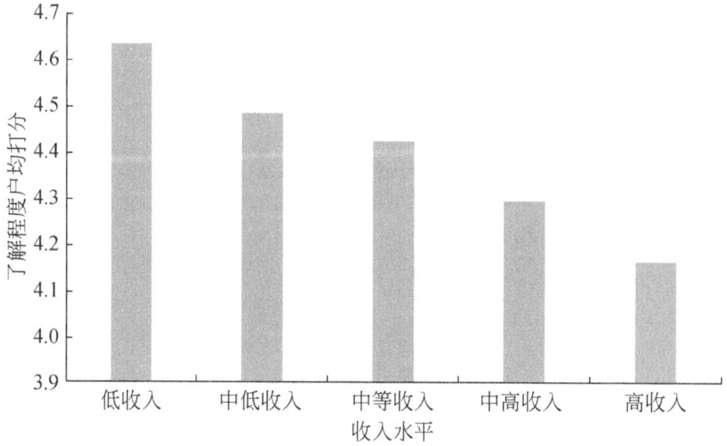


图 8.39　不同收入水平的受访者对于炉具补贴政策的认知度情况

### 8.3.5 小结

本节针对阶梯电价、峰谷电价、阶梯气价和炉具补贴等政策的具体内容和民间实施情况进行调查分析，得出以下结论：首先，4 个政策从横向对比来看，阶梯电价政策的居民了解程度和参与程度最高，大多数参与调查的家庭对此项政策都有一定的听闻和了解。了解程度和参与程度次优的是峰谷电价政策，受访家庭中有 23.37% 对该政策较为了解，有 22.59% 参与到该政策之中。天然气阶梯气价政策与高效炉具补贴政策的参与程度均不足 15%。可见，通过价格机制鼓励居民节能减排的相关政策在民间的参与程度与了解程度均不够高，未能保证我国大多数家庭参与其中，从而很难达到政策设计的预期效果。其次，本节对以上 4 项政策的居民了解程度进行了影响因素分析，发现对于推行力度较大、推行效果较好的阶梯电价和峰谷电价政策，居民的了解程度与他们的受教育程度和收入水平正相关，即受教育程度越高、收入水平越高的群体对政策的了解程度越高。但是对于推行效果并不够理想的阶梯气价和炉具补贴政策，了解程度与受教育程度的相关性并不明显，这是由于政策本身的居民了解程度较低，难以产生明显差距有关。

## 8.4 提高能源可得性的价格政策的社会了解和参与程度

自改革开放以来，我国开展了大规模扶贫之路，脱贫减贫成效显著。从 1978 至 2014 年，我国累计减贫超过 7 亿人，贫困标准由 100 元提高至 2300 元，贫困地区基础设施得到明显改善，社会事业不断进步。但对于扶贫减贫事业，我们依旧在路上，截至 2015 年底，我国还有 5630 万农村建档立卡贫困人口。而民用能源问题关系到人民衣食冷暖，是我国脱贫扶贫工作中的重要内容。提高能源可得性，让人民有得用、用得起能源，尤其是与百姓生活关系最密切的电力更是重中之重。

本节将通过价格机制提高能源可得性的相关政策介绍与调查，了解贫困户对相关政策的认知和参与情况，包括对贫困户进行电费补贴以及引导扶贫对象通过自建微型太阳能电站的方式实现自救脱贫等政策的实施效果。对贫困户进行电费补贴在不同的地区有不同的补贴标准及补贴方式，主要补贴对象为城乡低保户及农村五保户。光伏扶贫是我国在精准扶贫之路上的积极实践，是十大精准扶贫任务之一。截至 2017 年底，全国共有 25 个省（自治区、直辖市）、940 个县开展了光伏扶贫项目建设，累计建成规模 1011 万千瓦，直接惠及约 3 万个贫困村的 164.6 万户贫困户。

## 8.4.1 贫困家庭电费补贴政策的社会了解与参与程度

此次调查采用打分的形式对贫困家庭电费补贴政策了解程度进行分析，1 分为完全不了解，2 分不太了解，4 分为比较了解，5 分为完全了解。在调查到的样本中，对于贫困家庭电费补贴政策完全不了解或不太了解的比例占到 88%，有一定了解及完全了解的比例仅有 12%；在贫困家庭电费补贴政策参与情况的调查中，未参与的比例占总样本比例的 93%，参与的比例占 1%（图 8.40）。

贫困家庭电费补贴政策是全国性的自动覆盖符合条件对象的政策，因此居民实际上不需要主动参与，而是在符合条件的情况下被动纳入政策实施。在调查结果中出现参与度和了解度都很低的情况，一方面是因为政策对象——农村五保户和城乡低保户等贫困人口，在调查样本中所占比例有限，大部分调查对象因为收入不符合政策要求，所以不可以参与这一政策；另一方面由于电费补贴是包含在低保户和五保户的补贴中的，并不是单独发放的，因此可能存在调查对象参与了该政策但不知道自己参与了或者不了解该政策的情况。





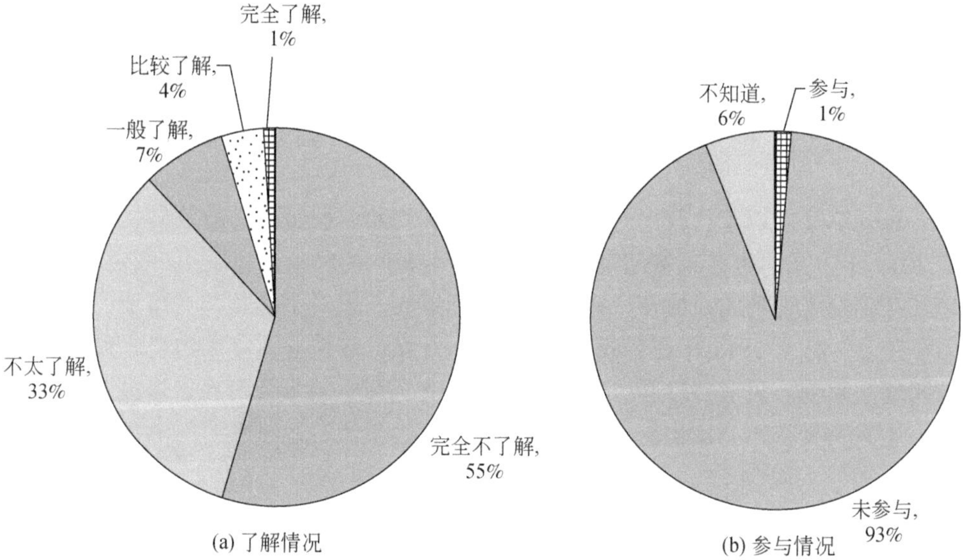


图 8.40 贫困家庭电费补贴政策了解情况与参与情况

为了研究影响贫困家庭电费补贴政策社会接受度的因素，采用打分的形式判断居民对该政策的认知度，由此得到不同受教育程度、不同收入水平群体的认知状况。由图 8.41 可知，大致趋势上，受教育程度越高，对贫困家庭电费补贴政策了解程度越高，但差距并不大。由图 8.42 可知，在一定程度上，家庭收入水平越高，对贫困家庭电费补贴政策了解程度越高。

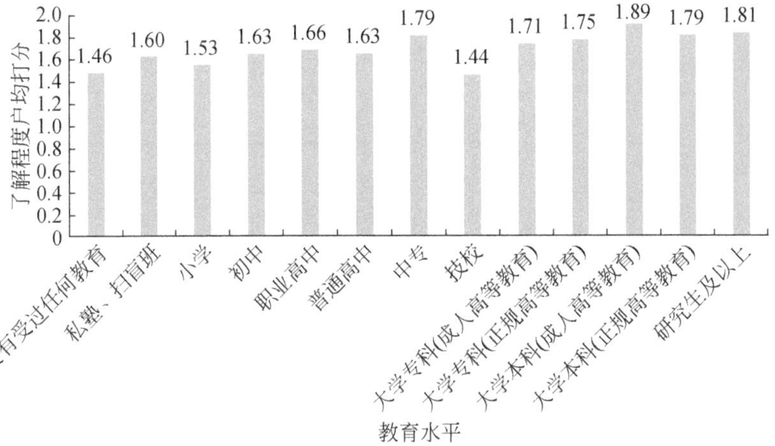


图 8.41　对贫困家庭电费补贴政策了解程度与教育水平的关系





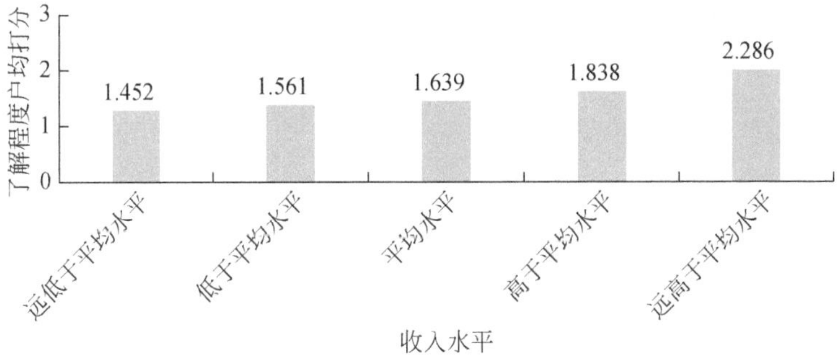


图 8.42　对贫困家庭电费补贴政策了解程度与家庭经济状况的关系

## 8.4.2　光伏扶贫社会了解与参与程度

由于光伏扶贫政策对实施地区的经济状况和光照情况有一定要求，因此该政策的推广存在地区差异性。为了更好地体现居民家庭对该政策了解和参与情况，根据《关于实施光伏发电扶贫工作的意见》（发改能源〔2016〕621 号）附件，选择甘肃、海南、河北、河南、黑龙江、吉林、内蒙古、宁夏、青海、山西、陕西、四川、西藏、新疆、云南、安徽等 16 个有光伏扶贫工程重点实施县的省份（自治区）为调查范围，在上述 16 省（自治区）的调查对象内进行参与和了解情况的分析统计。上述 16 个省（自治区）的光伏扶贫政策实施情况如表 8.1 所示。

表 8.1　16 省（自治区）光伏扶贫政策实施情况（以县为单位）

| 地区 | 省（区）内设县情况 | 县级区划数 | 省（区）内实施光伏扶贫政策的县总数 |
|---|---|---|---|
| 甘肃 | 17 个市辖区、5 个县级市、57 个县、7 个自治县 | 86 | 41 |
| 海南 | 5 个县级市、4 个县、6 个自治县 | 15 | 2 |
| 河北 | 47 个市辖区、20 个县级市、94 个县、6 个自治县 | 167 | 45 |
| 河南 | 21 个县级市、85 个县、53 个市辖区 | 159 | 1 |
| 黑龙江 | 54 个市辖区、21 个县级市、45 个县、1 个自治县 | 121 | 20 |
| 吉林 | 21 个市辖区、20 个县级市、16 个县，3 个自治县 | 60 | 8 |
| 内蒙古 | 23 个市辖区、11 个县级市、17 个县、49 个旗，3 个自治旗 | 103 | 31 |
| 宁夏 | 9 个市辖区、2 个县级市、11 个县 | 22 | 8 |
| 青海 | 6 个市辖区、4 个县级市、27 个县、7 个自治县 | 44 | 42 |
| 山西 | 11 个县级市、81 个县、25 个市辖区 | 117 | 35 |
| 陕西 | 30 个市辖区、6 个县级市、71 个县 | 107 | 18 |
| 四川 | 54 个市辖区、18 个县级市，107 个县，4 个自治县 | 183 | 31 |
| 西藏 | 8 个市辖区，66 个县 | 74 | 74 |
| 新疆 | 89 个县 | 89 | 32 |
| 云南 | 17 个市辖区、16 个县级市、67 个县，29 个自治县 | 129 | 63 |
| 安徽 | 8 个县级市，53 个县，44 个市辖区 | 105 | 20 |

此次调查采用打分的形式对了解程度进行分析，1 分为完全不了解，2 分不太了解，3 分为一般了解，4 分为比较了解，5 分为完全了解。在选定的调查样本中，对光伏扶贫政策完全不了解或不太了解的比例占到总样本数的 91%，一般了解及完全了解的比例仅占总样本数的 8%；在光伏扶贫政策参与情况的调查中，未参与的比例占总样本数的 94%，参与的比例占总样本数的 1%（图 8.43）。由表 8.1 可知，在作为调查样本的 16 个省（自治区）里，大部分省（自治区）的光伏扶贫政策不是全省（自治区）覆盖的，而是选取了省（自治区）内的一部分县实施，尤其是河南、海南、吉林、陕西、四川、安徽几个省份，实施光伏扶贫政策的县在全省中所占的比例很小。因此，在调查样本中存在不在政策实施范围内的样本，这使政策了解程度和参与程度的统计数据分析存在一定偏差。

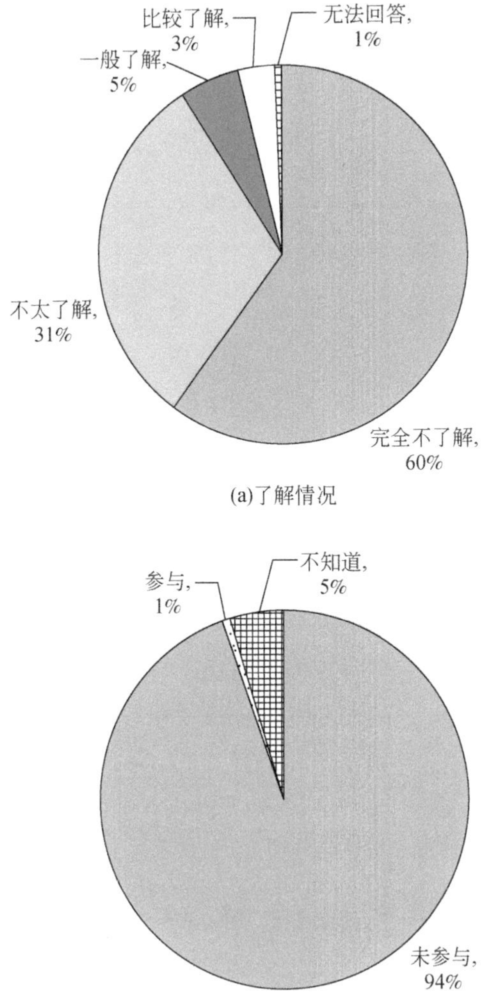

(a)了解情况


(b)参与情况

图 8.43 光伏扶贫政策了解情况与参与情况



为了研究影响光伏扶贫政策社会接受度的因素，分析了受教育程度和收入水平对该政策了解程度的关系。由图 8.44 可知，大致趋势上，受教育程度越高，对光伏扶贫政策了解程度越高，但差距并不大。由图 8.45 可知，在一定程度上，家庭收入水平越高，对光伏扶贫政策了解程度越高。

### 8.4.3 小结

本节重点研究了以提高能源可得性为目标的价格政策，包括贫困家庭电费补贴政策和光伏扶贫政策，针对不同地区不同的实际情况，相关政策有不同的特点

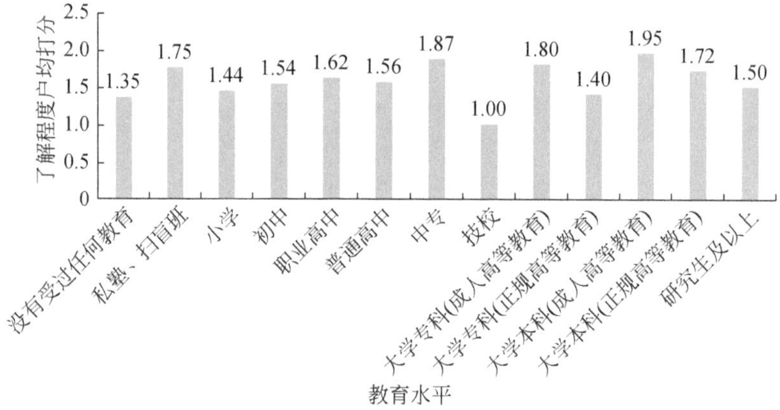


图 8.44　教育水平与对光伏扶贫政策了解程度关系情况





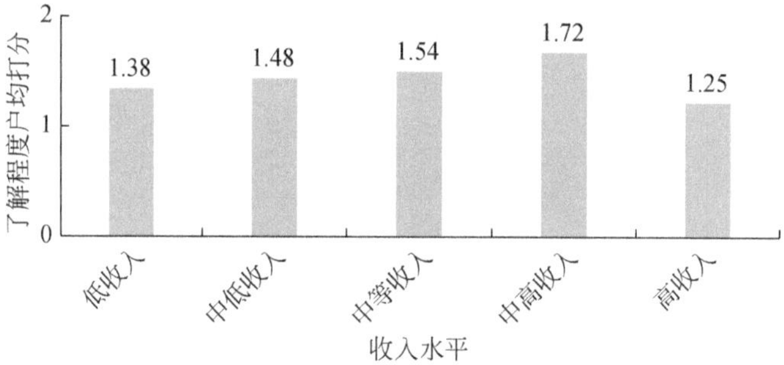


图 8.45　家庭经济情况与对光伏扶贫政策了解程度关系情况

与变化，也取得了显著的成效，提高能源利用率，扩大经济效益，推动减贫脱贫目标的实现。

综合上述对于居民家庭了解和参与情况的调查分析，两类政策的居民参与了解和参与程度都不高，不了解和不参与相关政策的家庭都占调查样本的九成左右。结合这两种政策的实施地点与对象，了解程度和参与程度低的原因可能与大部分调查对象的家庭经济状况不属于扶贫对象、不在光伏扶贫政策实施范围内有关。

但根据以打分形式呈现的居民对光伏扶贫政策的了解程度的调查结果可知，居民对光伏扶贫政策的了解程度与教育水平和家庭收入水平呈正相关，家庭经济状况越好，教育水平越高，对光伏扶贫政策的了解程度越高。但因为了解政策与不了解政策的人数比例悬殊（1∶9），所以在两个分类比较情况内部差距并不大，均为1～2分。

## 8.5 本章小结

本章重点分析了居民家庭对各类政策的了解程度和参与程度情况。分析发现，第一，煤改电、煤改气、洁净煤替代三种强制能源替代政策普及情况较差，仅有部分家庭对政策了解程度较高。三种政策之中，居民对煤改气的认知度和参与度最高，其次是煤改电，洁净煤替代最低。第二，大部分居民家庭对家用电动汽车购车补贴、家用电动汽车充电桩峰谷电价、农村沼气池补贴、居民光伏电站补贴和光伏扶贫这五种鼓励能源替代的补贴政策不太了解，且政策参与程度也较低。其原因可能是上述政策是针对特定人群或县（市），而本报告采取省内样本进行计算。第三，从鼓励节能减排的价格政策来看，阶梯电价、峰谷电价、阶梯气价和炉具补贴等政策的社会认知情况均不高。其中，阶梯电价政策的居民了解程度最高，其次是峰谷电价政策。另外，阶梯电价、阶梯气价、峰谷电价政策在实施区域自动覆盖家庭用电、用气，但仍有部分居民认为并没有参与相应的政策。第四，就提高能源可得性为目标的价格政策而言，居民参与程度和了解程度较低，仅有一成左右的居民家庭对政策有一定的认知。

本章还研究了影响居民对政策了解程度和参与程度的因素。结果发现，从政策了解程度来看，家庭收入水平、受教育程度是主要的影响因素。家庭年收入越多、受教育程度越高，居民对通过补贴鼓励能源替代政策的了解程度就会更高。家庭经济状况越好，居民对光伏扶贫政策、强制能源替代政策、阶梯电价、峰谷电价等政策的了解程度越高。对于阶梯电价和峰谷电价政策，受教育程度越高、收入水平越高的群体对政策的了解程度越高。但对于阶梯气价和炉具补贴政策，了解程度与受教育水平的相关性并不明显。此外，年龄也与政策了解程度息息相关，老年人群对政策的了解普遍低于年轻群体。

基于上述分析，本章针对我国能源政策提出以下建议。

第一，居民对政策的了解程度关系到其对政策的判断和参与。因此，要加强政策宣传力度和信息的公开透明度，增进居民了解度。政策推广过程中，政府部门可协同电气、供暖设备生产公司、新能源企业等在村镇开展宣传活动，为居民解读政策含义，讲解政策的好处、意义和具体举措，如峰谷电价政策的执行区间和价格，农村沼气池的补贴力度，以及燃气壁挂炉的正确使用方式等人民群众较为关注的问题，提高居民对政策的了解程度。同时，可充分结合公示栏、广播电台、微信、APP 等平台进行公众教育与引导，最大限度获得居民理解、支持和配合，化解居民抵触情绪，促进居民积极响应各项能源政策。

第二，发挥高收入、高学历的中青年群体的先锋模范作用。这部分群体更为了解各项政策的实施意义和预期结果，由他们带头参与政策，并在家庭和社区进行宣传，更能调动居民参与政策的积极性。

第三，针对不同的收入群体，依据其收入水平设置不同的补贴金额，补贴力度向低收入群体倾斜。例如，参与强制散煤替代政策的主体大部分是农村低收入群体，而空气质量的改善服务于对空气质量要求更高的高收入群体，一户一补贴的补贴方式使得高收入群体享受了更多的补贴，低收入群体承担了更多的经济压力。因此，建议降低高收入群体的单位补贴额度，提高低收入群体的单位补贴额度，促进其低收入群体积极参与强制能源替代政策和其他能源补贴政策。

# 第9章　节能环保意识和发电厂认知

随着全球资源环境问题的日益突出，低碳经济甚至零碳经济成为人类的共同选择，这不仅仅是政府、企业的事，也是每一个公民的事。不断提高公民的节能环保意识，加强公民对能源消费知识的学习，将有助于低碳经济的实现。本章对于公民在节能环保意识和发电厂认知的特征作了详细介绍。

## 9.1　文献综述





在节能环保意识方面，吴刚等（2011）通过分析北京市的居民消费行为倾向和节能意识发现，北京市公众的节能意识有待加强，尤其是35岁以下人群；公众的生活模式正在由传统的储蓄模式向消费模式转变，随着收入的增加和学历的提高，会越来越倾向于买房、买车等高耗能消费。他们提出应进一步加大节能减排的宣传和教育，提高公众的节能意识，合理引导居民节约型消费行为模式。

杨冰等（2017）对居民的节能意识、节能知识、节能行为和节能意愿做了问卷调查，发现居民虽然具备个体层面的节能意识，但缺乏社会层面的能源认知和具体的节能知识，节能责任意识和主观自觉性不强，同时发现居民具有学习节能知识的需求，且愿意为能源节约和改善环境而付出努力。他们在此基础上提出三个建议：①改进节能宣传培训的方式和内容，加强能源危机意识教育和应用型知识培训；②研究出台符合形势要求的能源节约措施；③推广节能新产品新技术。

在居民生活能耗影响因素方面，赵晓丽和李娜（2011）发现，1993～1996年，较低的能源价格导致了居民生活能耗的增加，而1996年后能源价格的上升则显著抑制了居民生活能耗。此外，居民年龄、社会人口年龄结构、居民的能耗选择行为、居民自身的社会经济地位等因素均对居民能耗有着重要的影响。郑睿臻和张惠（2016）研究发现城市化水平对城镇居民生活能源消费总量的正向影响效应较弱，但对城镇居民家庭电力消费量的影响较大。

北京节能环保中心在“十一五”末调查发现，与“十一五”初相比，北京市居民节能意识水平有以下四个突出变化：一是普通民众的节能意识提升较快；

二是居民的能源忧患意识显著加强；三是居民的节能责任感和主动性明显增强；四是网络已经跃升为居民节能信息获得的重要途径。

在发电厂认知方面，国内研究主要集中在公众对核电认知和接受度上。例如，张婷婷等（2019）以核电知识认知、风险认知和利益认知作为公众核电接受度的主要影响因素，开展实证研究。研究结果表明，知识认知对接受度有负向影响；恐慌风险对接受度有负向影响；环境利益和能源利益对接受度有正向影响。任晓娜等（2018）从心理学、社会学和传播学的角度分析了公众对核能风险的认知，以及在风险认知方面存在的问题和挑战，提出公众对核电的认知呈现出关注度高、认知与接受度有限、态度主观与非理性的特点。王刚和张霞飞（2017）认为核电具有“污名化”的特性，提出了沿海核电的“去污名化”策略，并提出需要立足“战略”层面的信任建构。褚建勋等（2017）对核安全的认知态度与核科普程度进行统计分析研究，结果显示，受访网民的核电科普程度较低，尤其是对于核电的优点了解较少；对我国现运营的核电站有较高信任度，但不太支持国家未来建更多的核电站。



## 9.2 节能环保意识

本次调研设计了10个相关问题以了解居民的节能环保意识，包括空气质量满意程度，能源使用与雾霾、温室效应和酸雨的关系认知，能源产品污染程度认知，个人对能源、环境问题的认识等。

### 9.2.1 空气质量满意程度

问卷结果表明，大多数受访者对所居住地的空气质量较为满意。在4123份有效问卷中，对于“是否同意2017年我所居住地区的空气质量很好”这个问题，同意或者非常同意的受访者约占总样本比例的66%，不同意或者非常不同意的占比为26%，剩下8%的受访者认为空气质量的好坏无所谓（图9.1）。相较于城镇居民，农村居民对当地空气质量更为满意，调研数据显示约有55%的城镇居民对空气质量感到满意或非常满意，而农村居民对空气质量持满意或非常满意态度的占比高达76%。

### 9.2.2 能源使用与雾霾、温室效应和酸雨的关系认知

对于能源使用与雾霾、温室效应和酸雨的关系认知，多数受访者同意能源使用是导致雾霾、温室效应和酸雨的主要原因。总体来讲，约61%的受访者同意或者非常同意能源使用是导致雾霾发生的主要原因（图9.2），约58%的受访者

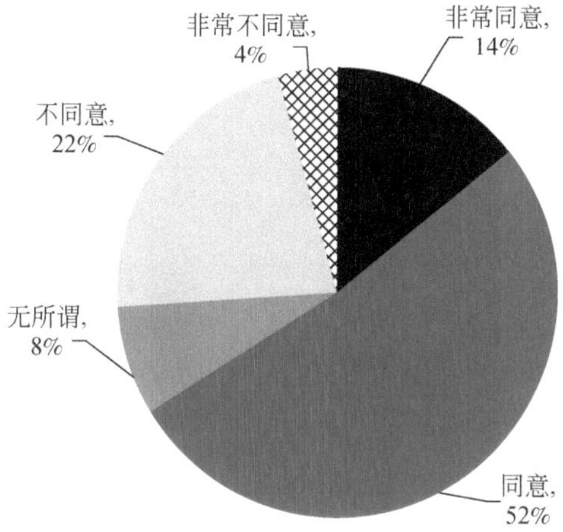


图 9.1 “是否同意 2017 年我所居住地区的空气质量很好”的调查情况



同意或者非常同意能源使用是导致温室效应的主要原因（图 9.3），约 49% 的受访者同意或者非常同意能源使用是导致酸雨的主要原因（图 9.4）。

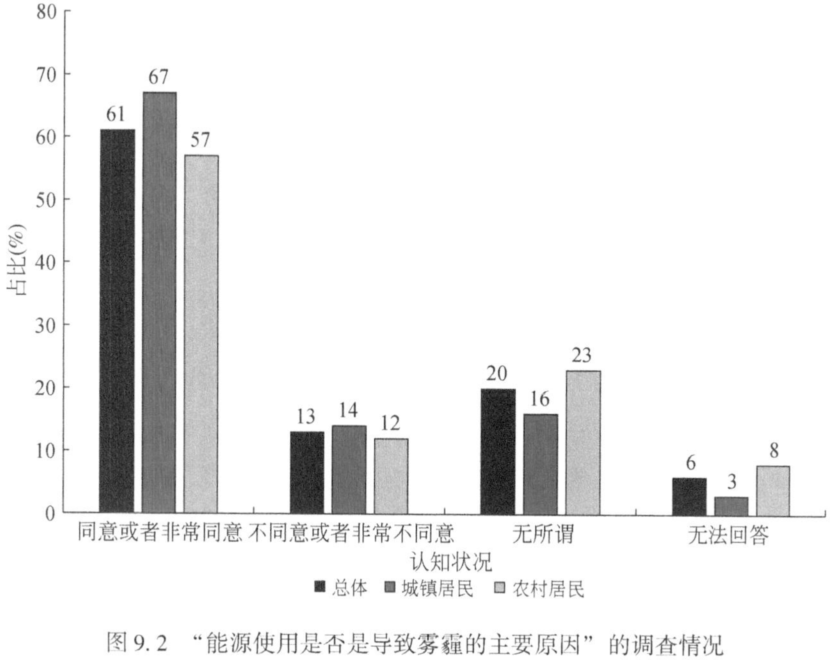


图 9.2 “能源使用是否是导致雾霾的主要原因”的调查情况

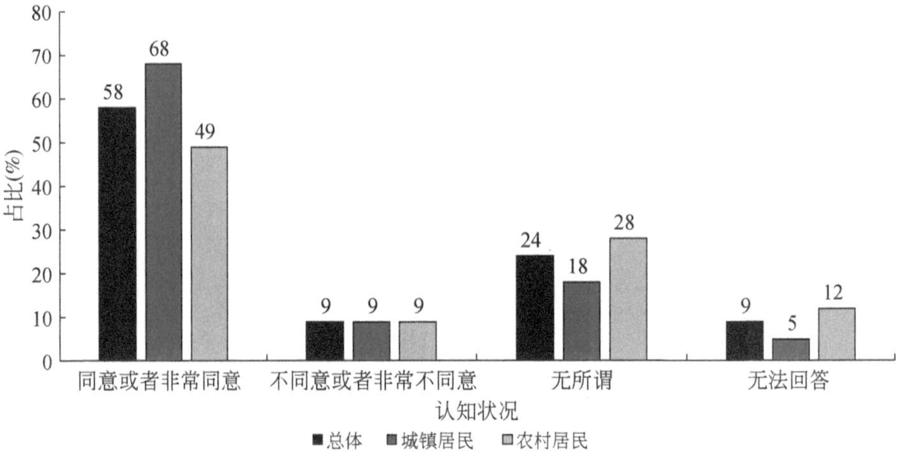


图 9.3 “能源使用是否是导致温室效应的主要原因”的调查情况





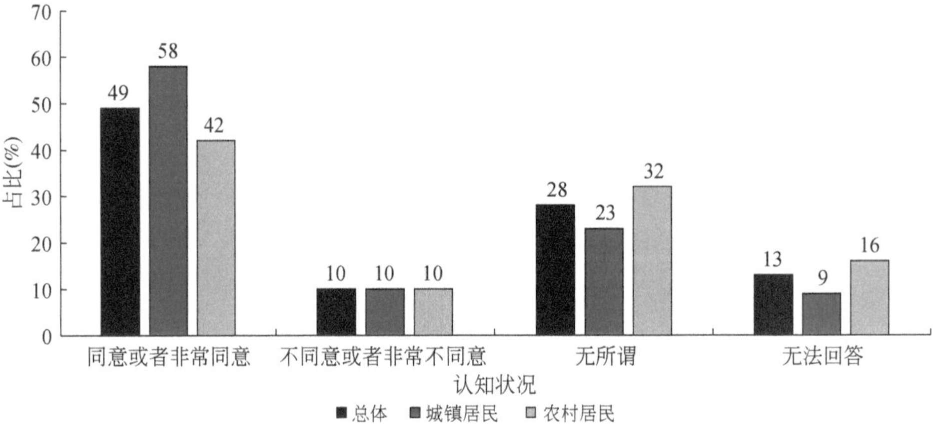


图 9.4 “能源使用是否是导致酸雨的主要原因”的调查情况

此外，城镇居民与农村居民的态度稍微有所差异，约 67% 的城镇居民同意或者非常同意能源使用是导致雾霾的主要原因，而农村居民的同意或者非常同意的比例约为 57%；约 68% 的城镇居民同意或者非常同意能源使用是导致温室效应的主要原因，而农村居民的同意或者非常同意的比例约为 49%。“是否同意能源使用是导致酸雨”的问卷结果与雾霾及温室效应的问卷结果相似，其城乡差异如图 9.4 所示。

从受访者受教育程度来看，教育水平越高的群体越倾向于认为能源使用是导致环境问题产生的主要原因。同意或者非常同意能源使用是导致雾霾产生的主要原因的受访者所占比例随着受教育程度的提高而上升（图9.5）。对能源使用是导致温室效应和酸雨的主要原因的回答，也与能源使用导致雾霾产生的主要原因呈现出相似的变化趋势（图9.6，图9.7）。

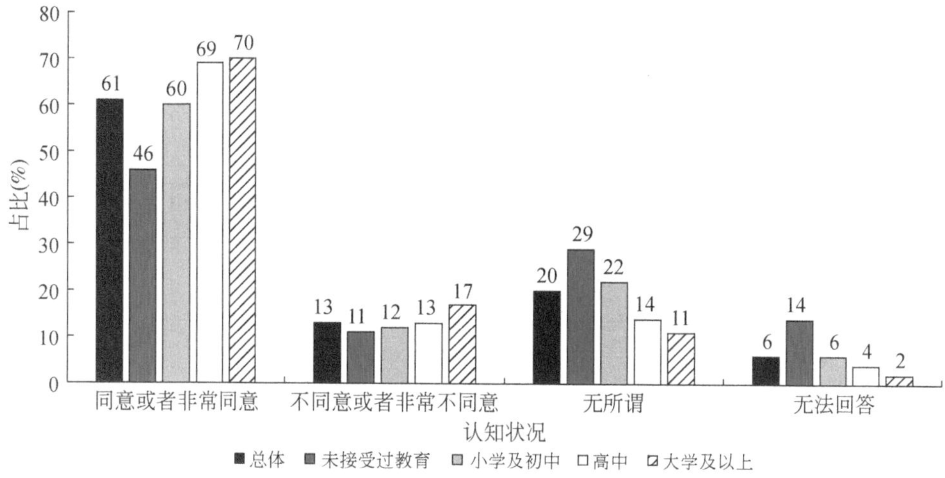


图9.5　能源使用是导致雾霾的主要原因的认知的调查情况

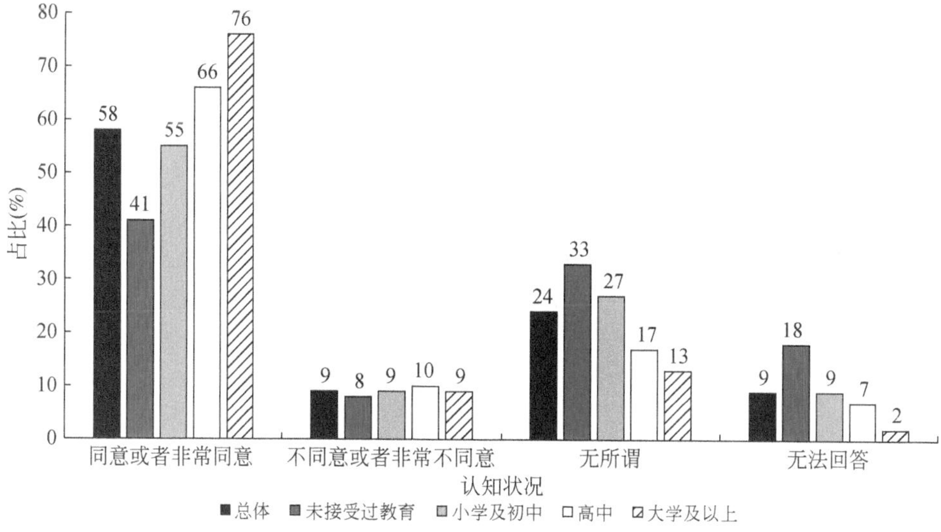


图9.6　能源使用是导致温室效应的主要原因的调查情况

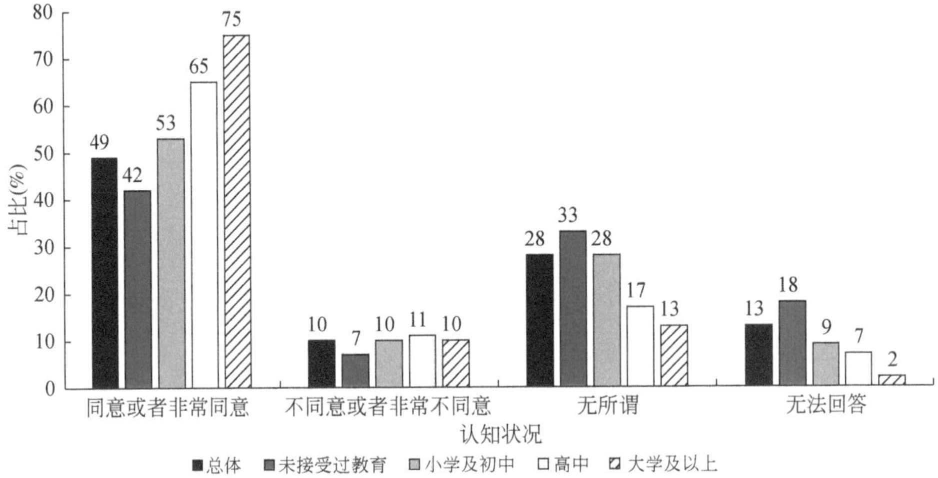


图 9.7　能源使用是导致酸雨的主要原因的调查情况





## 9.2.3　对能源产品污染程度的认知

问卷结果分析表明，约 76% 的受访者同意或者非常同意不同能源产品会有不同的污染程度（图 9.8）。城乡因素在影响受访者对能源产品污染程度认知方面的作用较为显著。农村受访者中，约 71% 的受访者同意或者非常同意不同能源产品有不同的污染程度；城市受访者中，该比例约为 82%（图 9.9）。就不同

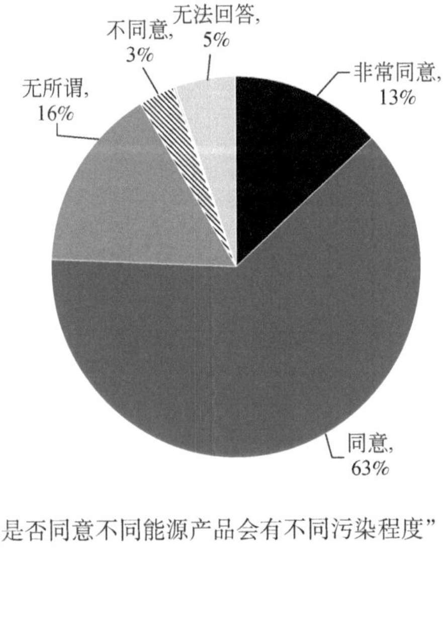


图 9.8　“是否同意不同能源产品会有不同污染程度”的调查情况

经济状况的群体而言，收入水平越高，同意不同能源产品有不同污染程度的比例越高（图 9.10）。不同年龄段的人群对该问题的认知也有区别，随着年龄逐渐增大，受访者中赞同不同能源产品会有不同污染程度的比例在逐渐降低。三十岁以下的受访者中，此比例约为 87%；五十岁以上的受访者中，此比例降至 71% 左右。

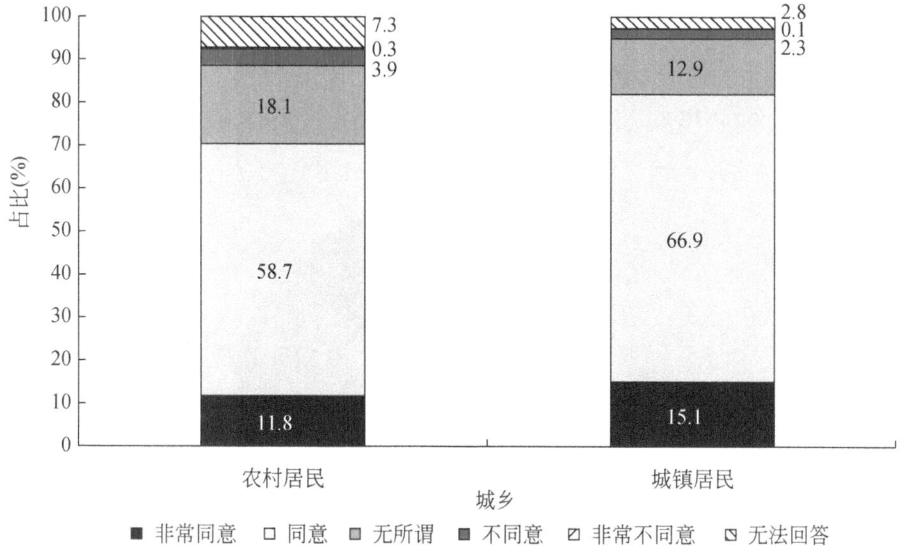


图 9.9 “是否同意不同能源产品会有不同污染程度”（城乡差异）

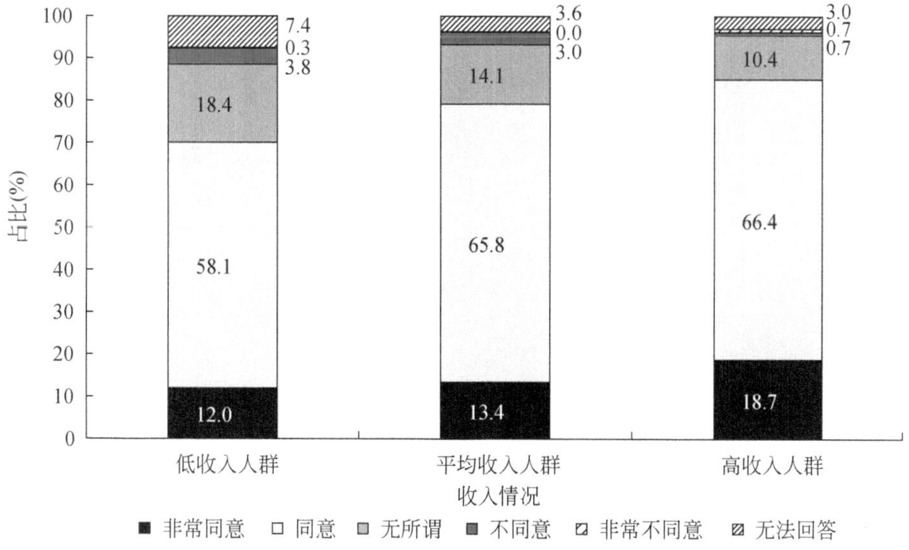


图 9.10 “是否同意不同能源产品会有不同污染程度”（收入差异）

### 9.2.4 个人对能源、环境问题的认识

问卷结果分析表明，多数受访者认为可以为了保护环境而适当舍弃个人利益。约68%的受访者同意或者非常同意人们应该为了保护环境而适当牺牲一些经济利益（图9.11）。受访者收入水平对其为保护环境舍弃个人利益的意愿影响较大。较低收入人群中，同意或者非常同意人们应该为了保护环境而适当牺牲一些经济利益的比例约为64%；中等收入人群中，此比例约为71%；较高收入人群中，此比例约为76%（图9.12）。受访者的文化水平对其在该问题的认知上也

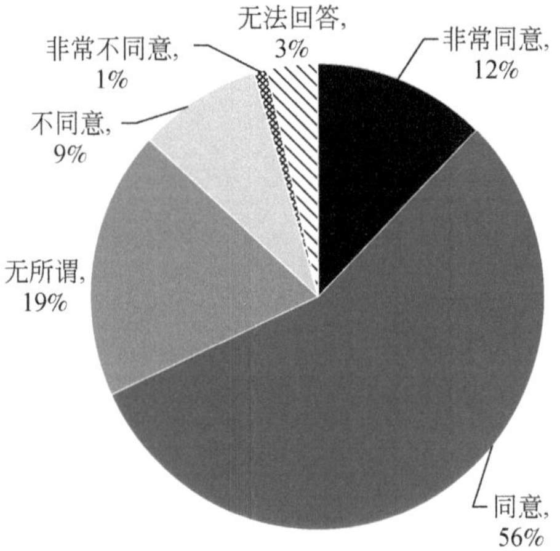


图9.11 “是否同意人们应该为了保护环境而适当牺牲一些经济利益”的调查情况

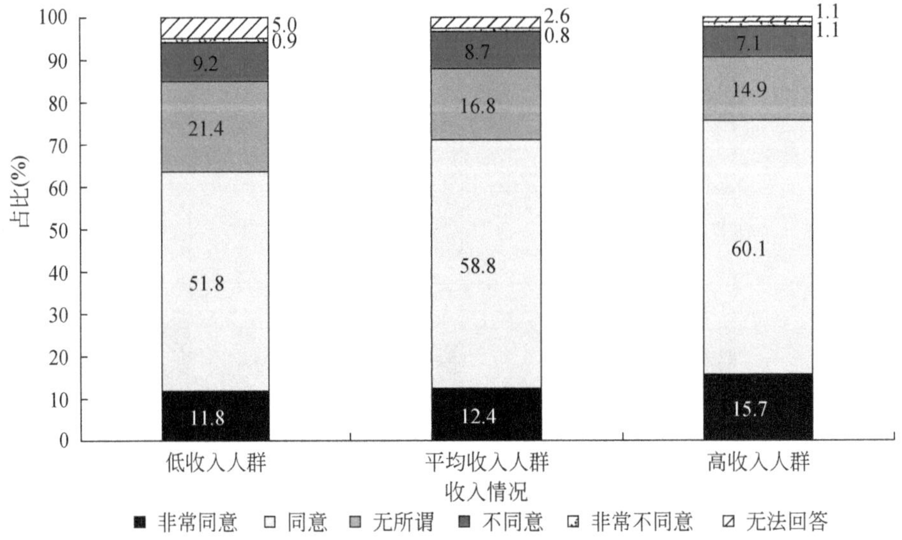


图9.12 “是否同意人们应该为了保护环境而适当牺牲一些经济利益”（收入差异）

有着显著的影响。在未接受过教育的人群中，认为应当为了保护环境而适当舍弃个人利益的比例约为66%。随着受教育程度的提高，受访者赞同该认知的比重逐渐上升，大学及以上学历中，赞同该认知的比例达到79%左右（图9.13）。

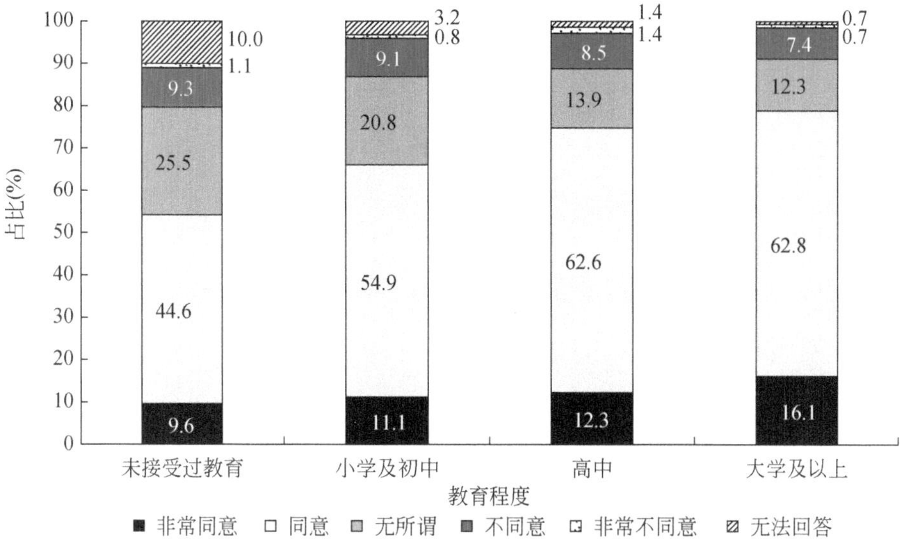


图9.13 “是否同意人们应该为了保护环境而适当牺牲一些经济利益”（受教育程度差异）

另外，在“是否同意个人在控制能源消费、改善环境方面的作用非常有限”的问题中，约57%的受访者持同意或者非常同意态度（图9.14）。受访者受教育

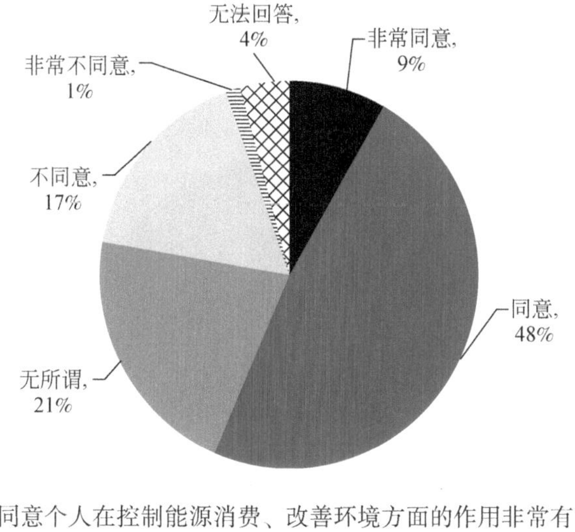


图9.14 “是否同意个人在控制能源消费、改善环境方面的作用非常有限”的调查情况

程度对该认知有一定影响。受教育程度越高，通常越认为个人在控制能源消费、改善环境方面的作用非常有限。其中，未接受过教育的人群中约有45%居民认为个人在控制能源消费、改善环境方面的作用十分有限，接受过小学、初中、高中教育的人群中赞同这一认知的比例逐渐升高。接受过大学及以上教育的人群中，这一比例达61%（图9.15）。

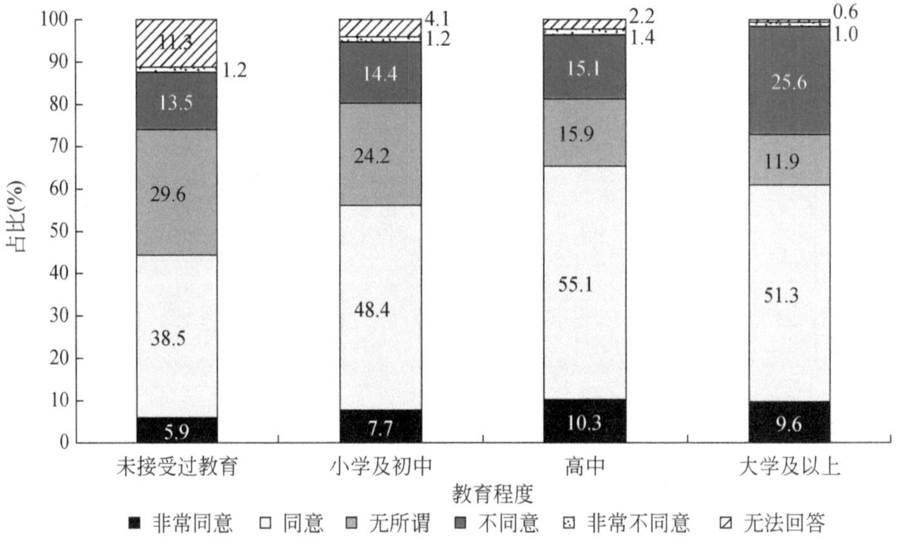


图9.15 “是否同意个人在控制能源消费、改善环境方面的作用非常有限”（受教育程度）

关于政府在能源消费和改善环境方面的作用，约42%的受访者认为我国政府对能源消耗的污染排放标准很严格（图9.16）。从统计结果来看，收入水平越高，

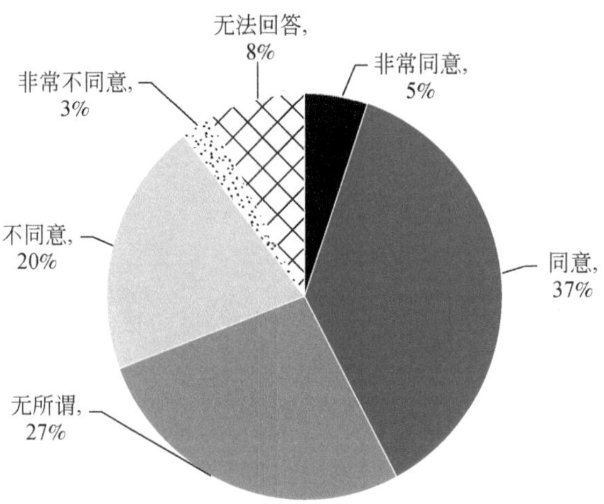


图9.16 “我国政府对能源消耗的污染排放标准很严格”的调查情况

认为政府对能源消耗的污染排放标准很严格的比例就越高。低收入人群中，该比例约为40%；高收入人群中，该比例约为47%（图9.17）。

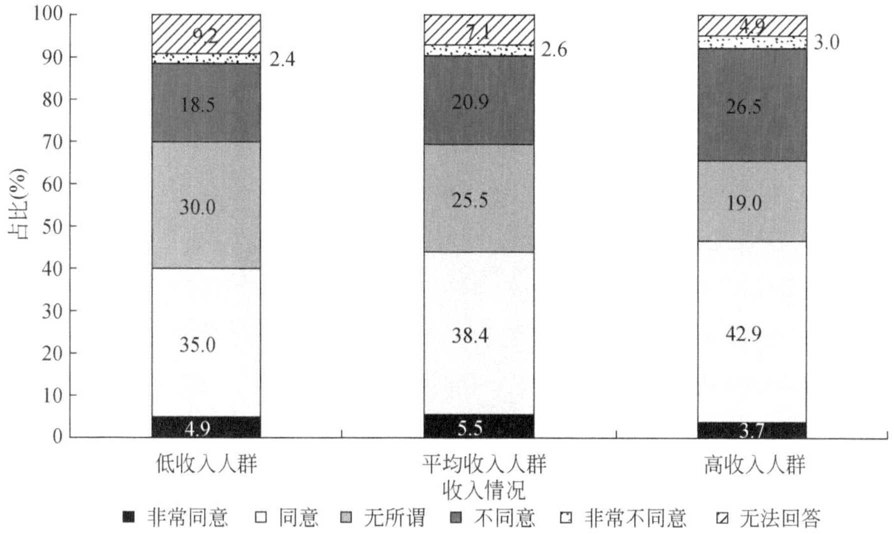


图9.17 “我国政府对能源消耗的污染排放标准很严格”（收入差异）

对“是否同意政府应该对能源产品额外增税来限制能源消费”的问题，约46%的受访者持同意或者非常同意态度（图9.18）。

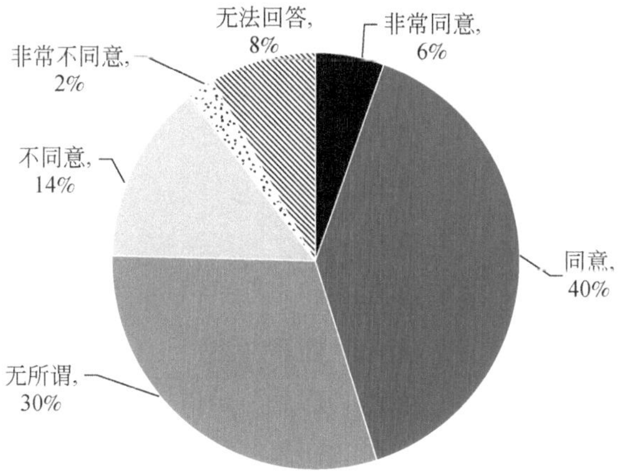


图9.18 “是否同意政府应该对能源产品额外增税来限制能源消费”的调查情况

约有58%的受访者认为政府应该出台一些强制性政策来限制某些能源产品的消费（图9.19）。居民收入水平、年龄、城乡因素、受教育程度等都对居民在

"是否同意政府应该出台一些强制性政策来限制某些能源产品的消费"的认知上有一定影响。随着收入水平的提高和受教育程度的提升，受访者有更高比例认为政府应该出台强制性政策来解决能源问题（图 9.20，图 9.21）。

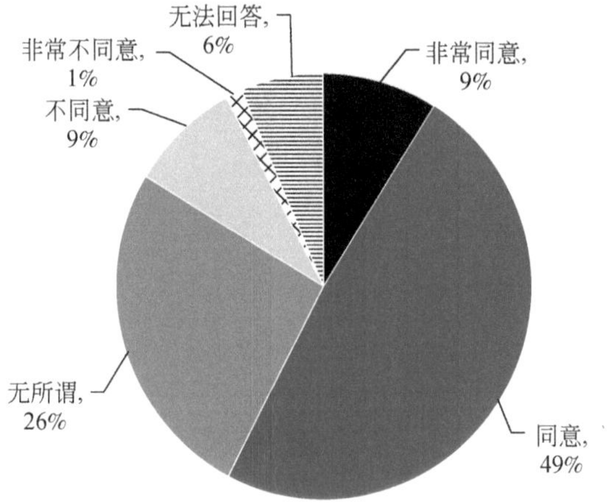


图 9.19 "是否同意政府应该出台一些强制性政策来限制某些能源产品的消费"的调查情况

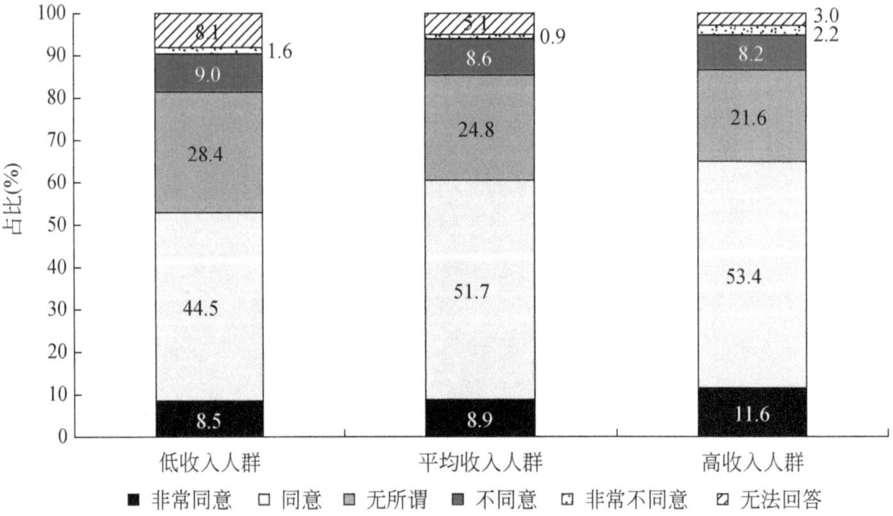


图 9.20 "是否同意政府应该出台一些强制性政策来限制某些能源产品的消费"（收入差异）

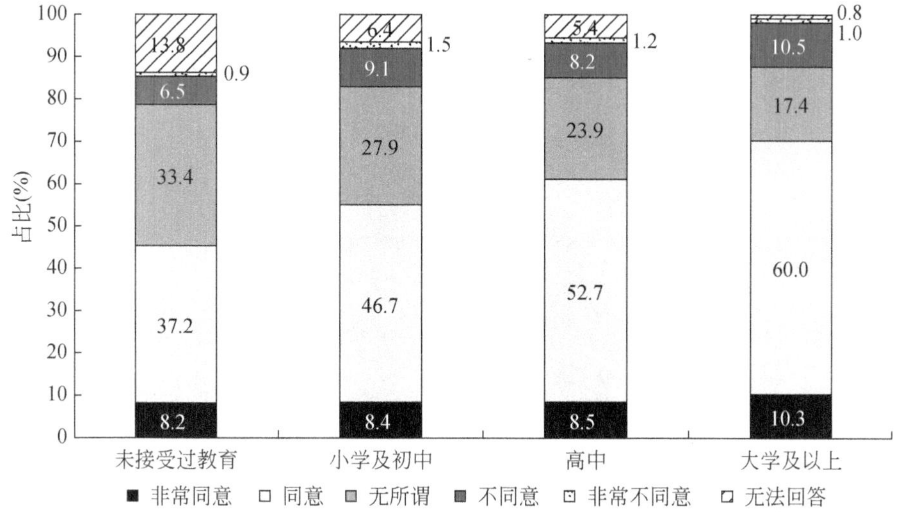


图 9.21 “是否同意政府应该出台一些强制性政策来限制某些能源产品的消费”（受教育程度差异）

通过以上分析，可以发现居民的环保意识与其收入水平、年龄、受教育程度、城乡因素等有着密切联系。在空气质量满意度方面，居住地为农村、受教育程度较低且收入较高的受访者往往有较高的满意度；在能源使用与环境问题关系的认识方面，收入水平越高且受教育程度越高的受访者认为两者之间存在密切联系；在对能源产品污染程度的认识上，户口为城镇且有较高收入和受教育程度较高的受访者中有更大比例认为不同能源产品的污染程度不同；在对个人与能源环境的关系的认识上，有较高收入和较高学历的受访者更倾向于认为个人应该为能源和环境问题承担一些责任且个人的作用是较为显著的；在对政府政策的认识上，受教育程度越高和收入水平越高的受访者更倾向于支持政府采取严格措施来解决能源和环境问题。

## 9.3 对发电厂的认知

本次调研设计了 10 个问题了解居民对发电厂的认知，包括对燃煤发电和核能发电的了解程度、污染程度的评价、污染类型的了解、安全程度评价及安全隐患的了解。

### 9.3.1 对燃煤发电的了解程度

调查结果显示大部分人对燃煤发电不够了解。在针对该问题的 4147 份有效问卷中，约有51%的受访者即超过一半的人认为自己完全不了解燃煤发电，23%的人认为自己不太了解，13%的人认为自己一般了解，11%比较了解，仅2%的人认为自己完全了解（图9.22）。

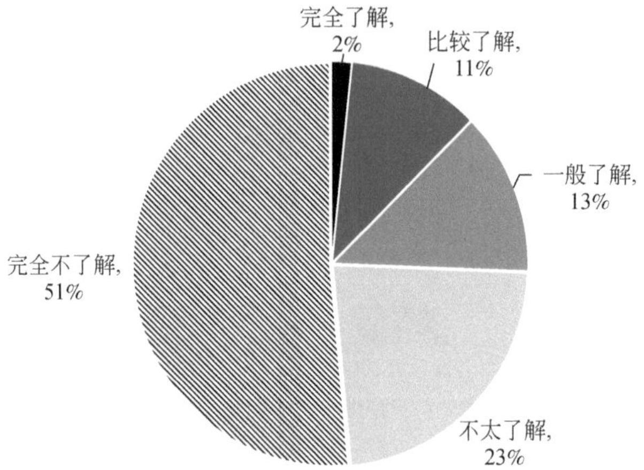


图9.22　对燃煤发电的了解

受访者的受教育程度与受访者对燃煤发电的了解程度有较显著的相关关系，随着受教育程度的提高，受访者对燃煤发电的了解程度也提高。受过大学及以上教育的受访者中对燃煤发电的了解程度高于平均水平，有5%的受访者认为自己完全了解燃煤发电，有32%的受访者认为自己完全不了解燃煤发电。而在没有接受过教育的受访者中认为自己完全了解燃煤发电的比例仅为0.3%，认为自己完全不了解燃煤发电的比例为68.2%（图9.23）。

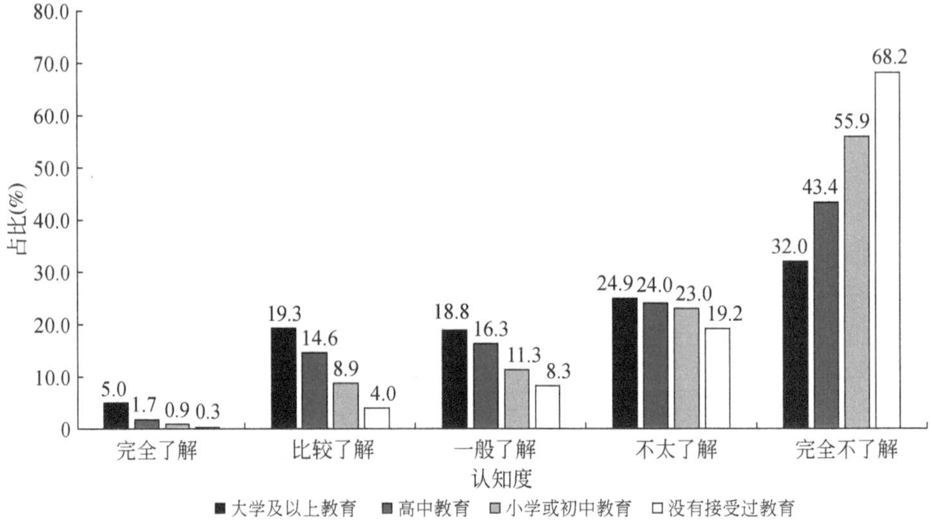


图9.23　对燃煤发电了解程度随教育程度不同的变化情况

相对来讲，收入更高的人群对燃煤发电的了解程度也更高。高收入受访者中，有4.5%的人认为自己完全了解燃煤发电，34.4%的受访者认为自己完全不了解燃煤发电。中等收入受访者中有1.7%的人认为自己完全了解燃煤发电，42.6%的受访者认为自己完全不了解燃煤发电；低收入受访者中，仅有1%的人认为自己完全了解燃煤发电，61.9%的受访者认为自己完全不了解燃煤发电（图9.24）。

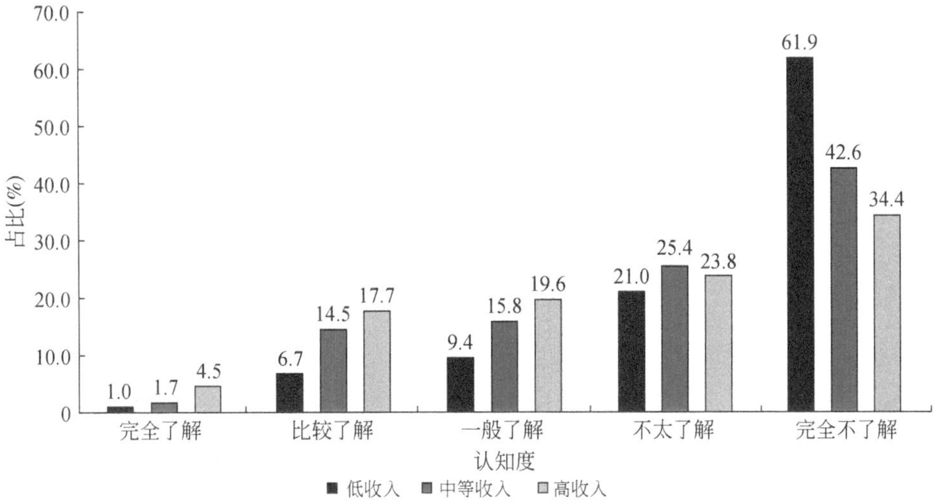


图9.24　对燃煤发电了解程度随收入的变化情况

## 9.3.2　对核能发电的了解程度

调查显示，受访者对核能发电的了解程度比燃煤发电低得多。在针对该问题的4147份有效问卷中，约有64%的受访者表示自己完全不了解核能发电，约有19%的受访者认为自己不太了解，约有11%的受访者认为自己一般了解，仅有5%左右的受访者认为自己比较了解和1%左右的受访者认为自己完全了解核能发电。

我们将受访者的年龄划分为三个层次，分别是年龄小于30岁、30～50岁和年龄大于50岁。调查结果显示，年龄小于30岁这部分受访者对核能发电更加了解。此外，与燃煤发电相同，对核能发电的了解程度同样与受访者的受教育水平和收入水平有关，往往受教育程度越高，收入越高的人群，对核能发电的了解程度越深（图9.25～图9.28）。

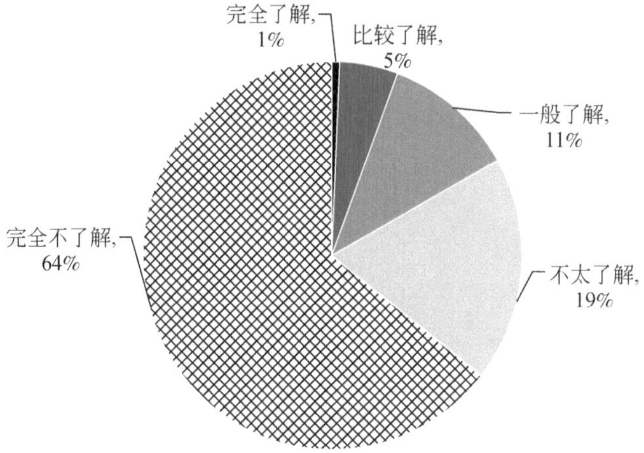


图 9.25　对核能发电的了解情况



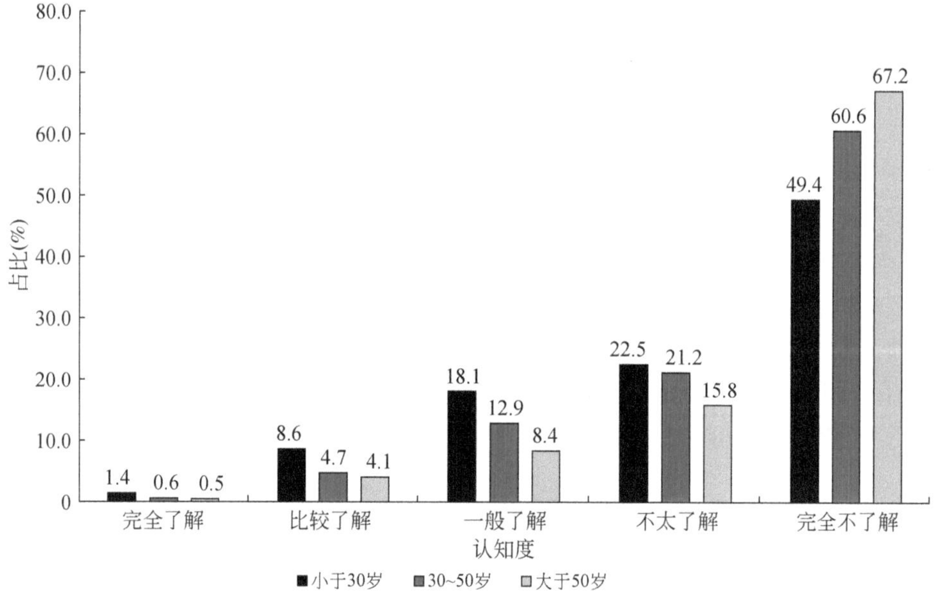


图 9.26　对核能发电了解程度随年龄的变化情况

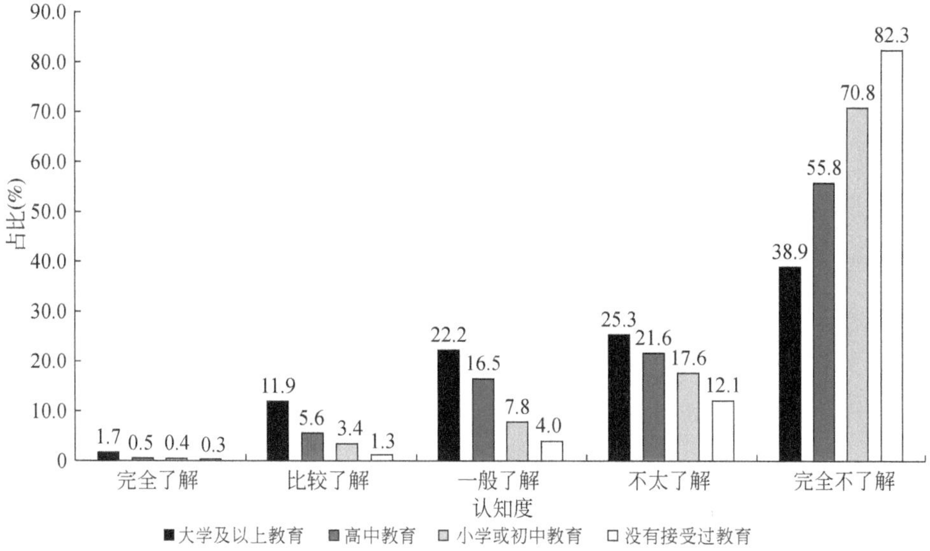


图 9. 27　对核能发电了解程度随教育程度不同变化情况

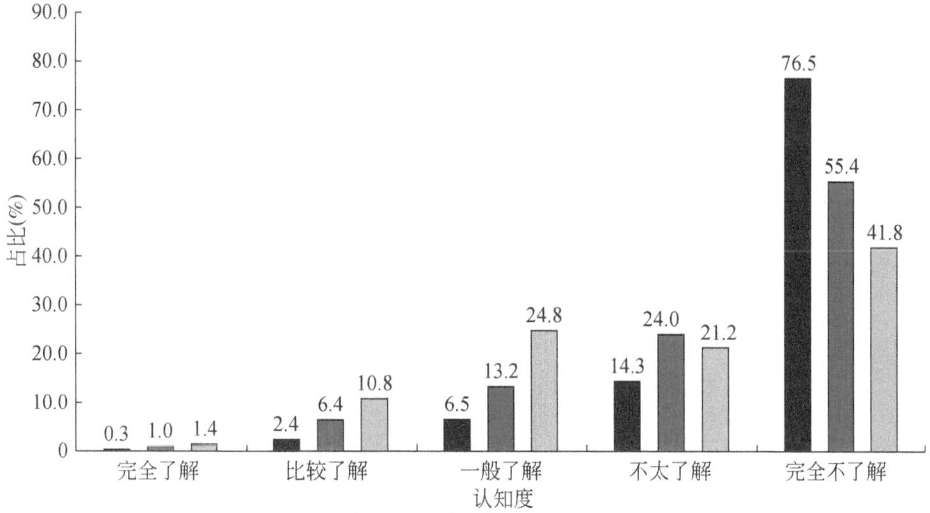


图 9. 28　对核能发电了解程度随收入水平的变化情况

### 9. 3. 3　对燃煤发电的污染程度的评价

对燃煤发电的污染程度评价以 1 ~ 10 分来评价燃煤发电的污染程度，分值越高表示污染程度越大。如图 9. 29 所示，在针对该问题的 2011 份有效问卷中，有

148 位受访者选择了不知道，仅有 1863 位受访者参与了评分。最高分 10 分，最低分 1 分，平均分为 7.1 分。受访者评分主要分布在 5～10 分，其中打 8 分的人最多，约占 29.5%，打 7 分的人约占 21.6%。整体来看，受访者普遍认为燃煤发电的污染较大。

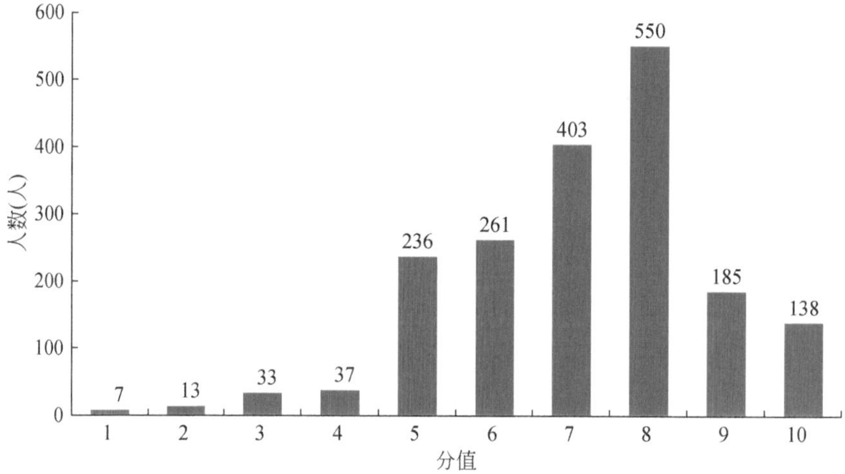


图 9.29　煤炭发电污染程度评分情况





## 9.3.4　对核能发电的污染程度的评价

对核能发电的污染程度评价以 1～10 分评价核能发电的污染程度，分值越高表示污染程度越大。如图 9.30 所示，在针对该问题的 1475 份有效问卷中，有

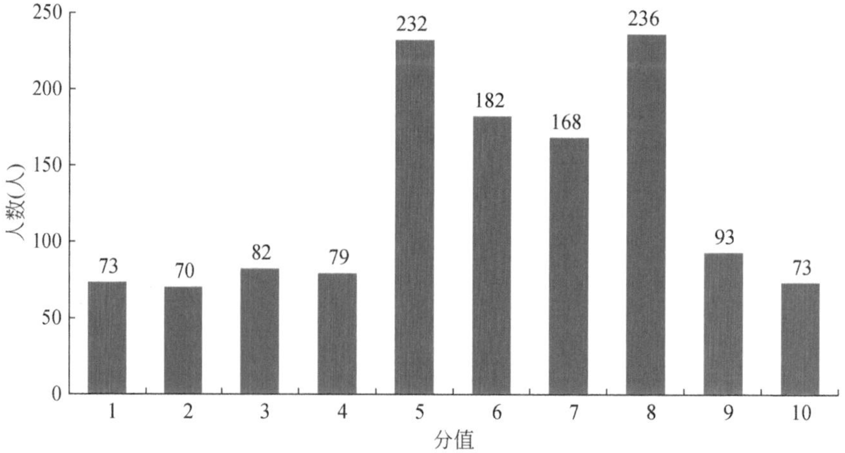


图 9.30　核能发电污染程度评分情况

187 位受访者选择了不知道，仅有 1288 位受访者参与了评分。最高分 10 分，最低分 1 分，平均分为 5.2 分。受访者评分主要分布在 5 ~ 8 分，其中打 8 分和 5 分的人最多，分别占 18.3% 和 18.0% 左右，打 7 分和 6 分的人分别占 13.0% 和 14.1% 左右。整体来看，受访者普遍认为核能发电有不小的污染，但比燃煤发电污染程度小。

## 9.3.5 对燃煤发电的污染类型的了解

在问卷中，我们采用多选题的形式询问受访者其认为燃煤发电可能产生的污染类型。如图 9.31 所示，在针对该问题的 4035 份有效问卷中，有约 4.8% 的人选择了不知道；仅 0.6% 的受访者选择了没有污染；认为会产生空气污染、生态植被破坏、水质下降的受访者最多，分别为 43.5%、21.8%、23.8%；此外，认为有噪声污染的有 11.2%，认为有辐射污染的有 5.8%，还有两名受访者提到有可能产生土壤污染。





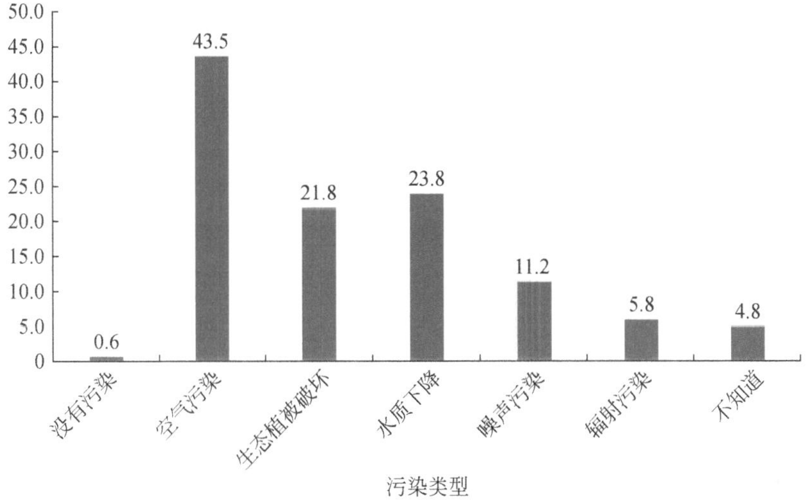


图 9.31 对燃煤发电的污染类型的了解情况

## 9.3.6 对核能发电的污染类型的了解

在问卷中，我们采用多选题的形式询问受访者其认为核能发电可能产生的污染类型。如图 9.32 所示，在针对该问题的 4012 份有效问卷中，有约 5.5% 的人选择了不知道；3.1% 左右的受访者选择了没有污染；认为会产生辐射污染的人最多，约占总数的 24.8%，其次是水质下降和空气污染，分别约为 9.9% 和 9.4%；此外认为会产生生态植被破坏的约占 8.3%，产生噪声污染的约占 4.5%。

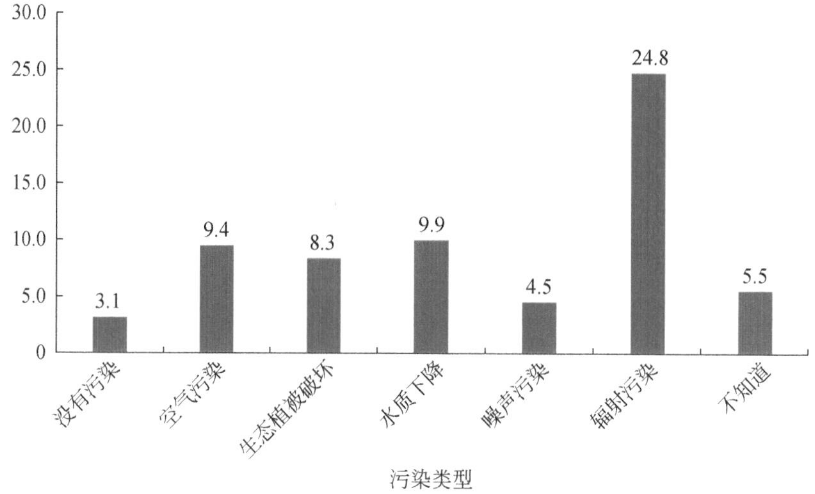


图 9. 32　对核能发电的污染类型的了解

## 9. 3. 7　对燃煤发电站安全程度评价

对燃煤发电站安全程度的评价以 1 ~ 10 分来评价燃煤发电站的安全程度，分值越高表示安全程度越高。如图 9. 33 所示，在针对该问题的 2012 份有效问卷中，有 176 位受访者选择了不知道，仅有 1836 位受访者参与了评分。最高分 10 分，最低分 1 分，平均分为 5. 9 分。受访者评分主要分布在 5 ~ 8 分，其中打 5 分的人最多，约占有效样本数的 23. 8%。整体来看，受访者普遍认为燃煤发电站安全程度有待进一步提高。

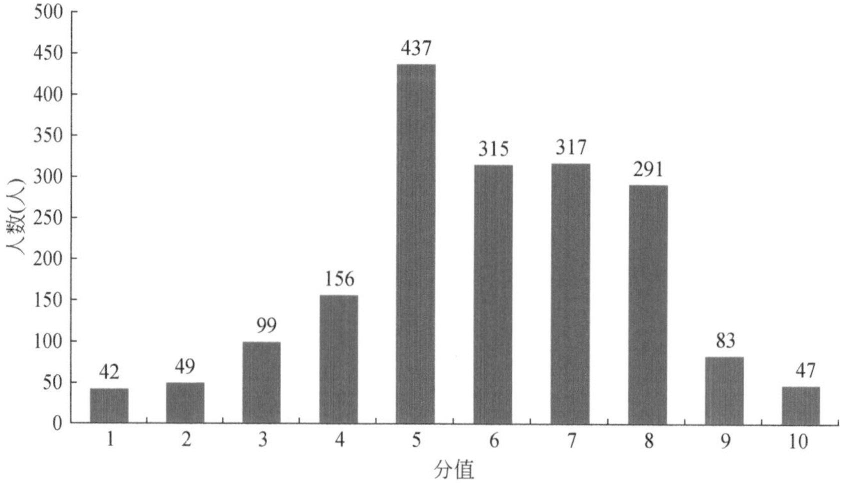


图 9. 33　燃煤发电安全程度评分情况

## 9.3.8 对核能发电站安全程度评价

对核能发电站安全程度的评价以 1 ~ 10 分来评价核能发电站的安全程度，分值越高表示安全程度越高。如图 9.34 所示，在针对该问题的 1475 份有效问卷中，有 171 位受访者选择了不知道，仅有 1304 位受访者参与了评分。最高分 10 分，最低分 1 分，平均分为 5.9 分。受访者评分主要分布在 5 ~ 8 分，其中打 5 分的人最多，约占有效样本数的 20.3%。可以看到，受访者对核能发电站安全程度评价与燃煤发电站相近，都认为两者的安全程度有待进一步提高。

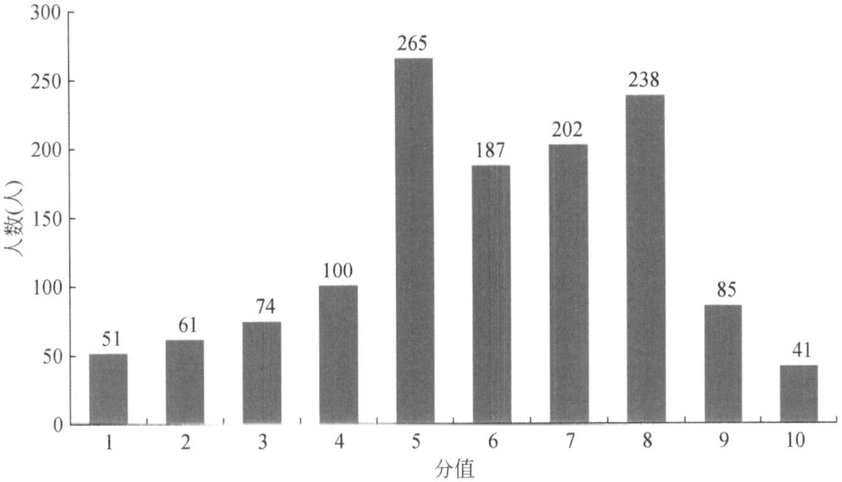


图 9.34　核能发电安全程度评分情况

## 9.3.9 对燃煤发电站安全隐患了解

在问卷中，我们采用多选题的形式询问受访者其认为燃煤发电可能存在的安全隐患问题。如图 9.35 所示，在针对该问题的 4033 份有效问卷中，242 位受访者选择了不知道；约有 2.1% 的受访者选择了没有安全隐患；认为会发生火灾和爆炸隐患的人数最多，分别约占有效样本的 36.1% 和 28.2%；此外，认为会发生燃料泄漏、坍塌和辐射的占比约为 12.1%，9.8% 和 7.5%。

## 9.3.10 对核电站安全隐患了解

在问卷中，我们采用多选题的形式询问受访者其认为核能发电可能存在的安全隐患问题。如图 9.36 所示，在针对该问题的 4011 份有效问卷中，有 165 位受访者选择了不知道；约有 1.5% 的受访者选择了没有安全隐患；认为会发生辐

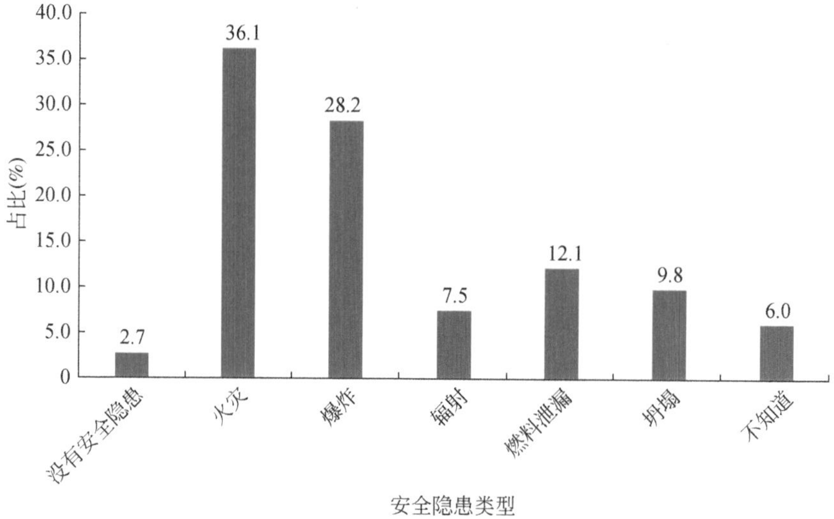


图 9.35　对燃煤发电站安全隐患了解情况





射、燃料泄漏和爆炸隐患的人数最多，分别约占有效样本的 27.6%、18.6% 和 15.0%；此外，认为会发生火灾和坍塌的比例分别约为 7.8% 和 4.9%。

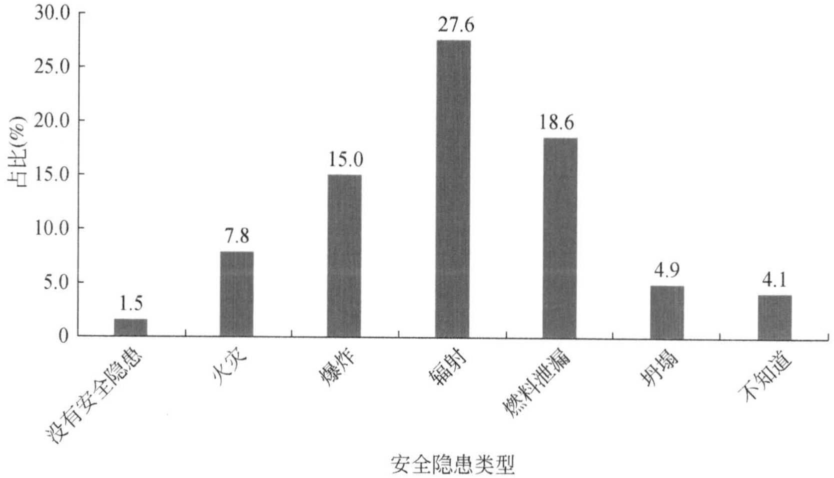


图 9.36　对核电站安全隐患了解情况

综上所述，大部分受访者对燃煤发电和核能发电都不太了解，但对核能发电的了解程度更低；受访者普遍认为燃煤发电的污染程度较大，核能发电的污染虽然比燃煤发电小，但仍有较大污染；在污染类型方面，受访者认为燃煤发电主要污染类型是空气污染，核能发电主要污染类型是辐射污染，且年龄、收入水平及受教育程度与受访者对燃煤发电和核能发电的污染类型的了解程度有较大相关性；受访者对核能发电站安全程度评价与燃煤发电站相近，认为两者的安全性有待进一步提高；在安全隐患方面，受访者认为燃煤发电站主要安全隐患是火灾和爆炸，核能发电站主要安全隐患是辐射和燃料泄漏，且年龄、收入水平及受教育程度对受访者对燃煤发电站和核能发电站的安全隐患的了解有不同程度的影响。

## 9.4 本章小结

### 9.4.1 节能环保意识

1）继续采取积极措施提高空气质量，特别是城市空气质量。近年来，国家在空气治理方面投入巨大的人力物力，也取得了较为显著的成果，特别是在北上广深等大城市，空气质量得到了明显的改善。但还有相当一部分城市居民对空气质量不是十分满意。未来要坚持在科学有效的原则下打赢这场空气保卫战，满足人民对美好生态环境的向往。

2）采取积极有效的宣传手段，大力推进节能与环保知识培训，增强居民的节能环保意识，使节能与环保成为居民的主流价值观。由调查结果可以发现，受访者受教育程度等因素影响，在对节能与环保知识的掌握上存在一定的差距。有关部门要重视对节能与环保知识的普及工作，特别是居民受教育程度较低的地区。只有人民拥有正确科学的节能与环保知识，才能将积极的节能环保意识真正有效转化为对生态环境保护的贡献。

3）推广节能新产品、新技术，提高居民生活品质，适时研究出台更符合形势要求的能源节约措施，突出发挥政府的主导作用。无论从人民的意愿或是能力来说，终究是无法与国家力量相媲美，因此需要政府积极发挥主导作用，制定科学有效的节能环保措施，从顶层设计到微观落地都充分发挥政府的主导作用。

### 9.4.2 对发电厂的认知

1）进一步减少环境污染和提升发电厂安全水平。加强对发电厂的监管，减少污染物排放，关闭污染严重、效率低下的火电厂。加强安全防范，制定有效的安全管理措施，完善相关安全设备，提高核能发电安全水平和核废料处置水平。鼓励科技创新，带动发电厂的防污减排和安全高效运转。

2）加大科普宣传力度。由调查结果可知，居民对燃煤发电和核电的了解程度都偏低，需要政府加大科普宣传力度，让公众了解发电原理和发电厂工作、安全防护和污染处理机制，充分利用现代互联网技术，结合时代背景，让公众了解基础知识和常见问题与解决方法。并根据调查结果，对不同人口特征，进行有针对性的宣传。建立良好的信息传播机制，相关安全和环保信息对公众公开透明，加强双向沟通，听取公众的意见和建议，加强公众参与感，提高公众积极性。

# 第10章 居民节能环保的支付意愿研究





## 10.1 文献综述

近些年来，随着经济的快速发展，人们在享受着不断提高的物质生活水平的同时，也饱受自然环境破坏而带来的困扰。环境污染逐渐成为社会发展不得不面对的重要问题，引发了社会各界的广泛关注，尤其是人们感受最为直接的大气污染。为解决环境污染问题，政府也投入了大量的人力物力。也正因为经济成本巨大，环境改善的价值评估显得更为重要，人们对清洁能源和环境改善的支付意愿也成为政策制定者在制定相关规定和进行相关决策时的重要依据。

由于环境改善属于公共物品，清洁能源的相关市场也不够完善，因此，通过现实存在的市场难以衡量其经济价值。在相关的经济学的研究中，学者们最常用的方法为条件价值评估法（简称CVM），通过合理的问卷设计，假设一个市场情形，以此来了解人们的最大支付意愿或者最小接受补偿意愿，由此来评估环境改善等公共物品的经济效益。

Carlsson和Johansson-Stenman（2000）利用条件价值评估法估计了瑞典居民对于减少空气中一半的有害物质的平均支付意愿，结果显示的支付意愿为每年2000克朗，并且支付意愿与收入、财富和受教育程度等因素正相关。Wang等（2006）同样利用CVM估计出北京市居民对于空气中有害物质减少50%的平均支付意愿为143元/(户·年)。蔡春光和郑晓瑛（2007）采用CVM调查了北京市居民对改善空气质量提高健康水平的支付意愿，结果为652.327元/年，并受家庭经济水平和受教育程度影响显著。Yu和Abler（2010）运用CVM测度了北京居民对蓝天支付的意愿，结论为均值和中位数分别为每户120.15元和128.60元，不足北京市人均可支配收入的0.2%，显著低于其他国家的研究结果。曾闲刚等（2015）运用CVM得出北京市居民对降低30%的$PM_{2.5}$浓度的支付意愿平均为22.78元/月，对降低60%的$PM_{2.5}$浓度的支付意愿为39.82元/月。王会等（2018）基于支付卡式的CVM，经过调研发现北京市居民五年内为使北京市污染天数减少25%的支付意愿为407.04亿元。

关于清洁能源的支付意愿，国外的相关研究开始较早，研究结果也较为丰富。Nomura 和 Akai（2004）采用 CVM 估计了日本家庭为绿色电力可附加支付的意愿中值为每户每月约 2000 日元。Yoo 和 Kwak（2009）运用 CVM 对韩国绿色用电量占总供电量的比例从 0.2% 提高到 7% 的政策出台后带来的效益进行了初步评估。Zografakis 等（2010）在克里特岛进行了一项基于面对面采访的 CVM 研究，得出每户家庭对可再生能源电力的额外支付意愿为每季度 16.33 欧元。Bigerna 和 Polinori（2014）运用 CVM 估算出对于绿色电力，意大利每户家庭每两个月的平均支付意愿为 4.62 ~ 8.05 欧元。国内在此方面的相关研究相对较晚也较少。Zhang 和 Wu（2012）以江苏为对象进行了一项基于 CVM 和支付卡技术的研究，研究得出江苏城镇居民对绿色电力的支付意愿为 7.91 ~ 10.30 元/月。Guo 等（2014）采用 CVM 对北京市居民购买可再生电力的意愿进行了评估，研究显示北京市居民的平均支付意愿估计为每月 2.7 ~ 3.3 美元。赵薇等（2018）分别以支付卡式和双边界二分式的 CVM 估算了天津市城镇居民对于使用清洁能源而增加额外电费的支付意愿均值，分别为 20 元/月和 25 元/月。



综合上述相关研究，目前，无论对空气质量改善的支付意愿还是对清洁能源的支付意愿，国内的研究基本都集中于北京等单个城市或省份，而本章内容将基于开放式问卷设计下全国居民的 2017 年微观调查数据，运用条件价值评估法，从可再生能源发电比例、取暖用能由煤改电、改善空气质量、新建燃煤电站或核电站四个假设情形来探究国内消费者对清洁能源和空气质量改善的支付意愿。与以往的研究相比，此次研究的研究对象较广，扩展到全国居民，角度较多，将从四个角度多方面探究居民对于环境改善的支付意愿。

## 10.2 分情形支付意愿研究

### 10.2.1 数据

本章内容使用的数据主要是来自 CGSS 2018 的三方面内容：①社会人口属性，包括年龄、性别、受教育程度、收入水平、健康状况等；②认知情况，包括对煤改电、燃煤发电和核能发电的了解，对空气质量状况的主观判断；③支付意愿，包括提高可再生能发电比例、取暖用能由煤改电、改善空气质量、新建燃煤电站或核电站四个假设情形下的支付意愿。

#### 10.2.1.1 社会人口属性和认知情况

在受访者中，男性占比 46.03%，女性占比 53.97%，平均年龄为 51.93 岁，城镇居民占比 45.04%，农村居民占比 54.96%。这些人口特征的分布与 2017 年的官方统计人口特征存在一定的出入，因此，在估计支付意愿时，将根据样本的特征赋予样本值相应的权重，但这并不会影响对支付意愿主要影响因素的探究。表 10.1 为此次研究关注的主要影响因素的具体分布情况。

**表 10.1　调查样本相关变量分布特征**

| 变量 | 选项 | 比例（%） |
|---|---|---|
| 性别 | 男性 | 46.03 |
| | 女性 | 53.97 |
| 年龄 | 18～30 岁 | 13.33 |
| | 31～40 岁 | 14.26 |
| | 41～50 岁 | 18.44 |
| | 51～60 岁 | 20.33 |
| | 61～70 岁 | 19.75 |
| | 71 岁及以上 | 13.89 |
| 受教育程度 | 没有受过教育 | 16.10 |
| | 小学 | 21.68 |
| | 初中 | 26.98 |
| | 高中 | 18.19 |
| | 大学 | 15.89 |
| | 研究生及以上 | 1.16 |
| 健康状况 | 很健康 | 18.80 |
| | 比较健康 | 39.07 |
| | 一般 | 22.44 |
| | 比较不健康 | 15.54 |
| | 很不健康 | 4.15 |
| 家庭总收入 | ≤10 000 | 18.58 |
| | 10 000～50 000 | 37.16 |
| | 50 000～100 000 | 27.32 |
| | 100 000～250 000 | 12.32 |
| | 250 000～500 000 | 3.25 |
| | ≥500 000 | 1.37 |
| 对煤改电政策的了解程度 | 完全了解 | 1.55 |
| | 比较了解 | 9.60 |

续表

| 变量 | 选项 | 比例（%） |
|---|---|---|
| 对煤改电政策的了解程度 | 一般了解 | 11.61 |
| | 不太了解 | 34.37 |
| | 完全不了解 | 42.87 |
| 认为居住地区空气质量很好 | 非常同意 | 14.14 |
| | 同意 | 51.87 |
| | 无所谓 | 7.88 |
| | 不同意 | 21.74 |
| | 非常不同意 | 4.37 |
| 是否了解燃煤发电 | 完全了解 | 1.66 |
| | 比较了解 | 10.90 |
| | 一般了解 | 13.05 |
| | 不太了解 | 22.94 |
| | 完全不了解 | 51.45 |
| 是否了解核能发电 | 完全了解 | 0.65 |
| | 比较了解 | 4.92 |
| | 一般了解 | 11.22 |
| | 不太了解 | 18.81 |
| | 完全不了解 | 64.40 |





在社会人口属性方面，除了前面提到的性别、年龄，还包括受教育程度、健康状况、家庭收入水平几个变量。在受教育程度方面，受访者以小学和初中文化水平为主，所占比例分别为21.68%和26.98%。在健康状况方面，57.87%的受访者认为自己健康，22.44%的受访者认为自己身体一般，19.69%的受访者认为自己不健康。在家庭收入水平方面，超过半数的家庭总收入为1万～10万元，家庭总收入不到1万元的家庭占比为18.58%，家庭总收入大于10万元的家庭占比为16.94%。

在认知情况方面，就煤改电政策的了解程度，超过40%的受访者表示完全不了解，仅11.15%的受访者表示比较了解或者完全了解。约66%的受访者表示认同居住地区空气质量很好的说法，7.88%的受访者对此表示无所谓，26.11%的受访者表示并不认同这种说法。关于燃煤发电和核能发电的了解程度，受访者对燃煤发电相对更加了解，有12.56%的受访者表示完全了解或者比较了解燃煤发电，而只有5.57%的受访者对核能发电表示完全了解或比较了解。此外，对两种发电形式，都有超过半数的受访者表示完全不了解。

#### 10.2.1.2 支付意愿

本次调研设计了四个情形以了解居民对于清洁能源和空气质量改善的支付意愿。

1）情形1：主要调查了将家庭用电量中的每100千瓦时的电中，可再生能源发电（风电和光伏发电）的数量由目前的7千瓦时分别提高到10千瓦时、15千瓦时、20千瓦时时，居民每个月愿意多承担的电费量。

在可再生能源发电（风电和光伏发电）分别提高10千瓦时/月、15千瓦时/月、20千瓦时/月用电量三种情况下，表示完全不愿意支付的居民比例大约都为41%，略低于半数。受访者的支付意愿大多集中在0～30元，在三种情况下，支付意愿处于这一区间的比例分别为49.6%、47.95%、46.5%，而支付意愿在30元以上的受访者占比分别为8.6%、10.21%、11.96%。总体来看，受访者的支付意愿普遍较低。随着风电和光伏发电占比的上升，支付意愿较高的受访者占比有较明显的提升（图10.1）。

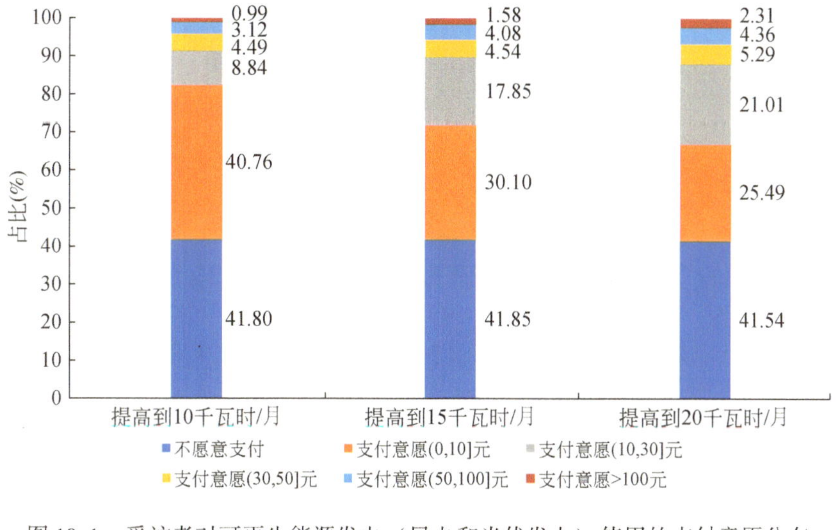


图10.1 受访者对可再生能源发电（风电和光伏发电）使用的支付意愿分布

根据统计结果，在家庭用电每月每100千瓦时中可再生能源发电（风电和光伏发电）使用数量提高到10千瓦时的情况下，居民的平均支付意愿为每月13.30元。若提高到15千瓦时，居民的平均支付意愿为每月16.03元。若提高到20千瓦时，居民的平均支付意愿为每月19.12元。可能是因为风电和光伏发电的使用数量提高程度差距不大或者居民对相关的信息了解较少，并没有出现明显的边际支付意愿下降的现象。

2）情形2：主要调查了2017年冬季用燃煤取暖的居民占比，以及用燃煤取暖的居民愿意完全转为用电取暖希望得到的最低补贴。

在2017年冬季，有15.75%的受访者仍然使用燃煤取暖，绝大多数受访者已不再使用燃煤取暖。在仍使用燃煤取暖的居民中，农村居民占大多数，占比达78.71%。其中，8.12%的受访者表示不需要任何补贴就愿意完全放弃燃煤取暖，超半数的受访者表示愿意完全放弃燃煤取暖要求的最低补贴在500元以内，要求最低补贴在（500，1000］范围内的占比为17.15%，要求最低补贴在（1000，2000］内的占比为13.32%，仅14.4%的人表示获得补贴2000元以上才愿意完全放弃燃煤取暖（图10.2）。统计结果显示，对于仍使用燃煤取暖的居民，若希望他们完全改用电取暖，居民的平均最低补贴需求为一个供暖季补贴1009.37元。





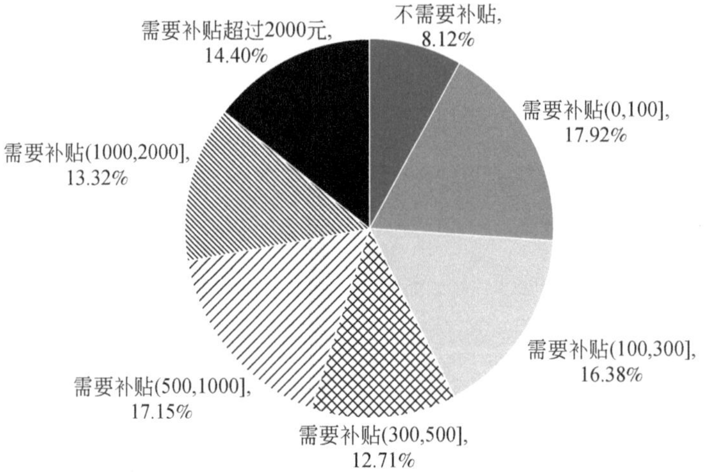


图10.2　受访者对煤改电取暖最低补贴需求分布情况

3）情形3：主要调查了若政府通过某些治理手段（如关停工厂等）确保将2018年每个月空气质量为优的天数分别增加1、3、5天，居民愿意每个月为此支付多少费用。

如图10.3所示，在这三种情况下，随着天数由1天增加到3天和5天，表示不愿意支付任何费用的受访者的比例由47.48%略微下降到46.35%和45.35%，比例都略低于半数。同时，随着确保空气质量为优的天数的增加，受访者的支付意愿也有比较明显的提升。愿意支付但是意愿较低（大于0元小于10元）的受访者占比由34.5%下降到26.19%和22.52%。支付意愿大于10元小于50元的占比由12.24%上升到18.95%和22.21%。支付意愿大于50元的占比由 5.78% 上升到 8.51% 和 9.91%。从提升的比例中可以看出当天数由 1 天增加到 3 天再增加到 5 天，受访者的边际支付意愿有所下降。总体来说，受访者对空气质量确保为优的支付意愿较低，略低于半数的受访者不愿意支付任何费用，愿意支付的受访者的支付意愿也大多集中在（0，50］的区间内，在 50 元以上的占比始终不足 10%。随着天数的增加，拥有相对较高支付意愿的受访者占比有比较明显的提升。

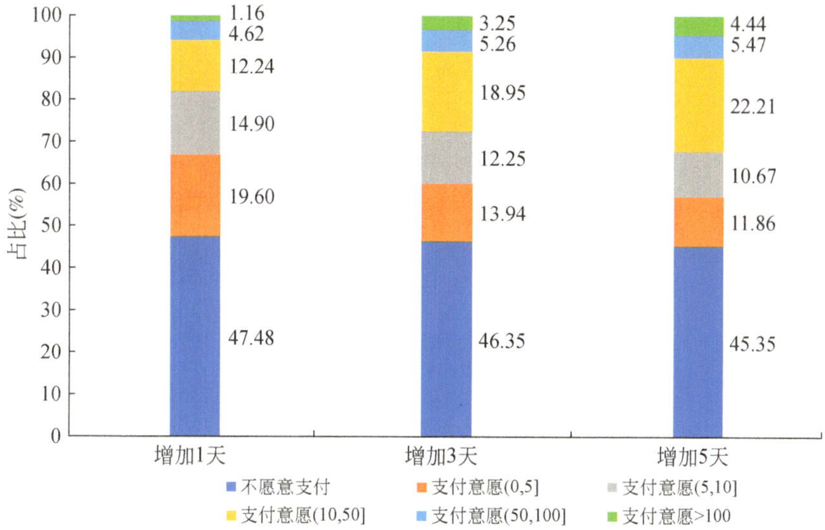


图 10.3　受访者对空气质量改善的支付意愿分布情况

统计结果显示，每个月空气质量为优的天数增加 1 天，居民对此的支付意愿为每月 15.94 元；若增加 3 天，则支付意愿为 24.42 元；若增加 5 天，则支付意愿为 32.80 元。也可以从此看到，居民的边际支付意愿随着天数的增加有所下降，但是下降程度不大，可能是由于变化天数较小的原因。

4）情形 4 设计了两个问题，分别为如果政府打算在您家附近建一个燃煤电站/核电站，并同意让您享受五年的电费打折，您希望最低打几折，以此来了解居民对于建设燃煤电站和核电站的态度，以及之间的差距。需要注意的是，这两个问题只针对燃煤电站/核电站有所了解的受访者，若在前边的问题中，选择了完全不了解这两种发电形式，则不进行提问。

如图 10.4 所示，对于建设燃煤电站或核电站要求减免电费超过 50% 的受访者比例差距不大，分别为 19.51% 和 19.77%。对于建设燃煤电站，38.22% 的受访者要求最少减免电费（10%，50%］，28.86% 要求最少减免电费（0，10%］，13.41% 可以接受不提供任何减免。相比来说，受访者对于在家附近建设核电站的接受度略高一些。其中，16.51%表示可以接受不提供任何电费的减免，31.06%要求最少减免电费（0，10%]，32.66%要求最少减免电费（10%，50%]。

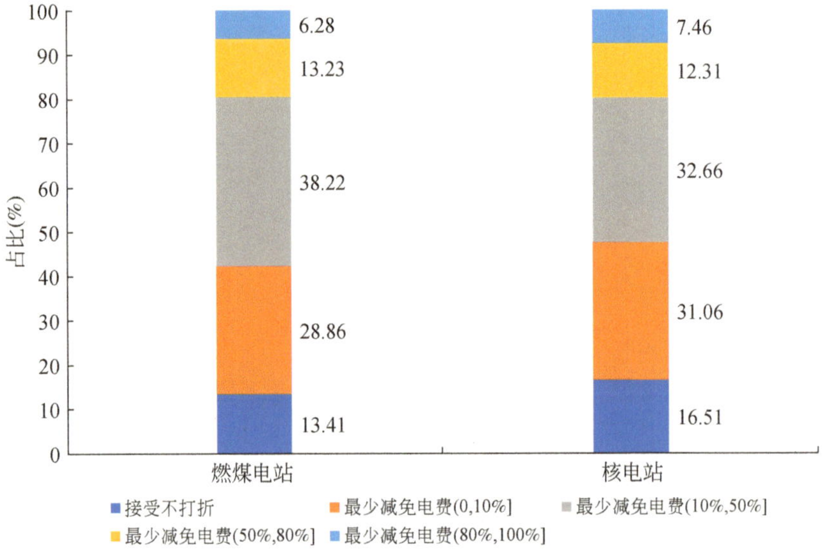


图 10.4　受访者对建设燃煤电站/核电站的期望最低打折分布情况

总体来说，受访者对于家附近建设燃煤电站或核电站的接受程度都比较高，分别有42.27%和47.57%的人能够接受的最小减免电费比例低于10%。相比于燃煤电站，建设核电站，更多的受访者愿意接受小幅度的电费减免，由此可见，居民对建设核电站的接受程度略高一些。

### 10.2.2　模型及回归结果

因从四个角度考察居民对于环境保护的支付意愿，考虑到各个情形可适用的模型有所不同，因此，本节将采用不同的回归模型来探究四个角度下居民支付意愿的主要影响因素，并进行结果的分析。

#### 10.2.2.1　模型选择和影响因素变量赋值

对于情形1和情形3中，居民可再生能源发电（风电和光伏发电）和空气质量改善的支付意愿，由于都存在略低于半数的受访者表示不愿意支付任何费用，存在截断和被解释变量压缩在0点情况，因此，采用Tobit模型进行回归。

对于情形2中居民对煤改电取暖的最低补贴需求及情形4中居民对建设燃煤电站/核电站的最低打折需求皆采用OLS回归。

基于以上分析，对于情形1和情形3，建立计量模型：

$$\mathrm{WTP}_{ij}=\alpha+X_{ij}'\beta+\gamma_j+\varepsilon_{ij},$$

并选用 Tobit 模型进行回归。其中，$i$ 表示受访者，$j$ 表示省份，$\mathrm{WTP}_{ij}$代表支付意愿，$X_{ij}'$代表支付意愿的影响因素向量，$\gamma_j$ 代表省份的固定效应，$\varepsilon_{ij}$代表误差项。

对于情形 2，建立计量模型：

$$s_{ij}=\alpha+X_{ij}'\beta+\gamma_j+\varepsilon_{ij},$$

并进行 OLS 回归。其中，$s_{ij}$表示需求补贴，$X_{ij}'$表示最低需求补贴的影响因素向量。

对于情形 4，建立计量模型：

$$\mathrm{disc}_{ij}=\alpha+X_{ij}'\beta+\gamma_j+\varepsilon_{ij},$$

并进行 OLS 回归。其中，$\mathrm{disc}_{ij}$表示对建设燃煤电站/核电站要求的最低电费减免，$X_{ij}'$表示对建设核电站和燃煤电站最低电费减免的影响因素向量。

就影响因素，对于情形 1，包括性别、年龄、受教育程度、健康状况、家庭收入水平。对于情形 2，在情形 1 的基础上加上对煤改电政策的了解程度。对于情形 3，在情形 1 的基础上加上居住地空气质量的认可程度。对于情形 4，在情形 1 的基础上加上对燃煤发电和核能发电的了解程度。

除了年龄、家庭收入水平之外，由于其他影响因素并不是数值型，需要对其赋值，表 10.2 给出了具体的赋值说明。需要注意的是，由于情形 4 不对完全不了解燃煤发电和核能发电的受访者进行提问，因此对燃煤发电和核能发电的了解程度两个变量只分为完全了解、比较了解、一般了解、不太了解四个选项。

**表 10.2　解释变量影响因素赋值**

| 变量 | 选项 | 赋值 |
| --- | --- | --- |
| 性别 | 男性 | 1 |
| | 女性 | 0 |
| 受教育程度 | 没有受过教育 | 1 |
| | 小学 | 2 |
| | 初中 | 3 |
| | 高中 | 4 |
| | 大学 | 5 |
| | 研究生及以上 | 6 |
| 健康状况 | 很不健康 | 1 |
| | 比较不健康 | 2 |
| | 一般健康 | 3 |
| | 比较健康 | 4 |
| | 很健康 | 5 |

续表

| 变量 | 选项 | 赋值 |
| --- | --- | --- |
| 对煤改电政策的了解程度 | 完全了解 | 1 |
| | 比较了解 | 2 |
| | 一般了解 | 3 |
| | 不太了解 | 4 |
| | 完全不了解 | 5 |
| 认为居住地区空气质量很好 | 非常同意 | 1 |
| | 同意 | 2 |
| | 无所谓 | 3 |
| | 不同意 | 4 |
| | 非常不同意 | 5 |
| 是否了解燃煤发电 | 完全了解 | 1 |
| | 比较了解 | 2 |
| | 一般了解 | 3 |
| | 不太了解 | 4 |
| 是否了解核能发电 | 完全了解 | 1 |
| | 比较了解 | 2 |
| | 一般了解 | 3 |
| | 不太了解 | 4 |

#### 10.2.2.2 回归结果及分析

在情形 1 和情形 3 中，分别提问将可再生能源发电（风电和光伏发电）使用数量提高到 10 千瓦时、15 千瓦时、20 千瓦时和空气质量为优的天数增加 1 天、3 天、5 天的情况下，受访者的支付意愿。在本次回归中，选取将可再生能源发电（风电和光伏发电）使用数量提高到 20 千瓦时和空气质量为优的天数增加 5 天两种情况进行支付意愿主要影响因素的研究。

表 10.3 为回归结果。对于将家庭用电每 100 千瓦时电中可再生能源发电（风电和光伏发电）的使用数量由目前的 7 千瓦时提高到 20 千瓦时和每个月空气质量为优的天数增加 5 天，年龄、受教育程度和家庭收入水平三项对居民的支付意愿有显著影响。年龄越大的居民支付意愿越小。随着受教育程度的升高和家庭收入的增加，居民的支付意愿也会变大。而对于情形 2 和情形 4 中，对于仍用燃煤取暖的居民完全转为用电取暖希望得到的最低补贴以及在家附近建设燃煤电站

/核电站居民期望的最低电费减免比例，并没有影响特别显著的因素。

**表 10.3　回归结果**

| 变量 | (1) | (2) | (3) | (4) | (5) |
|---|---|---|---|---|---|
| | 情形 1：提高到 20 千瓦时 | 情形 2 | 情形 3：增加 5 天 | 情形 4：建设燃煤电站 | 情形 4：建设核电站 |
| 性别 | 3.217 | -154.5 | 4.781 | 1.943 | 2.164 |
| | (1.51) | (-1.30) | (1.13) | (1.23) | (1.12) |
| 年龄 | -0.249*** | -2.013 | -0.822*** | 0.0393 | 0.0794 |
| | (-3.35) | (-0.47) | (-5.55) | (0.71) | (1.17) |
| 受教育程度 | 5.130*** | 45.40 | 8.195*** | -1.283* | -1.223 |
| | (5.09) | (0.74) | (4.09) | (-1.69) | (-1.34) |
| 健康状况 | 0.102 | -14.32 | 1.066 | 0.581** | 0.0755 |
| | (0.25) | (-1.03) | (1.38) | (2.03) | (0.07) |
| 家庭收入水平 | 0.0000142*** | -0.000311 | 0.0000391*** | 0.000000743 | 0.000000554 |
| | (2.66) | (-0.44) | (3.74) | (0.13) | (0.08) |
| 对煤改电政策的了解 | | -6.719 | | | |
| | | (-0.79) | | | |
| 居住地空气质量 | | | -0.267 | | |
| | | | (-0.42) | | |
| 对燃煤发电的了解 | | | | -0.137 | |
| | | | | (-0.15) | |
| 对核能发电的了解 | | | | | 0.765** |
| | | | | | (2.55) |
| 常数项 | -4.985 | 133.1 | 6.001 | 25.70*** | 20.05** |
| | ( 0.64) | (0.15) | (0.38) | (3.84) | (2.50) |
| *N* | 3067 | 577 | 3073 | 1418 | 985 |

***、**、* 分别表示通过 1%、5%、10% 置信水平下的显著性检验；括号内表示标准误

## 10.3　本章小结

基于全国调查数据，本报告选择相应模型，从提高可再生能源发电（风电和光伏发电）的使用数量和改善空气质量的支付意愿、取暖煤改电的最低需求补贴、家附近建设燃煤电站/核电站的最低期望电费减免四个角度，采用 CVM 方法

估算了居民对清洁能源和空气质量改善的支付意愿，并在性别、年龄、受教育程度、家庭收入水平等因素中探究了影响支付意愿的主要因素。基于以上的讨论，本次研究得出以下结论：

1）将家庭用电每100千瓦时电中可再生能源发电（风电和光伏发电）的使用数量由目前的7千瓦时提高到10千瓦时、15千瓦时、20千瓦时时，居民的平均支付意愿分别为13.30元、16.03元、19.12元；对于仍用煤取暖的居民，完全改用电取暖的平均需求补贴为一个供暖季补贴1009.37元；将每个月空气质量为优的天数增加1天、3天、5天，居民的平均支付意愿分别为15.94元、24.42元、32.80元；若在家附近建一个燃煤电站/核电站，并享受电费打折，居民的平均电费折扣期望分别是减免36.77%、35.98%；

2）年龄、受教育程度、家庭收入水平三个因素对居民提高可再生能源发电（风电和光伏发电）使用数量和改善空气质量的支付意愿有显著影响。年龄越大的居民，支付意愿越小；受教育程度越高，家庭收入越多，居民的支付意愿越大。由此可以看出，年轻、受教育程度高、收入较多的居民对环境保护和清洁能源有更高的支付意愿。但是在取暖煤改电的最低需求补贴和家附近建设燃煤电站/核电站的最低期望电费减免两个方面，未发现影响显著的因素。

# 第11章　中国光伏扶贫的成本收益分析

## 11.1　引　　言

在精准扶贫中，光伏扶贫作为产业扶贫的一个重要项目，在全国各贫困县广泛推广。光伏扶贫与直接的转移支付不同，需要多方包括政府、光伏企业、贫困村及贫困户的共同参与，光伏扶贫电站的建设涉及规划、融资、建设、管理、维护等多个环节，目前还没有学术研究从微观层面对中国的光伏扶贫项目进行量化分析。本章以河南省新县这一贫困县为案例，对新县所有贫困户数据及光伏扶贫电站的数据进行研究，研究发现：第一，河南省新县的光伏扶贫电站每年带来的现金收益可以达到国家政策要求的3000元/户。第二，光伏扶贫项目可以瞄准贫困户中最困难的人群，这部分人群主要以残疾人、病人和在校生为主。第三，成本-收益分析的结果表明，新县光伏扶贫电站生命周期内的收益与成本之比约为0.8，略低于1；但是随着未来光伏发电组件价格的持续下降，这一比率在2020年可超过1。

## 11.2　中国光伏扶贫项目概述

### 11.2.1　背景

光伏发电作为清洁能源的一种，是国家重点发展的可再生能源之一，同时也是国家精准扶贫的重要手段之一。作为产业扶贫项目之一，光伏扶贫具有"一石二鸟"的作用：一方面，项目可以产生稳定的现金流提供给贫困户；另一方面，充分利用太阳能发现可以减少碳排放，为中国的减排目标做出贡献。具体而言，光伏扶贫项目的施行在中国有三个方面的效应。

第一，光伏发电不会产生碳排放。根据巴黎协定，到2030年中国单位GDP的二氧化碳排放要比2005下降60%~65%；到2030年非化石能源在总的能源当中的比例，要提升到20%左右。因此，光伏发电的发展是符合此目标的。

第二，根据2010年发布的《全国主体功能区规划》，大部分贫困地区地处限制开发区域中，这些区域主要为农业生产区和重要的生态功能区，不能进行大规模、高强度的工业化与城市化开发。贫困县与限制开发区的大面积重合意味着这些贫困地区的发展应该是环境友好型的。光伏扶贫项目作为产业扶贫项目之一，具有其他产业项目不具有的优势。光伏电站的运行只需要进行定期的维护，而不像火电厂等进行额外劳动力雇佣，因此光伏电站对当地的工资以及劳动力的人力资本水平没有额外的要求。这一优势使光伏扶贫电站可以顺利地在非常贫困的地区建设和运行。

第三，光伏扶贫可以引导大量的光伏补贴向贫困地区倾斜，因此可以降低区域间的不平等。目前中国的光伏扶贫电站上网电价较高，补贴力度也较大。光伏扶贫的上网电价高于其他类型的发电上网电价（图 11.1），虽然近年光伏发电的上网电价有下降的趋势，但是光伏扶贫电站的上网电价仍然维持不变（表 11.1）。根据政策，这部分补贴将直接发放给贫困户，具有转移支付的性质，因此光伏扶贫电站的建设与普通的企业为拥有者、具有营利性质的发电厂以及光伏电站有很大的区别。

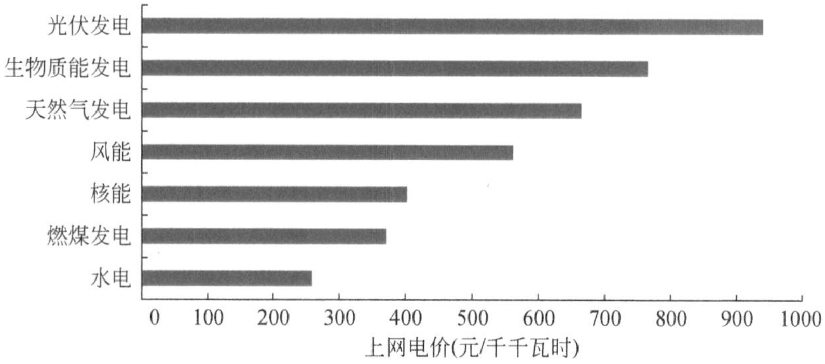


图 11.1　2017 年各类上网电价比较

**表 11.1　2017 年不同类型光伏发电上网电价比较**

（单位：元/千瓦时）

<table>
<tr><th rowspan="2">资源区</th><th colspan="2">光伏上网电价</th><th colspan="2">分布式光伏发电补贴</th></tr>
<tr><th>普通光伏电站</th><th>村级光伏扶贫电站</th><th>普通项目</th><th>分布式光伏扶贫项目</th></tr>
<tr><td>Ⅰ类资源区</td><td>0.55</td><td>0.65</td><td rowspan="3">0.37</td><td rowspan="3">0.42</td></tr>
<tr><td>Ⅱ类资源区</td><td>0.65</td><td>0.75</td></tr>
<tr><td>Ⅲ类资源区</td><td>0.75</td><td>0.85</td></tr>
</table>

将各省（自治区、直辖市）的 GDP 分别与光伏累计装机容量、光伏扶贫电站累计装机容量进行相关性分析，如图 11.2 所示，GDP 越高的地区光伏累计装机量越高，这意味着经济越发达的地区将得到更多补贴，这在一定程度上加剧了地区间的经济发展不平等。相反的，GDP 越低的地区光伏扶贫累计装机量越高，因此较高的光伏扶贫上网电价补贴令贫困地区得到更多补贴金额，具有降低不平等的作用。

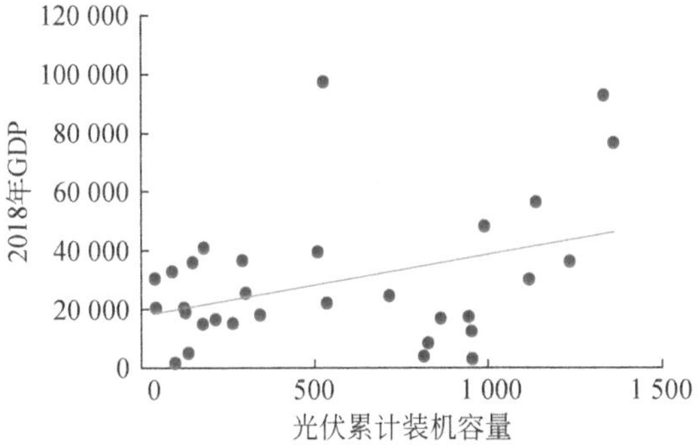


(a) 各省级行政单位经济发展水平与光伏累计装机量的关系

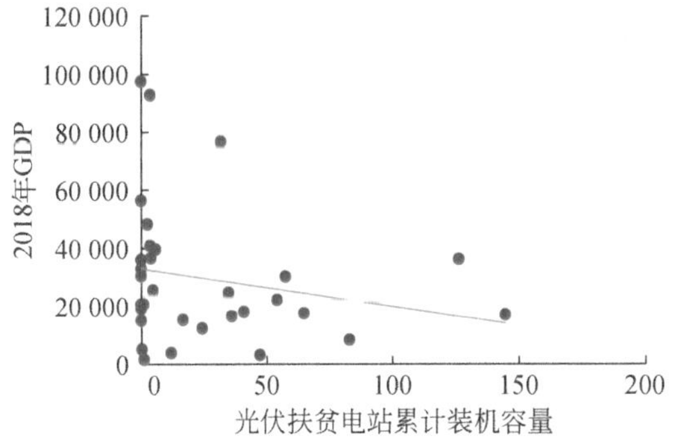


(b) 各省级行政单位经济发展水平与光伏扶贫建设总规模的关系

图 11.2　地区经济发展程度与光伏累计装机容量（a）及与光伏扶贫装机容量（b）的相关性

## 11.2.2　政策梳理

截至 2019 年 4 月，国家已发布了三批光伏扶贫试点名单（表 11.2）。其中，2016 年 1 月，第一批光伏扶贫项目名单发布，总装机量为 2181.8MW，总共覆盖 14 个省（自治区、直辖市），431 000 户贫困户；2017 年与 2019 年中央政府分别发布“十三五”第一批与第二批光伏扶贫名单，分别覆盖 13 个省（自治区、直辖市）232 个县与 15 个省（自治区、直辖市）165 个县的贫困户政策覆盖的区域。

表 11.2　2016～2019 年光伏扶贫项目设置情况

| 光伏扶贫项目 | 发布时间 | 覆盖的贫困户数（户） | 人均装机容量（kW） | 总装机容量（kW） | 政策覆盖的区域 | |
|---|---|---|---|---|---|---|
| | | | | | 县级（个） | 省级（个） |
| 第一轮光伏扶贫项目 | 2016 年 | 431 000 | 5.06 | 2 181 801.00 | 85 | 14 |
| “十三五”第一轮光伏扶贫项目 | 2017 年 | 1 366 146 | 6.05 | 8 262 222.70 | 232 | 13 |
| “十三五”第二轮光伏扶贫项目 | 2019 年 | 301 773 | 5.54 | 1 673 017.43 | 165 | 15 |

2016 年第一轮光伏扶贫项目包括村级光伏扶贫电站与集中式光伏扶贫电站，其中集中式光伏扶贫电站的总装机容量为 2980GW，比村级光伏扶贫电站的总装机容量略高。但是，集中式光伏扶贫电站总共覆盖 125 000 户贫困户，数量上略低于村级光伏扶贫电站覆盖的贫困户数量。

从分省情况来看，光伏扶贫项目的建设进度不同。到 2019 年，大部分 2016 年发布的试点项目已经完成了上网，部分“十三五”试点光伏扶贫项目仍然在建设中。根据调查数据统计分析发现，在各省（自治区、直辖市）光伏扶贫累计装机容量占地区全部光伏装机容量的比例中，陕西省和黑龙江省的比例最高，均达 16% 以上，同时部分地区的比例为 0（图 11.3）。随着光伏扶贫项目的持续展开，部分地区的这一比例未来将会继续上升。

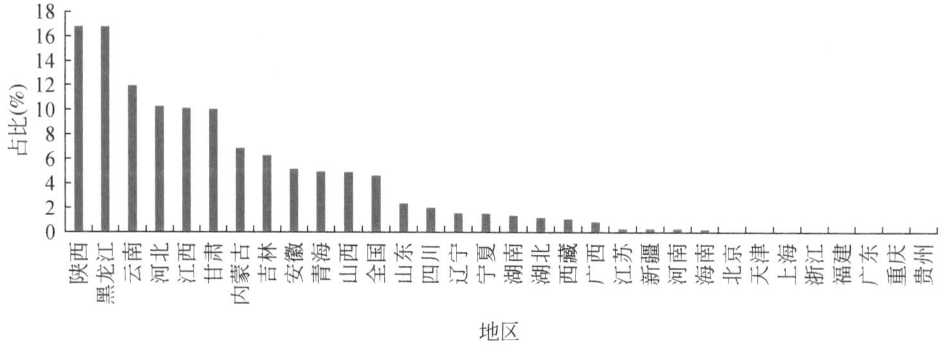


图 11.3　各省（自治区、直辖市）光伏扶贫装机容量占全地区光伏累计装机容量之比

## 11.3　光伏扶贫的新县案例

河南省新县地处大别山区，是信阳市国家贫困县。新县耕地比例较低，以

旱地为主，因此无法大面积开展农业生产。新县长期处于贫困之中，但是充足的林地赋予此地区较好的生态条件与森林资源，当地政府将生态建设作为重要的政策目标。2014 年，新县的建档立卡贫困户有 12 308 户，41 829 人，共计 73 个贫困村，贫困发生率为 14.9%。根据 2017 年河南省发布的光伏扶贫规划，新县为河南省光伏扶贫试点县，位于Ⅲ类资源区。根据估算，新县的年光照小时数在 1650 ~ 1750 小时。同时，新县处于大别山重点生态功能区内，限制实施大规模、高强度的工业化与城市化项目。

### 11.3.1 项目的执行与管理

新县从 2017 年开始进行光伏扶贫项目的建设，到 2018 年底共建成 104 个光伏扶贫电站。CRECS 2017 共收集到 73 个贫困村共 87 个扶贫电站的相关数据，以及电站覆盖的 912 户贫困户数据。在光伏电站建设之前，各贫困村在村中选择最困难的建档立卡户并经过全村民主评定通过，确定名单后开始建设电站。如果计划覆盖的贫困户过少，则电站建设不予通过，贫困村应再次对覆盖贫困户进行评定，以确保光伏电站受益的贫困户数量。在融资方面，当地政府筹措大部分投资金额并鼓励当地社会捐资建设，87 个扶贫电站的大部分资金是当地政府整合的中央扶贫资金与地方扶贫资金（表 11.3）。光伏扶贫电站的收益应直接分配给建档立卡贫困户以达到增收的目的，以及部分作为村集体收益留存。





**表 11.3 新县光伏扶贫统计概况**

| 项目 | 平均值 | 中位数 | 最大值 | 最小值 | 标准差 |
|---|---|---|---|---|---|
| 装机容量（千瓦） | 57.01 | 59.40 | 140.50 | 20.14 | 14.71 |
| 政府出资（万元） | 57.013 | 41.340 | 130.000 | 0.000 | 14.243 |
| 社会筹资（万元） | 0.345 | 0.000 | 30.000 | 0.000 | 3.198 |
| 覆盖的贫困户数量（户） | 10 | 11 | 22 | 4 | 2 |
| 覆盖的贫困户数量（户） | 10 | 11 | 22 | 4 | 2 |

### 11.3.2 光伏扶贫受益贫困户情况

新县的光伏扶贫项目为村级光伏扶贫电站与易地搬迁光伏扶贫电站两种形式。其中村级光伏电站所得收益分配给村中贫困户，易地搬迁光伏扶贫电站所得收益分配给易地搬迁安置点的贫困户。104 个光伏扶贫项目中，87.5% 的电站建设在贫困村，12.5% 建设在非贫困村；约 76% 的光伏扶贫电站为村级形式，约 24% 为易地搬迁光伏电站。

表 11.4 和表 11.5 展示了所建设的光伏扶贫电站受益的贫困户特征，其中大

部分为有残疾人、丧失劳动力者或在校学生的贫困家庭。这充分展示了光伏扶贫电站向最困难群体倾斜的政策特征。

表 11.4 18 个光伏扶贫电站覆盖贫困人口特征

| 项目 | 人数 | 占比（%） |
|---|---|---|
| 总计 | 3 949 | 100 |
| 重病 | 77 | 1.950 |
| 残疾 | 390 | 9.876 |
| 重病且残疾 | 9 | 0.228 |
| 慢性病且残疾 | 39 | 0.998 |
| 慢性病 | 471 | 11.927 |
| 无劳动力 | 231 | 5.850 |
| 在校生 | 1 041 | 26.361 |
| 普通劳动力 | 1 427 | 36.136 |
| 数据缺失 | 264 | 6.685 |

注：本表以人为单位统计光伏电站的受益的贫困群体特征

表 11.5 18 个光伏扶贫电站覆盖贫困户特征（共 1199 户）

| 项目 | 户数 | 占比（%） |
|---|---|---|
| 总计 | 1 199 | 100 |
| 重病且残疾 | 876 | 73.06 |
| 无劳动力 | 63 | 5.25 |
| 在校生 | 164 | 13.68 |
| 普通贫困家庭 | 64 | 5.34 |
| 数据缺失 | 32 | 2.67 |

注：本表以家庭为单位统计光伏电站的受益的贫困群体特征



## 11.4 光伏扶贫的成本收益分析

### 11.4.1 方法介绍

本节使用成本收益法对光伏扶贫项目进行分析。光伏扶贫项目的两种收益分别为社会收益即贫困户的收入及生态受益即二氧化碳减排的收益。社会收益与生态收益均折现为现值进行比较。公式为：

$$收益 = 社会收益 + 生态收益 = \sum_{t=1}^{20} \frac{发电收入}{(1+r)^t} + \frac{残值}{(1+r)^{20}} + \sum_{t=1}^{20} \frac{碳收益}{(1+r)^t}$$

成本主要分为3部分：①建设成本；②电网接入成本及运营维护费用；③土地成本。公式如下：

$$成本 = 资本成本 + 接入成本 + \sum_{t=1}^{20} (1+g)^t \frac{运营维护费 + 土地成本}{(1+r)^t}$$

### 11.4.2 成本与收益计算

#### 11.4.2.1 收益分析

(1) 社会收益

根据Liao等（2019）指出，我国的光伏扶贫项目主要目标为减贫，因此为贫困户带来的收入增加是光伏电站主要的社会收益。到2018年新县有16个光伏扶贫电站已成功接入电网并获得发电收益；平均每个贫困户全年发电量为5240千瓦时，对应收入可达到4454～5135元（表11.6）。根据相关政策，光伏扶贫电站应提升贫困户收入不低于3000元/年，因此新县的光伏扶贫项目满足此要求。但是，在全部光伏扶贫电站中，大杨湾电站规模最大达到252.81千瓦，其余光伏扶贫电站规模均小于60千瓦，如果去掉最大的光伏扶贫电站则平均每户的光伏扶贫收益将低于3000元（表11.7）。

**表11.6 新县光伏扶贫电站发电情况**

| 项目 | 平均值 | 中位数 | 最大值 | 最小值 |
| --- | --- | --- | --- | --- |
| 预计每户发电量（千瓦时/年） | 5 239.87 | 2 284.05 | 40 330.10 | 1 182.95 |
| 预计每户增收（以上网电价0.98元为基础）（元） | 5 135.07 | 2 238.36 | 39 523.50 | 1 159.29 |
| 预计每户增收（以上网电价0.85元为基础）（元） | 4 453.89 | 1 941.44 | 34 280.58 | 1 005.51 |
| 每户容量（千瓦） | 2.96 | 2.63 | 7.26 | 1.86 |

**表11.7 新县光伏扶贫电站发电情况（去掉最大的扶贫电站）**

| 项目 | 平均值 | 中位数 | 最大值 | 最小值 |
| --- | --- | --- | --- | --- |
| 预计每户发电量（千瓦时/年） | 2 900.52 | 2 243.55 | 7 202.54 | 1 182.95 |
| 预计每户增收（以补贴0.98元为基础）（元） | 2 842.51 | 2 198.67 | 7 058.49 | 1 159.29 |
| 预计每户增收（以补贴0.85元为基础）（元） | 2 465.44 | 1 907.01 | 6 122.16 | 1 005.51 |
| 每户容量（千瓦） | 2.95 | 2.63 | 7.26 | 1.86 |

由于各地区的太阳能资源有所差别，因此每年发电量也有较大的差异。表 11.8 展示了全年日照时间不同产生的电量差别。我国三类资源区的年日照小时数从 900 小时到 1500 小时以上。假设一个用户的年日照小时数为 1000 小时，那么在目前 0.98 元/千瓦时与 0.85 元/千瓦时电价水平下，不同资源区的发电收益为 1700 ~ 8436 元不等。当上网电价低于 0.53 元/千瓦时时，年日照小时数为 1000 的地区发电收益将低于 3000 元/户。

**表 11.8　全年日照时间不同产生的电量差别**

| 每户装机容量（千瓦） | 每户平均发电量（千瓦时） | 上网电价（元/千瓦时） | | | | | |
|---|---|---|---|---|---|---|---|
| | | 0.98 | 0.85 | 0.72 | 0.59 | 0.46 | 0.33 |
| 2 | 2 000 | 1 960 | 1 700 | 1 440 | 1 180 | 920 | 660 |
| 2.5 | 2 500 | 2 450 | 2 125 | 1 800 | 1 475 | 1 150 | 825 |
| 3 | 3 000 | 2 940 | 2 550 | 2 160 | 1 770 | 1 380 | 990 |
| 3.5 | 3 500 | 3 430 | 2 975 | 2 520 | 2 065 | 1 610 | 1 155 |
| 4 | 4 000 | 3 920 | 3 400 | 2 880 | 2 360 | 1 840 | 1 320 |

注：本表假定年日照小时数为 1000 小时

按照目前全国已纳入光伏扶贫补助目录项目的规模计算贫困户平均收入，当上网电价低于 0.523 元时，年日照小时数为 1000 的地区发电收益将低于 3000 元/户（表 11.9）。

**表 11.9　全国平均贫困户增收情况**

| 2017 年底已纳入光伏扶贫补助目录项目（万千瓦） | 覆盖贫困户（万户） | 电价（元/千瓦时） | 年日照数（小时） | 年发电量（万千瓦时） | 总收入（万元） | 平均每户增收（元） |
|---|---|---|---|---|---|---|
| 553.8 | 96.5 | 0.523 | 1000 | 553，800 | 289，637 | 3001.42 |

### （2）生态收益

生态收益主要指光伏发电对应减少的碳排放量。公式如下：

生态收益 = 碳价格 × 排放因子 × 吨标准煤当量

计算结果显示当碳价格为 50 元/吨时，每户的碳收益为 133.65 元/年（表 11.10）。

**表 11.10　生态收益计算**

| 每户装机容量（千瓦） | 2.7 |
|---|---|
| 年日照小时数（小时） | 1 100 |
| 每户每年发电量（千瓦时） | 2 970 |
| 同等发电量所需煤炭量（吨） | 300 |
| 所需标准煤数量（吨标准煤） | 0.891 |
| $CO_2$ 排放因子（吨 $CO_2$/吨标准煤） | 3 |
| 碳排放量（吨） | 2.673 |
| 碳价格（元/吨） | 50 |
| 每户生态收益（元） | 133.65 |





### 11.4.2.2　成本分析

#### （1）资本成本（初始投资）

根据有关文献，光伏电站设备的成本占到总成本的50%左右，其中太阳能板的成本占总成本的比例较高。太阳能板的成本如表11.11所示（为文献及相关机构计算的太阳能板成本）。

**表 11.11　太阳能板成本**

| 时间 | 2018 年 | 2011 年 | 2016 年 | 2018 年 |
|---|---|---|---|---|
| 国家 | 中国 | 全球 | 中国 | 美国 |
| 项目 | 太阳能硬件成本（包括太阳能组件、集成、逆变器、线路与接线箱）占总成本的49.82% | 2011年太阳能组件占总价格的40% | 2015年，光伏制造商的单晶硅太阳能组件的直接制造成本约为0.5美元/瓦，多晶硅太阳能组件的成本已降至0.48美元/瓦以下。预计到2020年将达到0.4美元/瓦。2015年的初始投资价格为7.5～9元/瓦。预计到2020年，初始投资价格为7.5元/瓦 | 小型安装商的住宅PC组件市场总成本为每瓦0.75美元/瓦（2018年价格），国家集成商为每瓦直流0.58美元/瓦（2018年价格），而这两种类型的组件价格为0.47美元/瓦（2018年价格）。2018年第一季度美国商业光伏系统成本的基准，根据不同的装机容量，从每瓦1.72～1.95美元/瓦（2018年价格）不等 |

(2) 接入成本

图 11.4 为新县光伏扶贫电站的接入成本与装机量之间的关系，没有非常明显的相关性，但是我们仍然使用回归方程估计了平均成本（AC）与装机容量（capacity）之间的关系。

$$AC=3.966-0.0489capacity+0.000159capacity^2$$

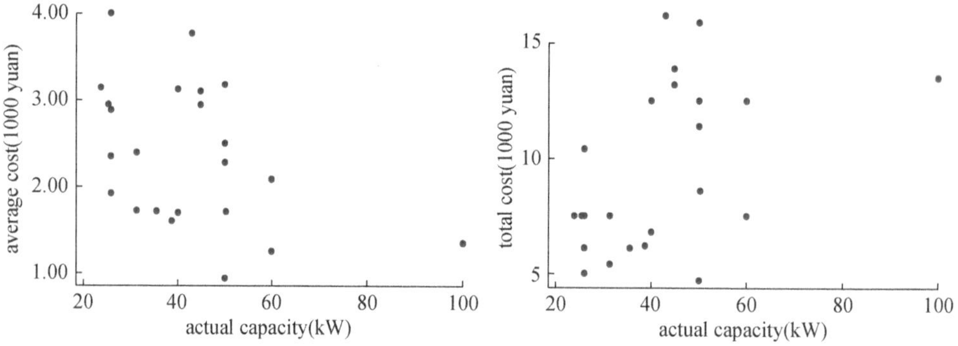


图 11.4　接入成本与装机量散点图

(3) 运营与维护成本、土地成本

新县的土地成本不高，土地租金大概在每年 200 ~ 800 元/亩[①]。

(4) 融资成本

根据政策规定，光伏扶贫电站不允许贷款建设，因此利息支出很少。

(5) LCOE（单位千瓦时电成本）比较

单位千瓦时电成本的计算公式如下：

$$LCOE=\frac{\text{资本成本}+\text{接入成本}+\sum_{t=0}^{t=T}(\text{运营维护费用}+\text{融资成本})(1+r)^{-t}}{\sum_{t=0}^{t=T}\text{收益}_t(1+r)^{-t}}$$

表 11.12 的结果显示，大型光伏电站与小型光伏电站的 LCOE 有明显的差异。因此，小型光伏扶贫电站的成本与收益分析是有必要的，这直接影响着小型光伏扶贫电站的投资收益率。

① 1 亩≈666.7 平方米。

表 11.12　小型光伏扶贫电站与大型光伏电站的 LCOE 比较

（单位：元/千瓦时）

| LCOE | 小型光伏扶贫电站 | 大型光伏电站 | LCOE | 分布式光伏项目 |
|---|---|---|---|---|
| 折旧率=5% | 0.979 | 0.818～1.337 | 高太阳辐射地区 | 0.7～0.8 |
| 折旧率=8% | 1.232 | 0.978～1.616 | | |
| | | | 低太阳辐射地区 | 0.2～0.3 |
| 折旧率=10% | 1.413 | 1.085～1.8 | | |

### 11.4.2.3　成本-收益比率与敏感性分析

本部分对比率进行敏感性分析，如表 11.13 所示，收益/成本为 0.8836 略低于 1，意味着成本仍然高于收益。

表 11.13　成本、收益及比率分析

| | | |
|---|---|---|
| 收益端分析 | 光伏扶贫电站装机量（千瓦） | 40 |
| | 每户年发电量（千瓦时/年） | 2 970.00 |
| | 每电站发电量（千瓦时/年） | 40 135.14 |
| | 上网电价（元/千瓦时） | 0.98 |
| | 电站全年收益（元） | 39 332.43 |
| | 残值（元） | 50 000.00 |
| | 电站生态收益（元） | 1 806.08 |
| | 使用期限（年） | 20 |
| | 折旧率（%） | 6 |
| | 收益现值（元） | 487 445.75 |
| 成本端分析 | 电站初始投资（元） | 322 400 |
| | 接入成本（元） | 100 000 |
| | 运营维护费用（元） | 9 672 |
| | 电站土地成本（元） | 1 600 |
| | 使用期限（年） | 20 |
| | 折旧率（%） | 6 |
| | 成本现值（元） | 551 688.95 |
| | 收益/成本 | 0.883 6 |

### 11.4.2.4 太阳能板的成本变化

由于光伏电站的成本中，太阳能板的成本占有较高比例，而太阳能板的成本一直处于下降趋势，未来的光伏扶贫电站成本将继续下降，因此收益与成本的比率将会进一步提升。在此假设下，我们估计了未来光伏扶贫电站的收益-成本比率，如果太阳能板的成本按照一定的速度（通过查找相关文献得到参数）下降，那么2020年开始光伏扶贫电站在生命周期内的整体收益将大于成本（图11.5）。

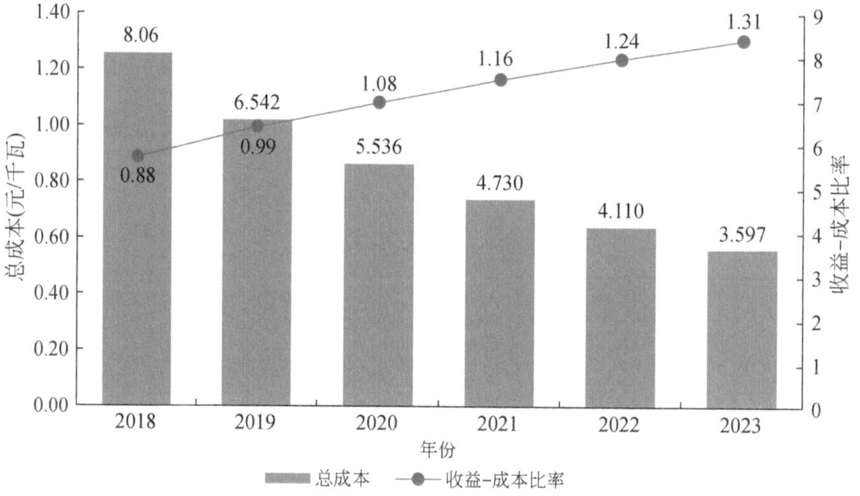


图11.5　太阳能板成本下降假设下的收益/成本比率

## 11.5　本章小结

本章使用河南省国家级贫困县新县的光伏扶贫电站数据进行了成本-收益分析，主要得到了以下三个结论：第一，在精准帮扶方面，光伏扶贫电站有效地瞄准了贫困户中最困难、最难脱贫的人口，通过光伏电站发电上网得到收入，起到了“兜底”的作用；第二，光伏扶贫电站的发电年收入可达到3000元以上，基本符合政策要求，太阳光照好的地区发电收益可达到4000元以上；第三，成本-收益分析的结果表明，新县光伏扶贫电站生命周期内的收益与成本之比为0.8，略低于1；但是随着未来光伏电站能组件价格的持续下降，这一比率在2020年可超过1。

# 参考文献


北京节能环保中心. 2012. 北京市居民节能意识与能源价格影响调查与分析. 节能与环保，(2)：36-39.

蔡春光，郑晓瑛. 2007. 北京市空气污染健康损失的支付意愿研究. 经济科学，(1)：107-115.

陈强，孙丰凯，徐艳娴. 2017. 冬季供暖导致雾霾？来自华北城市面板的证据. 南开经济研究，(4)：25-40.

陈政，冷媛，张翔. 2017. 节能减排背景下广东省城镇居民能源需求研究. 中国电力，(8)：129-134.

成洁，靳洪玲，马欣怡，等. 2019. 中国新能源汽车消费财政补贴政策分析. 中国商论，(18)：64-67.

褚建勋，朱玉洁，张露溪，等. 2017. 基于核安全认知态度的在线调查及其对中国核科普的启示. 科普研究，(2)：47-53，107.

崔胜辉，李旋旗，李扬，等. 2011. 全球变化背景下的适应性研究综述. 地理科学进展，(9)：1088-1098.

郭建宇，白婷. 2018. 产业扶贫的可持续性探讨——以光伏扶贫为例. 经济纵横，(7)：109-116.

黄承伟. 2016. 中国扶贫开发道路研究：评述与展望. 中国农业大学学报（社会科学版），(5)：5-17.

李静，刘丽雯. 2017. 中国家庭消费的能源环境代价. 中国人口·资源与环境，(12)：31-39.

刘建清. 2016. 习近平扶贫思想研究. 武汉：华中科技大学硕士学位论文.

陆慧，卢黎. 2006. 农民收入水平对农村家庭能源消费结构影响的实证分析. 财贸研究，(3)：28-34.

芈凌云，顾曼，杨洁，等. 2016. 城市居民能源消费行为低碳化的心理动因——以江苏省徐州市为例. 资源科学，38（4）：609-621.

芈凌云. 2011. 城市居民低碳化能源消费行为及政策引导研究. 北京：中国矿业大学博士论文.

仇焕广，蔡亚庆，白军飞，等. 2013. 我国农村户用沼气补贴政策的实施效果研究. 农业经济问题，(2)：85-92，112.

任晓娜，王彦，陈法国. 2018. 我国提高公众核能接受度的工作现状及展望. 中国核电，(3)：283-286.

邵帅，张可，豆建民. 2019. 经济集聚的节能减排效应：理论与中国经验. 管理世界，(1)：

36-60，226.
孙世峰. 2018. 2018年中国空气净化器消费需求分析 行业成长空间巨大. https://www. qianzhan. com/analyst/detail/220/181107-cbb172ef. html[2020-10-20]
孙雅琼，季亮. 2017. 气候变化对上海市办公建筑暖通空调能耗影响分析. 绿色建筑，(5)：71-75.
万蓉，孔德泉，刘加平. 2017. 气候变化对我国典型城市空调能耗的影响. 暖通空调，(3)：43-47.
汪兴东，熊彦龄. 2018. 农户绿色能源消费行为影响因素研究——基于户用沼气和大中型沼气的比较分析. 南京工业大学学报（社会科学版），(5)：69-78.
王刚，张霞飞. 2017. 风险的社会放大分析框架下沿海核电“去污名化”研究. 中国行政管理，(3)：119-125.
王会，宋璨江，赵昭，等. 2018. 北京市居民改善空气质量的支付意愿及其影响因素分析. 干旱区资源与环境，(8)：16-22.
吴刚，房斌，魏一鸣. 2011. 北京市居民消费行为和节能意识调查分析. 中国能源，(4)：37-41，9.
吴素华. 2018. 精准扶贫背景下光伏扶贫高质量发展研究. 中国特色社会主义研究，(5)：41-46.
杨冰，王继龙，左晓利，等. 2017. 北京市居民节能意识调查及潜力分析. 中外能源，(10)：92-97.
曾贤刚，谢芳，宗佺. 2015. 降低 $PM_{2.5}$ 健康风险的行为选择及支付意愿——以北京市居民为例. 中国人口·资源与环境，(1)：127-133.
张婷婷，夏冬琴，李桃生，等. 2019. 公众认知对核电接受度的影响. 核安全，(2)：63-70.
赵长和. 2016. 农户沼气弃用行为的原因分析. 浙江农业科学，(2)：252-255.
赵薇，房政，尹瑛泽. 2018. 天津市城镇居民消费清洁能源支付意愿研究. 经济研究导刊，(11)：50-53.
赵晓丽，李娜，2011. 中国居民能源消费结构变化分析. 中国软科学，(11)：40-51.
郑睿臻，张惠. 2016. 我国城市化与居民生活用能消费的动态关系分析. 干旱区资源与环境，(9)：19-24.
郑亚莉. 2018. 新能源汽车发展现状及未来趋势. 印制电路资讯，(5)：52-57.
《第三次气候变化国家评估报告》编写委员会. 2015. 第三次气候变化国家评估报告. 北京：科学出版社.
绿色和平. 2018. 2017年中国365个城市 $PM_{2.5}$ 浓度排名. https://www. greenpeace. org. cn/air-pollution-2017-city-ranking/Valkengoed A，Steg L. 2019. Meta-analyses of factors motivating climate change adaptation behaviour. Nature Climate Change，(9)：158-163.
Abrahamse W，Steg L，Vlek C，et al. 2007. The effect of tailored information，goal setting，and tailored feedback on household energy use，energy-related behaviors，and behavioral antecedents. Journal of Environmental Psychology，27 (4)：265-276.
Akpalu W，Dasmani I，Aglobitse P B. 2011. Demand for cooking fuels in a developing country：To

what extent do taste and preferences matter? Energy Policy, 39 (10): 6525-6531.

Allcott H. 2011. Social norms and energy conservation. Journal of Public Economics, 95 (9-10): 1082-1095.

Amato A D, Ruth M, Kirshen P, et al. 2005. Regional energy demand responses to climate change: Methodology and application to the commonwealth of Massachusetts. Climatic Change, 71 (1): 175-201.

Anker-Nilssen P. 2003. Household energy use and the environment: A conflicting issue. Applied Energy, 76 (1-3): 189-196.

Arceo E, Hanna R, Oliva P. 2016. Does the effect of pollution on infant mortality differ between Developing and developed countries? Evidence from Mexico City. The Economic Journal, 126 (591): 257-280.

Arnold J M, Köhlin G, Persson R. 2006. Woodfuels, livelihoods, and policy interventions: Changing perspectives. World Development, 34 (3): 596-611.

Attari S Z, DeKay M L, Davidson C I, et al. 2010. Public perceptions of energy consumption and savings. Proceedings of the National Academy of Sciences, 107 (37): 16054-16059.

Auffhammer M, Baylis P, Hausman C H. 2017. Climate change is projected to have severe impacts on the frequency and intensity of peak electricity demand across the United States. Proceedings of the National Academy of Sciences, 114 (8): 1886-1891.

Auffhammer M, Mansur E T. 2014. Measuring climatic impacts on energy consumption: A review of the empirical literature. Energy Economics, 46: 522-530.

Auffhammer M. 2014. Cooling China: The weather dependence of air conditioner adoption. Frontiers of Economics in China, 9 (1): 70-84.

Barnett J, O'Neill S. 2010. Maladaptation. Global Environmental Change, 20 (2): 211-213.

Barreca A, Clay K, Deschenes O, et al. 2016. Adapting to climate change: The remarkable decline in the US temperature-mortality relationship over the twentieth century. Journal of Political Economy, 124 (1): 105-159.

Barwick P J, Li S J, Rao D Y, et al. 2017. Air pollution, health spending and willingness to pay for clean air in China. https://conference.nber.org/conf_papers/f102535.pdf [2018-12-30].

Basu R, Ostro B D. 2008. A multicounty analysis identifying the populations vulnerable to mortality associated with high ambient temperature in California. American Journal of Epidemiology, 168 (6): 632-637.

Baylis P, Obradovich N, Kryvasheyeu Y, et al. 2018. Weather impacts expressed sentiment. Plos One, 13 (4): e0195750.

Bigerna S, Polinori P. 2014. Italian households willingness to pay for green electricity. Renewable and Sustainable Energy Reviews, 34: 110-121.

Bisaga I, Parikh P. 2018. To climb or not to climb? Investigating energy use behaviour among solar home system adopters through energy ladder and social practice lens. Energy Research & Social Science, 44: 293-303.

Bisu D Y, Kuhe A, Iortyer H A. 2016. Urban household cooking energy choice: An example of Bauchi Metropolis, Nigeria. Energy Sustainability and Society, 6 (1): 1-12.

Boto-García D, Bucciol A. 2020. Climate change: Personal responsibility and energy saving. Verona: University of Verona, Department of Economics.

Brauer M, Freedman G, Frostad J, et al. 2016. Ambient air pollution exposure estimation for the global burden of disease 2013. Environmental Science & Technology, 50 (1): 79-88.

Brouwer R, Falcão M P. 2004. Wood fuel consumption in Maputo, Mozambique. Biomass and Bioenergy, 27 (3): 233-245.

Cai J, Jiang Z. 2008. Changing of energy consumption patterns from rural households to urban households in China: An example from Shaanxi Province, China. Renewable and Sustainable Energy Reviews, 12 (6): 1667-1680.

Campbell B M, Vermeulen S J, Mangono J J, et al. 2003. The energy transition in action: Urban domestic fuel choices in a changing Zimbabwe. Energy Policy, 31 (6): 553-562.

Carlsson F, Johansson-Stenman O. 2000. Willingness to pay for improved air quality in Sweden. Applied Economics, 32 (6): 661-669.

Carman J P, Zint M T. 2020. Defining and classifying personal and household climate change adaptation behaviors. Global Environmental Change, 61: 102062.

Chay K Y, Greenstone, M. 2005. Does air quality matter? Evidence from the housing market. Journal of Political Economy, 113 (2): 376-424.

Chen B, Kan H. 2008. Air pollution and population health: A global challenge. Environmental Health and Preventive Medicine, 13 (2): 94-101.

Chen S, Zhuang Y F, Zhang J Y, et al. 2017. Statistical characteristics of usage behavior of air conditioners in The University Students' Dormitories. Procedia Engineering, 205: 3593-3598.

Chen Y, Avraham E, Michael G, et al. 2013. Evidence on the impact of sustained exposure to air pollution on life expectancy from China's Huai River policy. Proceedings of the National Academy of Sciences, 114 (39): 10384-10389.

Chitnis M, Druckman A, Hunt L C, et al. 2012. Forecasting scenarios for UK household expenditure and associated GHG emissions: Outlook to 2030. Ecological Economics, 84: 129-141.

Davis L W, Gertler P J. 2015. Contribution of air conditioning adoption to future energy use under global warming. Proceedings of the National Academy of Sciences, 112 (19): 5962-5967.

Denevan W M. 1983. Adaptation, variation, and cultural geography. The Professional Geographer, 35 (4): 399-407.

Deschenes O, Greenstone M, Shapiro J S. 2017. Defensive investments and the demand for air quality: Evidence from the $NO_x$ budget program. New Haven: Cowles Foundation Discussion Paper: 2086.

Deschênes O, Greenstone M, Shapiro J S. 2017. Defensive investments and the demand for air quality: Evidence from the $NO_x$ budget program. American Economic Review, 107 (10): 2958-2989.

Deschênes O, Greenstone M. 2011. Climate change, mortality, and adaptation: Evidence from annual fluctuations in weather in the US. American Economic Journal: Applied Economics, 3 (4): 152-185.

Deschênes O. 2014. Temperature, human health, and adaptation: A review of the empirical literature. Energy Economics, 46: 606-619.

Dubois G, Sovacool B, Aall C, et al. 2019. It starts at home? Climate policies targeting household consumption and behavioral decisions are key to low-carbon futures. Energy Research & Social Science, 52: 144-158.

Ebenstein A, Fan M, Greenstone M, et al. 2017. New evidence on the impact of sustained exposure to air pollution on life expectancy from China's Huai River Policy. Proceedings of the National Academy of Sciences, 114 (39): 10384-10389.

Fang Y, Wei Y. 2013. Climate change adaptation on the Qinghai-Tibetan Plateau: The importance of solar energy utilization for rural household. Renewable & Sustainable Energy Reviews, 18: 508-518.

Farsi M, Filippini M, Pachauri S. 2007. Fuel choices in urban Indian households. Environment and Development Economics, 12 (6): 757-774.

Fischer P, Hoek G, Brunekreef B, et al. 2003. Air pollution and mortality in the Netherlands: Are the elderly more at risk? The European Respiratory Journal, 40 (Supplement 40): 34s-38s.

Foley G. 1995. Photovoltaic applications in rural areas of the developing world. http://citeseerx. ist. psu. edu/viewdoc/download? doi=10. 1. 1. 873. 655&rep=rep1&type=pdf [2018-12-30].

Freeman R, Liang W, Song R, et al. 2019. Willingness to pay for clean air in China. Journal of Environmental Economics and Management, 94: 188-216.

Frumkin H, Hess J, Luber G, et al. 2008. Climate change: The public health response. American Journal of Public Health, 98 (3): 435-445.

Fu R, Feldman D, Margolis R, et al. 2017. U. S. Solar Photovoltaic System Cost Benchmark: Q1 2017. Colorado: National Renewable Energy Laboratory.

Gadenne D, Sharma B, Kerr D, et al. 2011. The influence of consumers' environmental beliefs and attitudes on energy saving behaviours. Energy Policy, 39 (12): 7684-7694.

Gail M, Thaler R H, Sunstein C R, et al. 2009. Improving decisions about health, wealth, and happiness. International Review of Economics Education, 8 (1): 158-159.

Gillingham K, Kotchen M J, Rapson D S, et al. 2013. The rebound effect is overplayed. Nature, 493 (7433): 475-476.

Greenstone M, Jack B K. 2013. Envirodevonomics: A research agenda for a young field. MIT Department of Economics Working Paper: 13-19.

Guo X, Liu H, Mao X, et al. 2014. Willingness to pay for renewable electricity: A contingent valuation study in Beijing, China. Energy Policy, 68: 340-347.

Gupta E. 2016. The Effect of development on the climate sensitivity of electricity demand in India. Climate Change Economics, 7 (2): 1650003.

Hamilton M, Fischer A P, Guikema S D, et al. 2018. Behavioral adaptation to climate change in wildfire-prone forests. Wiley Interdisciplinary Reviews: Climate Change, 9 (6): 17.

Happle G, Wilhelm E, Fonseca J A, et al. 2017. Determining air-conditioning usage patterns in Singapore from distributed, portable sensors. Energy Procedia, 122: 313-318.

Heltberg R. 2004. Fuel switching: Evidence from eight developing countries. Energy Economics, 26 (5): 869-887.

Herring H. 2006. Energy efficiency-a critical view. Energy, 31 (1): 10-20.

Heutel G, Miller N H, Molitor D. 2017. Adaptation and the mortality effects of temperature across U. S. Climate Regions. The Review of Economics and Statistics, 36: 1-33.

Hiemstra-van der Horst G, Hovorka A J. 2008. Reassessing the "energy ladder": Household energy use in Maun, Botswana. Energy Policy, 36 (9): 3333-3344.

Hori S, Kondo K, Nogata D, et al. 2013. The determinants of household energy-saving behavior: Survey and comparison in five major Asian cities. Energy Policy, 52: 354-362.

Hosier R H, Dowd J. 1987. Household fuel choice in Zimbabwe: An empirical test of the energy ladder hypothesis. Resources and energy, 9 (4): 347-361.

Hoyt G M. 2009. Nudge: Improving decisions about health, wealth and happiness. International Review of Economics Education, 8 (1): 158-159.

Huebner G M, Cooper J, Jones K. 2103. Domestic energy consumption: What role do comfort, habit, and knowledge about the heating system play? Energy and Buildings, 66: 626-636.

IPCC. 2007. "Summary for policy makers" in Climate Change 2007: The Physical Science Basis. UK: Cambridge University Press.

IPCC. 2014. Climate Change 2014: Impacts, Adaptation, and Vulnerability (Part A: Global and Sectoral Aspects) . UK: Cambridge University Press.

IPCC. 2018. Special Report on Global Warming of 1. 5℃. UK: Cambridge University Press.

Isaac M, Van Vuuren D P. 2009. Modeling global residential sector energy demand for heating and air conditioning in the context of climate change. Energy Policy, 37 (2): 507-521.

Israel-Akinbo S, Fraser J S G. 2018. The energy transition patterns of low-income households in South Africa: An evaluation of energy programme and policy. Journal of Energy in Southern Africa, 29 (3): 75-85.

Ito K, Zhang S. 2020. Willingness to pay for clean air: Evidence from air purifier markets in China. Journal of Political Economy, 128 (5): 1627-1672.

Jing Y, Zhang B. 2018. Air pollution and healthcare expenditure: Implication for the benefit of air pollution control in China. Environment International, 120: 443-455.

Joyeux R, Ripple R D. 2007. Household energy consumption versus income and relative standard of living: A panel approach. Energy Policy, 35 (1): 50-60.

Kahn M E. 2015. Fueling the future. Science, 347 (6219): 239-239.

Kane S, Shogren J F. 2000. Linking adaptation and mitigation in climate change policy. Climatic Change, 45 (1): 75-102.

Klockner C A, Nayum A, Mehmetoglu M. 2013. Positive and negative spillover effects from electric car purchase to car use. Transportation Research Part D-Transport and Environment, (21): 32-38.

Knittel C R, Miller D L, Sanders N J. 2016. Caution, drivers! Children present: Traffic, pollution, and infant health. Review of Economics and Statistics, 98: 350-366.

Kovats R S, Hajat S. 2008. Heat stress and public health: A critical review. Annual Review of Public Health, 29 (1): 41-55.

Kusumadewi T V, Limmeechokchai B. 2017. $CO_2$ mitigation in residential sector in Indonesia and Thailand: Potential of renewable energy and energy efficiency. Energy Procedia, 138: 955-960.

Lede E, Meleady R, Seger C R. 2019. Optimizing the influence of social norms interventions: Applying social identity insights to motivate residential water conservation. Journal of Environmental Psychology, 62: 105-114.

Lee S, Lee H, Myung W, et al. 2017. Mental disease-related emergency admissions attributable to hot temperatures. Science of the Total Environment, 616-617: 688-694.

Levinson A, O'Brien J. 2019. Environmental Engel Curves: Indirect emissions of common air pollutants. Review of Economics and Statistics, 101 (1): 121-133.

Li Y, Pizer W A, Wu L. 2019. Climate change and residential electricity consumption in the Yangtze River Delta, China. Proceedings of the National Academy of Sciences, 116 (2): 472-477.

Liao C, Fei D. 2019. Poverty reduction through photovoltaic-based development intervention in China: potentials and constraints. World Development, 122: 1-10.

Lillard L A, Aigner D J. 1984. Time-of-day electricity consumption response to temperature and the ownership of air conditioning appliances. Journal of Business & Economic Statistics, 2 (1): 40-53.

Lowsen D H, Conway G A. 2016. Air pollution in Major Chinese Cities: Some progress, but much more to do. Journal of environmental protection, 7 (13): 2081-2094.

Lu W. 2006. Potential energy savings and environmental impact by implementing energy efficiency standard for household refrigerators in China. Energy Policy, 34 (13): 1583-1589.

Luber G, McGeehin M. 2008. Climate change and extreme heat events. American Journal of Preventive Medicine, 35 (5): 429-435.

Martins J. 2005. The impact of the use of energy sources on the quality of life of poor communities. Social Indicators Research, 72 (3): 373-402.

Masera O R, Saatkamp B D, Kammen D M. 2000. From linear fuel switching to multiple cooking strategies: A critique and alternative to the energy ladder model. World development, 28 (12): 2083-2103.

Mideksa T K, Kallbekken S. 2010. The impact of climate change on the electricity market: A review. Energy Policy 38 (7): 3579-3585.

Miller N L, Hayhoe K, Jin J, et al. 2008. Climate, extreme heat, and electricity demand in California. Journal of Applied Meteorology and Climatology, 47 (6): 1834-1844.

Mullins J T, White C. 2019. Temperature and mental health: Evidence from the spectrum of mental health outcomes. Journal of Health Economics, 68: 102240.

Myers E, Souza M. 2020. Social comparison nudges without monetary incentives: Evidence from home energy reports. Journal of Environmental Economics and Management, 101: 102315.

Nauges C, Wheeler S A. 2017. The complex relationship between households' climate change concerns and their water and energy mitigation behaviour. Ecological Economics, 141: 87-94.

Niamir L, Ivanova O, Filatova T, et al. 2020. Demand-side solutions for climate mitigation: Bottom-up drivers of household energy behavior change in the Netherlands and Spain. Energy Research & Social Science, 62: 101356.

Niu S, Zhang X, Zhao C H, et al. 2012. Variations in energy consumption and survival status between rural and urban households: A case study of the Western Loess Plateau, China. Energy Policy, 49: 515-527.

Nomura N, Akai M. 2004. Willingness to pay for green electricity in Japan as estimated through contingent valuation method. Applied Energy, 78 (4): 453-463.

Obradovich N, Fowler J H. 2017. Climate change may alter human physical activity patterns. Nature Human Behaviour, 1 (5): 0097.

Obradovich N, Migliorini R, Mednick S C, et al. 2017. Nighttime temperature and human sleep loss in a changing climate. Science Advances, 3 (5): e1601555.

Ostro B, Labrie N H M, O'Keefe D J. 2010. The effects of temperature and use of air conditioning on hospitalizations. American Journal of Epidemiology, 172 (9): 1053-1061.

Ostro B, Lipsett M, Reynolds P, et al. 2010. Long-term exposure to constituents of fine particulate air pollution and mortality: Results from the california teachers study. Environmental Health Perspectives, 118 (3): 363-369.

Ouyang J, Hokao K. 2009. Energy-saving potential by improving occupants' behavior in urban residential sector in Hangzhou City, China. Energy and Buildings, 41 (7): 711-720.

Ouyang X, Lin B. 2014. Levelized cost of electricity (LCOE) of renewable energies and required subsidies in China. Energy policy, 70: 64-73.

O'Brien M J, Holland T D. 1992. The Role of Adaptation in Archaeological Explanation. American Antiquity, 57 (1): 36-59.

O'Connor R E, Bord R J, Fisher A. 1998. Rating threat mitigators: Faith in experts, governments, and individuals themselves to create a safer world. Risk Analysis, 18 (5): 547-556.

Price M K. 2014. Using field experiments to address environmental externalities and resource scarcity: Major lessons learned and new directions for future research. Oxford Review of Economic Policy, 30 (4): 621-638.

Rathi S S, Chunekar A. 2015. Not to buy or can be "nudged" to buy? Exploring behavioral interventions for energy policy in India. Energy Research & Social Science, (7): 78-83.

Reddy B S. 1995. A multilogit model for fuel shifts in the domestic sector. Energy, 20 (9): 929-936.

Rehman I H, Kar A, Raven R, et al. 2010. Rural energy transitions in developing countries: A case of the Uttam Urja initiative in India. Environmental Science & Policy, 13 (4): 303-311.

Ren Z, Chen Z, Wang X. 2011. Climate change adaptation pathways for Australian residential buildings. Building and Environment, 46 (11): 2398-2412.

Rogot E, Sorlie P D, Johnson N J. 1992. Life expectancy by employment status, income, and education in the national longitudinal mortality study. Public Health Reports, 107 (4): 457-461.

Sachdeva S, Iliev R, Medin D L. 2009. Sinning saints and saintly sinners: The paradox of moral self-regulation. Psychological Science, 20 (4): 523-528.

Saidur R, Masjuki H H, Jamaluddin M Y. 2006. An application of energy and exergy analysis in residential sector of Malaysia. Energy Policy, 35 (2): 1050-1063.

Saidur R, Masjuki H H, Jamaluddin M Y. 2007. Energy and associated greenhouse gas emissions from household appliances in Malaysia. Energy Policy, 35 (3): 1648-1657.

Sailor D J, Pavlova A A. 2003. Air conditioning market saturation and long-term response of residential cooling energy demand to climate change. Energy, 28 (9): 941-951.

Schlenker W, Hsiang S M, Schlenker W, et al. 2013. Using weather data and climate model output in economic analyses of climate change. Review of Environmental Economics and Policy, 7 (2): 181-198.

Sharpe M. 2004. Safe as houses? Indoor air pollution and health. Journal of environmental monitoring. JEM, 6 (5): 46N-49N.

Sherwood S C, Huber M. 2010. An adaptability limit to climate change due to heat stress. Proceedings of the National Academy of Sciences, 107 (21): 9552-9555.

Smith K R, Apte M G, Yuqing M, et al. 1994. Air pollution and the energy ladder in Asian cities. Energy, 19 (5): 587-600.

Smith K R. 2013. Biofuels, Air Pollution, and Health: A Global Review. Berlin: Springer Science & Business Media.

Song L, Zhou X, Zhang J S, et al. 2017. Air-conditioning usage pattern and energy consumption for residential space heating in Shanghai China. Procedia Engineering, 205: 3138-3145.

Sovacool B K. 2011. Conceptualizing urban household energy use: Climbing the "Energy Services Ladder". Energy Policy, 39 (3): 1659-1668.

Tiefenbeck V, Staake T, Roth K, et al. 2013. For better or for worse? Empirical evidence of moral licensing in a behavioral energy conservation campaign. Energy Policy, 57: 160-171.

Van der Werff E, Taufik D, Venhoeven L, et al. 2019. Pull the plug: How private commitment strategies can strengthen personal norms and promote energy-saving in the Netherlands. Energy Research & Social Science, 54: 26-33.

Van Valkengoed A M, Steg L. 2019. Meta-analyses of factors motivating climate change adaptation behaviour. Nature Climate Change, 9 (2): 158-163.

Vasmatzidis I, Schlegel R E, Hancock P A, et al. 2002. An investigation of heat stress effects on time-sharing performance. Ergonomics, 45 (3): 218-239.

Vijayan V, Paramesh H, Salvi S S, et al. 2015. Enhancing indoor air quality: The air filter advantage. Official Organ of Indian Chest Society, 32 (5): 473-479.

Wang S, Li C. 2017. Study on the usage of urban residents' household air conditioning in Shanghai. Procedia Engineering, 205: 2429-2433.

Wang X J, Zhang W, Li Y, et al. 2006. Air quality improvement estimation and assessment using contingent valuation method, a case study in Beijing. Environmental Monitoring and Assessment, 120 (1-3): 153-168.

Wang X M, Dong C, Ren Z. 2010. Assessment of climate change impact on residential building heating and cooling energy requirement in Australia. Building and Environment, 45 (7): 1663-1682.

Wang Y, Wu J, Fang X, et al. 2011. Survey of Residential Air-Conditioning-Unit Usage Behavior under South China Climatic Conditions. Wuhan: 2011 International Conference on Electric Information and Control Engineering.

Webb M. 2013. Disciplining the everyday state and society? Anti-corruption and Right to Information activism in Delhi. Contributions to Indian Sociology, 47 (3): 363-393.

Wei Y M, Liu L C, Fan Y, et al. 2007. The impact of lifestyle on energy use and $CO_2$ emission: An empirical analysis of China's residents. Energy Policy, 35 (1): 247-257.

Wilhite H, Nakagami H, Masuda T, et al. 1996. A cross-cultural analysis of household energy use behaviour in Japan and Norway. Energy Policy, 24 (9): 795-803.

Yin P, He G, Fan M, et al. 2017. Particulate air pollution and mortality in 38 of China's largest cities: Time series analysis. BMJ, 356: j667.

Yoo S H, Kwak S Y. 2009. Willingness to pay for green electricity in Korea: A contingent valuation study. Energy Policy, 37 (12): 5408-5416.

Yu X, Abler D. 2010. Incorporating zero and missing responses into CVM with open-ended bidding: Willingness to pay for blue skies in Beijing. Environment and Development Economics, 15 (5): 535-556.

Yu X, Lei X, Wang M, et al. 2019. Temperature effects on mortality and household adaptation: Evidence from China. Journal of Environmental Economics and Management, 96: 195-212.

Zhang H, Shi X, Wang K, et al. 2020. Intertemporal lifestyle changes and carbon emissions: Evidence from a China household survey. Energy Economics, 86: 104655.

Zhang J, Mu Q. 2017. Air pollution and defensive expenditures: Evidence from particulate-filtering facemasks. Journal of Environmental Economics and Management, 92: 517-536.

Zhang L, Wu Y. 2012. Market segmentation and willingness to pay for green electricity among urban residents in China: The case of Jiangsu Province. Energy Policy, 51: 514-523.

Zhang X, Wu L Q, Zhang R, et al. 2013. Evaluating the relationships among economic growth, energy consumption, air emissions and air environmental protection investment in China. Renewable and Sustainable Energy Reviews, (18): 259-270.

Zhao H, Geng G, Zhang Q, et al. 2019. Inequality of household consumption and air pollution-related deaths in China. Nature Communications, 10 (1): 4337.

Zhao Q R, Chen Q, Xiao Y, et al. 2017. Saving forests through development? Fuelwood consumption and the energy-ladder hypothesis in rural southern China. Transformations in Business & Economics, 16 (3): 199-219.

Zhu Q, Peng X. 2012. The impacts of population change on carbon emissions in China during 1978-2008. Environmental Impact Assessment Review, 36: 1-8.

Zografakis N, Sifaki E, Pagalou M, et al. 2010. Assessment of public acceptance and willingness to pay for renewable energy sources in Crete. Renewable and Sustainable Energy Reviews, 14 (3): 1088-1095.